日本人の葬儀

JN099842

角川文庫
22802

目次

現代人と死――序にかえて

一九九一年九月一日、私は、パリのカフェ、レ・ドゥ・マーゴにいる。

パリの中でも私が一番好きなここサンジェルマン・デ・プレ教会の近くには、フランス人だけでなく、いろんな国の人たちがやってくる。ときどき見かける日本人はもちろん、隣には英語を話している人、またさっきはドイツ語を話していた人など、とにかくいろいろな人がいる。

仕事をはなれて、私はとても自由である。

このあいだパリに着いてすぐにブルターニュ地方へと旅立ち、その地方に古くから伝えられているパルドン祭りを見学し、そのあといろいろな用事をすませたのち三、四日間はまったく自由なのである。

何もしなくてよいのである。

こんな自由なとき、ほんとに自由の大切なことを思う。人生の大切なことを思う。

そして、ふと、自分の死ということを考えてしまう。

はじめて、自分の死の恐怖を知ったのは、いつだったか。それは、たしか二十代半ばのとても幸福な時間の中でだったような記憶がある。

生に対する死という絶対の現象を前にして、限りない不安が私たちをおそってくる。その不安に対して、人々はさまざまな夢想をめぐらし、さまざまな来世観をかたちづくってきた。

しかし、実際のところ、誰も自分の死を知らない。

現実に目を向けてみよう。

一九九〇年から一九九一年へかけての新聞記事をちょっとひろい読みしてみただけでも、現代の日本人の死をめぐる複雑な問題意識が浮き彫りにされているような感じがある。

いま、それら朝日、読売、毎日、産経、日経などの各新聞の切りぬき記事をちょっと整理してみる。すると、少なくとも

・尊厳死・脳死をめぐる問題
・葬式の作法や費用をめぐる疑問
・墓をどうするかの問題

という三つの問題にまとめられそうである。

そこで、それらについて少し現状をみてみよう。

尊厳死・脳死の問題

まず、尊厳死をめぐる問題と脳死をめぐる問題とはまったく別のものであることをはっきりさせておく必要がある。

尊厳死の問題というのは、もう回復の見込みのない終末期の患者に対する無意味な延命治療を拒否し、人間としてより尊厳に満ちた死を迎えようとする考え方をめぐる問題である。

脳死というのはむしろ臓器移植をめぐる問題から出てきたものである。

まず、尊厳死の問題から整理してみよう。新聞の投書欄をみていると、死と医療の現状がよくわかる。たとえば、次のような体験報告がある。

私の父は四年前、入院百二十日、八十九歳で亡くなった。老衰である。寝たきりの痴ほう状態で、カテーテルを差し込んでの自宅療養から病院に移った。

水や食物をのみ込む機能を失い、気管にこびりついた痰は呼吸をさまたげて、点滴と酸素吸入で生き延びたのである。肩のあたりに差し込まれた数本の管、室内のおびただしい機械、ベッドにくくりつけられた両手、こんな状態での百二十日間、父は何を考えていたであろうか。

「意識はありませんから、苦痛はないと思いますよ」と先生はおっしゃるが、シューシューという苦しそうな呼吸音、ときどき泣くような声でうなる。床ずれもひどい。そして、夜中に痰がのどにつまったときは、痰吸引用の機器にかみついて、歯を折ったそうである。

しかも、処置後、歯をくいしばって大声でうなり、口中からもれる血とともにものすごい形相だったそうである。それでも苦痛を感じなかったであろうか。できるならその前に肩の管をぬいて、楽に死なせたいと思ったことだった。いたれりつくせりの医療がうらめしかった。

最初の半月で八十万円かかった高額な医療費、昼夜の別なくふりまわされる医療スタッフ、それにも増して病人にしばりつけられる高齢になった実家の家族の疲労、そして、その苦労が、父に死の苦しみをじっくり味わわせるだけの結果になったとは。（秋田県・主婦）

そこで、このように、死が迫りもう回復の見込みがないような場合には、死期をひき延ばすためだけの医療措置は一切とらないでほしいと願う人たちの活動がいま活発化してきている。

日本尊厳死協会という民間の普及団体の活動がそれである。同協会を通して
①がんなどで死期が迫っていると診断されたときは延命措置は拒否する。
②ただし麻薬など苦痛を和らげる処置は希望する。
③植物状態になったときは一切の生命維持装置をやめてほしい。
という三ケ条からなるリヴィング・ウィル（尊厳死宣言）の登録を行なう者が、一九八七年、八八年と急速にふえてきているのである。

リヴィング・ウィル（尊厳死宣言）の運動はもともとアメリカからおこったもので、一九七六年、アメリカの女性カレン・アン・クインランさんが長年寝たきりの植物状態となったとき、生命維持装置をはずしてはやく楽にしてやりたいとする養父母と、はずさないとする病院側とが対立し、裁判によってやっととりはずしが認められたという事件が大々的に報道されたころから、日本でもその活動がみられるようになったものである。日本尊厳死協会の設立はその一九七六（昭和五十一）年のことである。

尊厳死の問題が浮上してきた背景としては、人工呼吸装置の開発などによる末期医

療の充実と、その一方で医療機械をとりつけられて苦痛にもがく患者の姿を実際に家族が見る機会が増加し、その入院治療に振りまわされる家族の肉体的、精神的負担、それに高額の治療費、などの問題があらためて問いなおされるようになってきたことが考えられる。

そして、一九九〇年、元駐日大使ライシャワー博士が自らの意志で生命維持装置をはずして死去したという報道がなされたときや、昭和天皇崩御に際して長期間にわたる延命治療が施されたときには、かつてなく尊厳死協会への入会がふえたという。

リヴィング・ウィル（尊厳死宣言）は最近アメリカなどでもさかんに論議をよんでおり、「死ぬ権利」を認めた連邦最高裁の判断も出され、日本でも日本医師会の生命倫理懇談会（加藤一郎座長）は一九九一年一月に、「（リヴィング・ウィルによる表明があれば）延命措置をしなくても違法性はないものと考えてよい」との見解を示している。

一方、そうした中で一九九一年四月におきたいわゆる東海大学「安楽死」事件は複雑な問題を含んでおり大きな波紋を投げかけた。

一九九〇年十二月、末期の多発性骨髄腫と診断された神奈川県茅ヶ崎市の男性（当時五十八歳）が、東海大学付属病院に入院した。翌一九九一年春ごろから激痛を訴えつづける患者に対し、見るに見かねた家族が延命治療をやめるよう要請した。そこで、担当医の東海大助手（当時三十四歳）は積極的な治療を中止した。家族はさらに、「早く楽にしてやってほしい」と再三懇願し、その医師は一九九一年四月十三日の夜、塩化カリウムを静脈注射して死亡させた、とされている事件である。

この場合、先のいわゆる尊厳死が、①無意味な延命措置を拒否する、②鎮痛のための治療は希望する、③植物状態になったときの生命維持装置は拒否する、の三ヶ条を中心とするものであるのに対し、このような安楽死は薬物投与による積極的な死をもたらすものとして区別することもできよう。そして、このような塩化カリウムの静脈注射などは違法であり殺人にあたると責めることもできよう。

しかし、尊厳死の②の「鎮痛のための治療」と安楽死の「薬物投与」との間にはそんなにはっきりと線をひくことができるのであろうか。モルヒネや麻薬剤による治療だけではおさえきれないような断末魔のごとき激痛はないのか。また鎮痛のための薬物投与が死を早めることはないのか。鎮痛のための治療と安楽死の処置との間は、ケースによっては紙一重ではないのか。

問題はそこである。

では、死をめぐる医療はこれまでどのように研究されてきたのか。

そこで、埼玉県上尾甦生病院（現上尾中央第二病院）のホスピス病棟医長の高野正孝氏が行なっている提言は注目される。高野氏は東海大学「安楽死」事件にふれながら現代医学の盲点を指摘している。

「『死は医学の敗北』として、死なさないことを最重要視してきた現代医学では、末期患者への対応にひずみが出るのは当然である。臨床現場で末期になったとたん、医師から見放され、ろくに相手にもされず、病棟の隅に追いやられてしまうがん患者の悲痛な叫びを我々は知らなければならない。

そういう患者がホスピスに転院してきて、がんの告知をうけ、納得して死を迎えていく姿を目の当たりにしていると、家族に懇願され、見るに見かねて安楽死を選んでしまった医師に対し、私は同情こそすれ非難する気にはなれない。

問題は、『死の臨床』が現代医学で軽視されているところにある。私の知る臨床医で、末期医療に関心を持っている者は極めて少ない。死の臨床の知識経験が乏しい場合、医師が治療に熱心であるほど泥沼にはまりこみ、医師も家族も疲労こんぱいし、今回のような悲劇が起きる危険性が強い。」

と述べ、

「人間が必ず死ぬ運命にある以上、延命への挑戦一辺倒の現代医学の態度は、今こそ改められなければならない。そのためには、まず死の臨床を大学医学部の講座の一つに組み入れ、専門的に研究すべきである。」（朝日新聞　平成三年六月三日）と主張している。

医学と医療にたずさわる人たち自身の間から、このような提言がなされてきていることは重要である。高齢化社会へとむかう今日、終末期医療の研究は緊急を要する重要課題である。そして、さらに死そのものをどのようにとらえるか、医学だけでなくその思想や信仰をめぐる問題についても研究を深めていくことが現代社会が直面している重要課題といってよかろう。

次に、脳死と人の死という問題について考えてみよう。

これはもともと人の死とは何か、を問うところから出発した問題ではなく、心臓や肝臓、腎臓などの臓器移植という治療法の開発とともにおこってきた問題である。日本で最初に腎臓移植が行なわれたのは一九五六年であるが、大きな話題となったのは一九六八年の札幌医大の和田寿郎教授が執刀した心臓移植手術のときであろう。はじめは手術が成功するか否かに人々の関心が集まったが、手術後八十三日間生きつづけた患者が死亡すると、こんどは一転して、まだ動いていた心臓をとり出した和田医師の行為そのものが問題となり、逆に殺人罪の疑惑が向けられることとなった。

その後、完全には死んでいない人からの臓器摘出が殺人となるのかどうか、その点の法律的解釈がなかなか定まらない状態で、しかも司法の側からは当然きびしい態度がとられたままの状態では、医師の側としてもそのような手術に積極的に取り組むことはできなかった。

しかし、アメリカやイギリス、オーストラリアなどでは、いちはやく脳死の状態、つまり脳を作っている神経細胞が壊れて全体としての脳の機能が止まってしまいもう回復の余地がまったくない状態、まだ心臓が動いており体温もあり爪や髪ものびるが、人工呼吸器をはずせば酸素不足ですぐに心臓がとまって完全に死んでしまうという状態になっていれば、もう死亡したも同じとして、この段階での臓器摘出は可能であるとする考え方がとられるようになり、さかんに臓器移植による治療が行なわれるようになっていった。そしてその治療技術も格段と進歩していった。

そうしたなかで、日本国内では手術をうけられない人たちがわざわざ外国へ行って臓器移植手術を受けて帰ってくるというケースもだんだんとふえてきた。そこで、外国でできることがなぜ日本でできないのか、日本の医学の発展、医療技術の進歩のためにも、日本でも脳死移植の容認を、という声が臓器移植を望む患者や家族、また医師たちの間で高まってきているのである。

そのような状況のもとで、一九九〇年二月「臨時脳死及び臓器移植調査会」いわゆる「脳死臨調」が設置され、三月二十八日に第一回の委員会が開催された。そして、その後二十回に及ぶ委員会が開催され、その間、海外視察や公聴会なども実施されて、翌一九九一年六月十四日にはひとまず「中間意見」が公表されることとなった。

そこでは、やはり脳死の人からの臓器移植を認めるべきだ、とする意見をまとめている。しかし、脳死をはたして人の死と認めるか否かについては、激しく意見が対立し、脳死を人の死と認めて現行法のもとでも移植を認められる、とする多数意見に対し、脳死は人の死とは認めがたいとして、脳死移植を行なうにはそれを可能にする新しい法律が必要であるとする少数意見も併記されている。

なお、一九九二年一月二十二日には、その「中間意見」とほぼおなじ方向で、脳死を人の死とし臓器移植を認める、とする「答申」が提出された。しかし、そこでも脳死を人の死とは認めないとする少数意見が付記されている。

肝心の、本人の意思が不明の場合の臓器提供の諾否をめぐる問題は論議をよび、近親者の承諾だけでよいとする意見に対し、この点こそ慎重であるべきだとする意見も強く、「答申」ではこの点があいまいな表現となってしまっている。

ここまで発展してきた医療技術に対し、それにふさわしい医療モラルの確立が求められているのであり、医療不信の構造の解決こそ、今日の医学界がまず全力で取り組むべき問題といえるのではなかろうか。

また、人の死の判定をめぐっては、医学の独走は許されるものではなく、哲学や宗教学、民俗学、文化人類学などからの積極的な提言が必要である。医療技術の進歩は、ながい歴史の中で培われてきた人々の死生観と調和してこそ、現代社会に貢献できるのだということを忘れてはなるまい。

葬式の作法や費用への疑問

次に、葬式の作法や費用をめぐる疑問点についてであるが、これも新聞紙上でいく度か特集が組まれ、この問題についての人々の高い関心度をあらわしている。そこで浮き彫りにされているのは、伝統的な葬式のしきたりについて不案内であることによる不安や疲労、そしてお寺や葬儀屋にかかる費用の高さについての不満などである。

たとえば、隣近所のつき合いで葬式にかり出される勤め人や若い主婦の負担、寺の言いなりにならざるを得ない戒名やその値段、葬儀屋との値段の交渉とそのわりには心のこもったとはいい難い葬儀内容などについての不満をうったえる投書がめだつ。

それらの問題はいずれも、かつて伝統的であった農山漁村や町場の人たちのそれぞれの地域社会のまとまり、たとえば隣組とか講中《こうじゅう》など、それらを基盤として行なわれてきた葬送儀礼が、近年の急激な産業構造の変化とそれにともなう地域社会の変質によって大きくゆらいできているさまをよく示している。

かつて、ムラやマチには隣組とか講中などという地域ごとの連帯や相互扶助の役割をもった社会組織があり、ムラの中から死者が出ると葬式の準備から、道具作り、接客から葬儀の進行、さらに埋葬や火葬まで、一切はその隣組や講中が行なってきた。また、江戸時代以来の檀家《だんか》制度のもとで家ごとにそれぞれ檀家寺が決まっており、代々その寺の住職がその家の葬式には関与してきたのである。寺へのお布施も、お盆と正月に定期的に、また葬式の時にもお金のほかに米や麦、野菜などで一定の額は納めてきていたのである。

それがいま、都市化と核家族化の大きなうねりのなかで、人によっては家族の突然の死を前にして手伝ってくれる隣近所の人手もなく、寺のお坊さんもどこから呼んでよいのかわからないという状況へとなってきたのである。一九八四年公開の伊丹十三《いたみじゅうぞう》監督の「お葬式」という映画がヒットした理由もひとつにはこのような状況があったものと思われる。

そうしたなかで、いちやく注目を集めはじめたのが葬儀社の役割である。葬儀社というのはもともと、棺おけや生花など葬具の提供を行なう業者であったものが多いが、最近ではその役割が急速に拡大してきている。何もわからず不案内なまま気持ちも動転している家族に対し、葬儀社は葬具の提供から飾り付け、さらには僧侶の紹介から葬儀の進行いっさいを委ねられるようになってきているのである。最近では出版界や放送業界でもある意味での葬式ブームがおき、おびただしいほどの葬式関係の本やテレビ番組が制作され、葬儀社の活躍ぶりも脚光をあびるようになった。さらに企業としてもうまみのあるところからアメリカ発の funeral industry、「葬式産業」という言葉も生まれた。そして、その一方では、高くつく費用や華美な飾り付けなどに対する人々の素朴な疑問も出てきている。

国民生活センターの「葬儀サービスの実情と比較」(八八年)によると、葬儀費用の総額は平均二百四十九万円で、このうち、葬儀社への支払いは八十七万円ということである。かなり高額でありしかも明細の必ずしもはっきりしない価格で不満の声も聞かれる。しかし、葬儀社の人に言わせると、遺族に価格表を見せて予算をたずねると、まず聞かれるのは、よその家ではどれくらいか、近所の相場だという。そして、見た目には近所といっしょで、料金はワンランク下の値段でやってくれといわれ、業者の間の競争もあり大変だともいう。

一九九一年の死亡人口は全国で約八十二万九千人で、二〇二〇年には百六十万人を超えるだろうといわれている（二〇二一年二月の速報値では二〇二〇年は約百三十八万五千人）。いやおうなく葬儀に立ち会う機会はふえてこよう。最近では、「SOGI」（編集長碑文谷創、二〇一六年休刊）という名前の雑誌も発行されはじめ、さまざまなかたちの葬儀が行なわれるようになってきていることが紹介されている。

地域社会のまとまりがくずれていくなかで、従来の隣近所の人たちを中心とした相互扶助による葬儀の執行から葬儀社を中心とする葬儀の執行へ、そして、寺と家々とが密接に結びついていた檀家制度が解体していくなかで、檀家寺の住職による仏教式の葬儀から寺とは関係のない無宗教葬のケースへ、というような大きな変化が現在おきているのである。

いま葬儀はまさに混沌の中にあるといってよい。

墓をどうするか

臨終や葬儀は比較的短期間のうちに経過していくが、墓はながく存在しつづける。だから墓をどうするかは一方でまた深刻な問題である。とくに都市化と核家族化のすすむ今日、多くの人たちにとって共通の関心事となっており、新聞紙上にもいろいろな意見が紹介されている。それらを少し整理してみると、とくに伝統的な農山漁村での定着的な家の生活から離れ、新しく都会のサラリーマン（給与所得者）となったような人々の間で深刻なようである。

都市人口の急激な増加と地価の高騰のなかで、東京や大阪など大都市圏での墓地不足が深刻な問題となってきている。都府県などの自治体が確保できる墓地の敷地には限度があり、たとえば東京都の都営霊園（本書執筆当時八ヶ所、使用者約二十四万人）の場合、一平方メートル当り約五万円くらいと比較的安いがすでに満杯状態で、十年一回の空き墓地募集の抽選でも競争率約二十倍と非常に高く、応募回数十五回、十六回は当り前というような状態となっている。一方、寺の墓地はなかなか一般には開放されていないし、最近、たくさん造営されている民営の霊園は一平方メートル当り数十万円と非常に高く、それもこのところ毎年数パーセントずつ上昇しており、しかも都心から遠く離れた丘陵地帯に造営され、おびただしい山林が伐採されて自然破壊の問題もおこっているくらいである。

霊園の側では、無縁墓になるのを恐れて、「跡継ぎのない者には墓は売れない」「跡継ぎは親族でなければだめ」、などとめんどうな制限が設けられているのが実情である。

そうした現状のなかで、すでにいくつかの運動がおこってきている。

たとえば、『現代お墓事情』の著者としても知られる井上治代氏は、離婚やシングル、子供のいない家庭がふえ、家族の形態や人々の意識が大きく変化しているなかで、旧態依然とした「家」や血縁による墓でなく新しい墓のあり方をさぐろうという「二十一世紀の結縁と墓を考える会」を結成し、一九九〇年八月二十五、二十六日には新潟県西蒲原郡（現新潟市西蒲区）の角田山妙光寺ではじめての集い「フェスティバル・安穏」を開催している。その井上治代氏によれば、十歳代から八十歳代までの男女四百九人に墓に関する意識調査を実施した結果、夫の先祖の墓に入るのをいやがっている女性はおよそ三六％、つまり三人に一人はいるという。

もちろん、そうした変化に抵抗感を強くいだく人もあり、そのような先祖を大切にしない風潮をなげく投書もみられる。

また、「家」を中心とする従来の墓から「個人」を中心とする墓への模索の動きもおこっている。「もやいの会」（会長磯村英一東洋大元学長）の活動がそれである。「もやいの会」というのは、地縁、血縁、性別などを越えた会員同士の新しい縁をつくり、死後は墓「もやいの碑」を共有して名を刻み、残された会員が永代供養をしていこうという会で一九九〇年六月に発足したものである。

一方、墓そのものへのこだわりを否定して、遺骨や遺灰を海や山へとまく、いわゆる散骨をして自然へと回帰させるというような方式を、もっと一般に認められるようにしようという「葬送の自由をすすめる会」(会長安田睦彦、現島田裕巳氏)の活動も注目される。散骨の風習が古代の日本に一部存在したことは、『万葉集』の歌や『六国史』の記事などによって知られるが、現在の法律では、

墓地、埋葬等に関する法律　第四条

①埋葬又は焼骨の埋蔵は、墓地以外の区域に、これを行ってはならない。

刑法第一九〇条

死体、遺骨、遺髪又は棺に納めてある物を損壊し、遺棄し、又は領得した者は、三年以下の懲役に処する。

となっている。この法律は衛生上の問題や死体遺棄などの犯罪を想定したもので、葬法の一つとしての散骨などの風習を想定したものとはなっておらず、その許認可についての厚生労働省や法務省の解釈もややあいまいな状態である。ただ散骨を必ずしも違法とはいいがたいという立場に立っており、今後は海洋汚染、環境汚染などに配慮しつつ、こうした方式が広まっていく可能性も強い。

実際外国では散骨の例が少なくない。一九九〇年九月に死去した元駐日大使ライシャワー氏の遺灰が遺言によって太平洋にまかれたし、中国の周恩来《しゅうおんらい》元首相の遺灰も揚子江《ようすこう》へと流された。イギリスのクレマトリアムというのは小さな骨壺を集めて納めておき、遺骨、遺灰の大部分はその緑地内にまいてバラなど季節の花を咲かせるものである。墓地というより公園に近い。

このような新しい動きに対し、やはり狭くてもよいから自分の墓をもちたいという希望の人も多い。東京都では墓地不足の解消のために「東京都新霊園等構想委員会」(会長佐藤昌日本公園緑地協会長)を設置し、新しい霊園のあり方を検討してきているが、従来のような一区画ごとの提供ではなく、一ヶ所にたくさんの骨壺を埋め込む「新集合平面墓地」などの案が出されている。また、都営の小平霊園では、墓石の間のすき間をなくして横一列に並べた「壁墓地」を試作し、その応募状況がいま注目されている。

墓地の問題もいままさに混沌の中にあるといってよい。

祖父の死と父の死

実際に私にとっての身近かな死に、祖父の死と父の死がある。祖父の死は昭和四十二（一九六七）年四月のことで、父の死は平成二（一九九〇）年六月のことであった。この二人の死と葬送にはそれぞれの時代を反映して大きな差があるように思う。祖父の葬儀までは広島県の山間の農村でながく伝えられてきていた方式がそのままに行なわれたようであり、父の場合にはその農村の変貌を反映して少し変化がみられたように思う。いま、思い出すままそれらを比べてみる。

祖父がチュウキ（中風）でたおれたのは昭和四十二年三月中旬のことで、昼食の途中、急に手に持っていた茶碗を落とし左側から体がくずれた。私の目の前のことだったのでよく覚えている。すぐに町のお医者さんを呼んだ。その日から奥の部屋に左半身マヒで言葉もはっきりしないまま寝たきりとなった。祖父八十二歳のときである。お医者さんは毎日往診に来てくれた。親戚の者や近所の人たちが次々と見舞いに来てくれた。その間、祖父の父、つまり私の曾祖父がやはりチュウキ（中風）でたおれ、たいへんな長患いで寝たきりとなってしまい、家族がたいへんだったことなどが思い出話に出る。そして、曾祖父はへんくつ者でがんこ者だったので長患いしたが、それにくらべて祖父は誰にもやさしい仏さんのような人だったから……、などと二人の性格のちがいが話題になるなどするうちに約一ヶ月後、息をひきとった。

あとをみとった父の話によると、お医者さんの往診があり、みんなで「何か欲しいものがあるか」と聞いたところ、不自由な口もとで「酒を一杯飲みたい」といったという。お医者さんにたずねると、好きなものをあげてよいということで、コップに一杯飲ませてあげたところ、半分くらい飲んで「あーぁ　うまい」と嬉しそうな顔をした。父が「何かいいのこすことはないか」と聞くと「五十をすぎたような息子にもう何も言うことはないよ」というような意味のことをいったという。

亡くなると、すぐに隣の家に知らせた。すると隣近所の講中の八軒の家から夫婦でかけつけてもらって、通夜から葬式のこと一切をしてもらった。家族は手伝いも口出しも一切できないしきたりである。親戚の者もやってきて子や孫などほんとうに血の濃い者たちで湯灌《ゆかん》をした。はだかにしてたらいに入れるというのではなく、ただお湯で体をきれいにふいて、口、鼻、耳などに脱脂綿を入れて穴をふさぐというものだった。死体は北枕にしてねかせ、枕元には、線香一本を立てローソクの火も絶やさないようにしておいた。死者をねかせる部屋の畳はふだんのたがえちがいの敷き方でなく、はしをあわせる敷き方へと変えた。門徒《もんと》寺の住職がやってきて枕経《まくらぎょう》をあげてくれた。その晩は通夜でずっと朝まで死者のそばには子供など血の濃い者がついていた。その通夜の晩に入棺をした。死者に着せる新しい着物は身内の女性が縫った。糸のはしをとめず、ハサミも使わずにつくった。

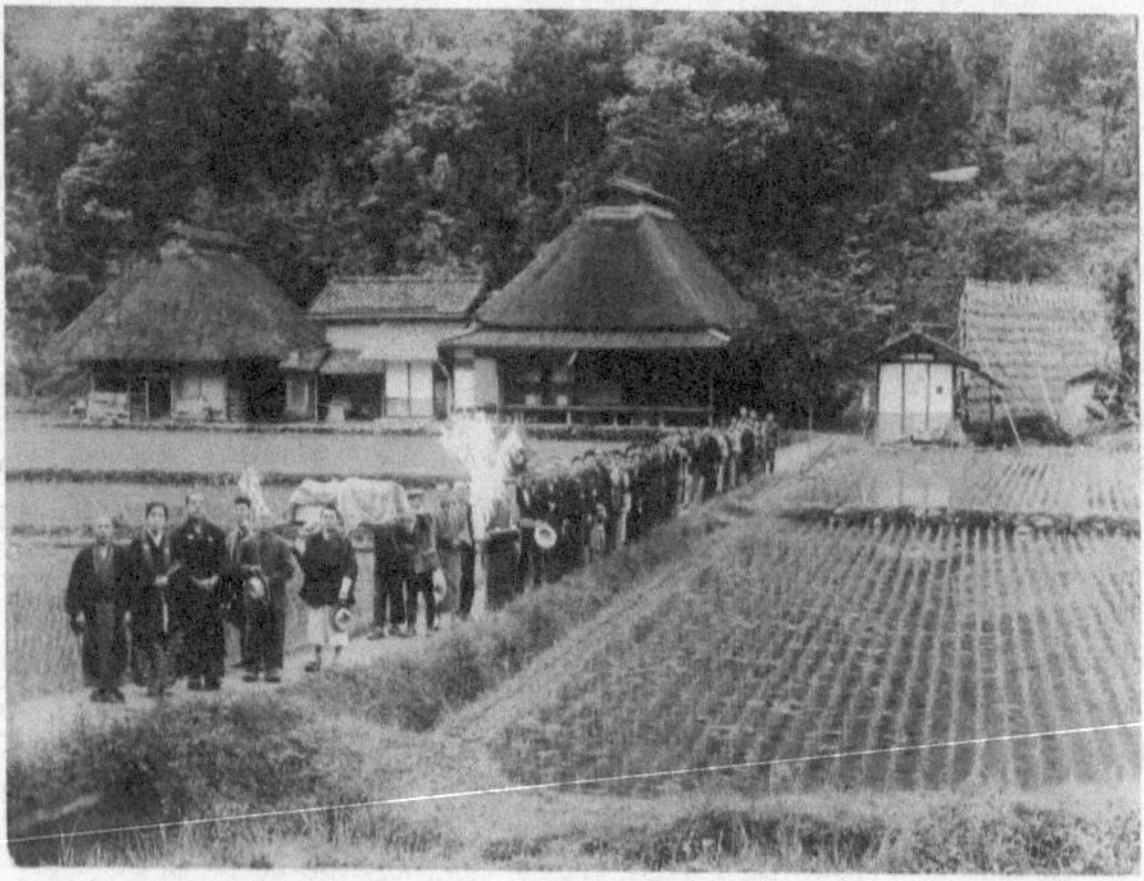

曾祖母の葬送。(昭和 26 年 6 月 15 日)

葬式は門徒寺の住職夫婦と近くの二ケ寺の住職にきてもらい、おおぜいの参列者を迎えて自宅の表座敷、奥座敷をあけはなって縁側から家の前庭まで使って行なった。喪主夫婦は紋付の黒い着物であるが足ははだしになって、ぞうりをはくのがしきたりであった。

葬式が終わると、野辺《のべ》送りで、隣近所の講中の人たちが棺をかつぎ、家族、親戚が続いてムラの焼き場へ行った。ムラはずれの山の中にある焼き場で、小さな小屋の中で焼いた。下に木を敷き、棺をおき、藁《わら》やたきぎをたくさんおいて火をつけた。焼くのは隣近所の講中のうちの当番の人たちで、家族、親戚はいったん家に帰った。焼く当番の人たちは一晩中、火が消えないように見守る。

翌朝、家族、親戚は骨をひろいに行った。藁スボに骨を入れて持って帰った。家では住職が待っていて仏壇の前で骨上《こつあ》げのお経をあげてもらった。その後すぐに家の裏山にある私の家の個人墓地に行き石塔の下に骨を納めた。

一週間後は七日参りで、家族と子供だけでお寺にお鉢米《はちまい》をもって行って、お経、永代経をあげてもらった。四十九日には住職がきて、隣近所の人も親戚も集まって家の仏壇でお経をあげ、食事をする。四十九日までは精進料理を食べているが、この日からは魚を食べてもよくなる。そしてこのとき、香奠《こうでん》をもらった家には茶の子を配った。

およそ、以上が祖父の死と葬送の思い出であるが、これに対し、父の場合は次のような点が異なっていた。

父が脳溢血《のういっけつ》でたおれ、救急車で病院へ運ばれたという知らせをうけたのは平成二年五月下旬のことであった。治療をうけて快方へむかいリハビリをつづける状態で、付き添いは家族の者たちが交代でつき、またパートの付添い婦の人もたのんだ。父は傷《しょう》痍《い》軍人でしかも被爆者で原爆手帳の交付もうけていたので治療費は心配なかったが、わがままな性格をしていたので、私の曾祖父のときのように長患いになって大変ではないだろうか、と子供たちは冗談をいいあった。代々私の家はチュウキ（中風）や脳溢血の血筋だといい、老後のことはとくにその人物の性格が反映するのだ、などといっている。

順調にリハビリをうけていたと思っていたところ、約半月後、夕方になって容態が急変し、まもなく死亡したとの連絡をうけた。数え年七十七歳であった。付き添いの人たちの話によると、その日はなぜかリハビリの運動をいやがりあまり熱心にしなかったところ、その日のリハビリの係の人が手ぬきを許さずにきびしくされて、その無理が急に心臓への負担となって心臓発作をおこしてしまったらしいとのことであった。老後はあまりお金の苦労もなく好きな酒を飲みあとは長生きするのがよい、ただみんなに迷惑はかけたくない、といっていた父だけに、なぜか悲しさよりも彼らしいという感じがした。付き添い婦の人が身体をふいてあげると、「そんなにやさしくしてくれると、うれしいなぁ」などと冗談っぽくいっていたというのも父らしいと思う。もちろん私は遠く離れていたので、このような気楽なことがいえるが、実際に看護にあたっていた人たちの負担は決してなまやさしいものではなかったであろう。寝たきりの状態になるかもしれない自分の老後のことを考えると、いま私自身複雑な思いになる。

さて、祖父は家で家族にみとられて死に、父は病院で医師、看護婦、付き添いの人にかこまれて死んだ。

すぐに葬儀社が手配した自動車で家へ帰り、奥の部屋に北枕にして寝かせた。とくにむかしのような畳の敷きかえはしなかったという。その夜のうちに親戚や隣近所に知らせ、翌日、みんなが集まり、葬式の手配をした。朝のうちに、子や孫などの血の濃い身内で納棺し、私が東京からかけつけた夕方にはすでに納棺済みで、葬儀社による飾りつけも終わっていた。このような飾りつけは祖父のときにはなかった。写真も祖父のときにはなかった。台所仕事や帳場のことなどはむかしどおり隣近所の講中の人たちの担当で、お世話になる家族は一切口出しはしない。もちろん葬儀社も関与しない。

翌日、門徒寺の住職がやってきて、参列者も集まり、家で葬式を行なった。その方式は祖父のときと同じであった。喪主夫婦がはだしになるのも同じだった。

しかし、野辺送りは祖父のときのように行列を組んで歩いていくのではなく、ハイヤーとマイクロバスをたのんでそれに分乗して行った。隣近所の講中の当番の人と家族とで棺をのせ、親戚はマイクロバスや自家用車でそれぞれ新しくできた町営の火葬場へと行った。そこでふたたび読経ののち火葬場の係員の手によって火葬された。その間いったん家に帰り、およそ二時間後に再び火葬場に行って骨ひろいをし、骨壺に入れて持って帰った。骨壷を仏壇に安置し、このとき初七日のお経もいっしょにあげてもらった。そして、隣近所の講中の人たちに食事をしてもらい一段落となった。祖父のときは藁スボに入れて持って帰りすぐに墓地に納めたが、父の骨壷は四十九日まで仏壇に安置しておき、四十九日の法事のときに墓地に納めた。

こうして、祖父と父とを比べてみると、死の迎え方と、葬儀の執行の上で、大きな変化がおきていることがわかる。

家で迎える死と病院で迎える死、隣近所の人たちが手配し世話してもらう葬儀と葬儀社や町営の火葬場が手配する葬儀、前者は長い時代をこえて伝えられてきた方式であるのに対し、後者は近年になっておこってきた新しい変化である。

日本人の葬儀をめぐる大きな変化と混乱のなかにある現在、これからの方向を考えていく上でも、これまで日本の各地に長く伝えられてきた葬送の儀礼や、生と死の思想、他界観などをぜひとも知っておきたいものである。なぜなら、柳田國男《やなぎたくにお》が『先祖の話』の中でのべたように、歴史の中に伝えられてきた年久しい慣習を無視したのでは、これから後の世のことを考えようとしても、何とも心もとないからである。

Ⅰ　葬儀の深層

一章　葬送儀礼

私たちはおよそ十代から二十代の青少年期に祖父母の死に出会い、四十代から五十代の壮年期に両親の死を迎える。そのような家族の死に対して、また地域や職場などでつきあいの深かった友人たちの死に対して、人々はこれまでいったいどのように対処してきたのだろうか。

実際に葬式というのはどのように行なわれているのか、その順序や、人々による作業分担、それに死の忌みをめぐる観念などについて観察し、そのようなしきたりを伝えてきた私たち日本人の、死をめぐる民俗の思想について考えてみよう。

ただ、葬送のしきたりといっても、日本の各地で地方ごとに特徴があり、戦前と戦後、とくに近年の変化には著しいものがある。そのような相違点や変化にも注意しながら、まずはほぼ日本の各地に共通してみられる儀礼を、それも時代的には、昭和三十年代からのいわゆる高度経済成長期（一九五五〜七三）の前までの長い間、伝えら

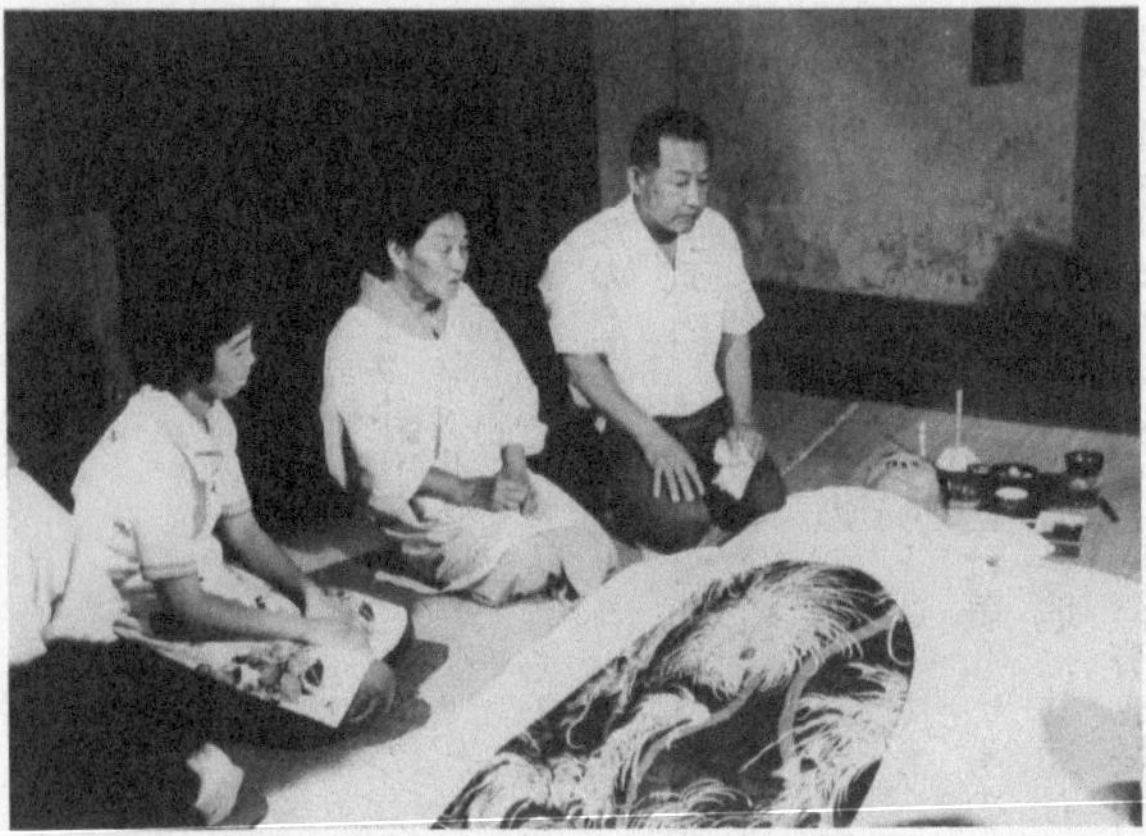

死者を寝かせた枕元には、箸をさし立てた枕飯があげられ、ローソク1本に火がともされる。(『秩父の通過儀礼』より)

れてきていた方式を中心に概観してみることにしよう。

臨終 虫が知らせる、胸さわぎがするなどといって、人の死をめぐってはいろいろと予兆めいたことがいわれる。なかでも、鳥鳴きが悪いとまもなく死人が出る、というのはなぜか全国的である。

臨終に際しては、魂呼《たまよ》ばいなどといって、死者の名前を大声で呼んで生き返らせようとする呪法や、末期の水といって死者の唇を濡らしてやるという作法などが伝えられている。

いよいよ死亡が確認されると、隣近所へただちに知らせられ、死体はあら

講中とよばれる近所の人たちが集まって、縄をなうなどいろいろ葬具が作られる。（埼玉県新座市大和田）

ためて北枕にして寝かせられる。枕元にはローソク、線香などのほか、枕飯、枕団子などと呼ばれる御飯や団子が供えられる。この枕飯や枕団子は死後すぐに作らねばならぬとされている。

ふとんの上には魔除けのためといって刀や鉈《なた》などの刃物がおかれる。また死体のそばに猫が近づくと死人が飛び上がるなどといって、猫が近づくことをとくにきらうという話もよく聞かれる。

死者のそばには妻や子など近親者のうちの誰かが必ずついていて、ローソクや線香の火を絶やさぬようにする。

葬儀の準備　死亡の知らせをうけた隣近所の家々ではいそいで喪家に集まっ

てくれる。組とか講中《こうじゅう》などといって結婚や葬儀の際などに手助けしあう近隣同士の組織ができていることが多い。葬具作りや台所仕事、それに親戚や寺への連絡、帳場、棺かつぎや墓穴掘りなど、葬儀の作業一切はその組や講中の手で行なわれ、家族は口出ししないのがふつうである。

通夜は夜伽《よと》ぎなどといって近親者たちによる死者への付き添いという性格が強く、死者の妻や跡取り息子が一晩添い寝をするものだという話もよく聞かれる。

湯灌《ゆかん》は死者の子供や兄弟など最も血の濃い者たちの手で行なわれる。そして、身内の女性など数人で縫った白い晒布《さらし》の着物を着せて納棺する。死出の旅に出るなどといって、巡礼姿にする例も多く、米や銭を入れた頭陀袋《ずだぶくろ》、それに数珠《じゅず》や杖、生前の愛用品なども一緒に棺に入れる。このとき棺のふたの釘は石で打つという例が多い。

葬送　葬儀の祭壇は多く座敷に設けられる。僧侶の読経、引導渡しなどが行なわれ、会葬者の焼香も終わって出棺となる。このとき出立《でだ》ちの飯《まま》などといって近親者一同で食事をとる例も多い。

棺をかつぐのは子や孫など身内の場合と、組や講中の人たちの場合とがあり、概して関西では前者、関東では後者の例が多い。

棺が出たあとの座敷はただちに箒《ほうき》で掃き出される。棺は、庭先で左廻りに三回まわ

野辺送り。広島県西北部の浄土真宗の門徒の地域では棺を担ぐのは組や講中の人たち。地区ごとに設けられているヤキバ（焼き場＝火葬場）に向かうところ。（広島県北広島町新庄。坪井洋文氏撮影、昭和32年～35年頃。『国立歴史民俗博物館研究報告』第191集）

るとか、とくに作られた竹などの仮門をくぐるなどして、葬列を組んで墓地へと向かう。仮門をくぐらせる例は東日本で多くみられる。また出棺のとき、その葬列とは別に一足先に五穀、銭、着物などを叺《かます》に入れて墓地や寺へと持っていくウマカタ（馬方）という役があるような事例も関東から東北地方などではよくみられる。

土葬の場合には、まず近親者が土一握りずつをかけてからあとは穴掘り当番の人がかけてくれる。上には盛土や石積みが施され、目印の石がおかれたり生木《なまき》が挿し立てられたりする。木の墓標が立てられる例も多

弔上げの杉塔婆。（京都府北桑田郡京北町）

墓穴掘り。（埼玉県新座市大和田）

い。そして、竹囲いや板屋根などの類《たぐい》が設《しつら》えられる例も多い。お膳や花が供えられ、灯明があげられる。

火葬の場合には、当番の人たちが一晩かけて焼いてくれ、翌朝、近親者が骨拾いに行く。

墓地から帰ると、家に入る前に盥《たらい》で足を洗うとか臼に腰かけるとか身体に塩をふりかけるなどの清めの作法をしてから家に入る。そして近親者一同であらためて膳が揃《そろ》えられて食事をする。この食事を斎《とき》の膳などという。

忌明《いみあ》け　埋葬後、墓見舞いなどといって七日間は毎日墓参し灯明をあげるのがふつうである。墓なおしといって三日めに土饅頭や石積みを築きなおす例も多い。

また、埋葬当日の晩とか六日めの晩などに死者の霊が帰ってくるためこれを追い払わねばならぬとする伝承も、とくに近畿地方から四国地方にかけてよく聞かれる。四十九日は忌明けといって僧侶、近親者、隣近所の人を呼んで読経供養と会食とが行なわれる。四十九餅《しじゅうくもち》といって、四十九個の小餅をつくり関係者でわけて食べる。笠の餅などという一枚の大きな餅をつくり、それを桝《ます》のへりにあててちぎってわけるという作法を伝えている例も多い。

弔上げ《とむらいあげ》　年忌の法事は、一年、三年、七年と続けられるが、七年忌から以後は省略されることも多い。ただし、三十三年忌もしくは五十年忌の最終年忌は重視され、とくに弔上げなどといって枝付きの杉の塔婆をたてる例が多い。死者はこれ以後、神様になるのだ、などという。

さて、このようにすすめられているのが、日本の一般的な葬送の民俗儀礼だが、これらを一覧してまず気づくことは、表1にみるように葬送の儀礼は産育の儀礼、つまり、出産と育児の儀礼ともよく似ているということである。(1) たとえば、産飯と枕飯、産湯と湯灌、産着と死装束、名付けと戒名、誕生餅と四十九餅など対応する儀礼が多

表1　産育と葬送の儀礼の対応

産育（日）	産育	葬送（日）	葬送
	帯祝い		年祝い
当日	出産（産飯）	当日	死亡（枕飯）
	（産湯）		（湯灌）・（死装束）
			葬儀（戒名）
3日	（湯初め）・（産着）	3日	しあげ
7日	お七夜（名付け）	7日	初七日
33日	お宮参り	35日	五七日
		49日	忌明け（四十九餅）
100日	食い初め	100日	百ヶ日
	初節供・初正月		初盆
1年	初誕生（誕生餅）	1年	一周忌
7年	オビトキ	7年	年忌
		33年	弔上げ

い。また、日取りの上でも三日、七日、百日、一年、七年などよく対応している。それは産育が人生の入口での儀礼で、葬送が人生の出口での儀礼だからであろうか。

これほどみごとに対応しているということは、このようなしきたりを伝えてきた日本人は、人の誕生と死亡とをあの世からこの世へ、この世からあの世への、それぞれ移行であると考え、そこでは同じような段階を経てその移行が完了するものだと考えていたのではないか、ということを考えさせる。

註

（1）柳田國男「社会と子供」（『定本柳田國男集』第十五巻）、波平恵美子「通過儀礼における「ハレ」と「ケガレ」の観念の分析」（『民族学研究』40巻4号）などによっても指摘されている。

二章　米の霊力

1　三種類の米

日本の葬式の中で、米が大きな役割をはたしているということを最初に指摘したのは柳田國男《やなぎたくにお》である。「生と死と食物」(1)という論文の中で、日本の葬送儀礼においては、何よりも米が不可欠であることを指摘し、「米の力」(2)という論文では、力米、力飯、力餅などと呼ばれている事例を広く集めて、米を生命力の根源とみる古い信仰が日本の民俗の中には根強く伝えられているということを指摘している。

そこで、この柳田の視点に導かれながら、日本の各地に伝えられている葬送儀礼の中の米の伝承をあらためて追跡してみることにしよう。(3)

日本の葬送儀礼の中にみられる米の使用例は実際、非常に多くしかも多様である。

しかし、それらを分類してみると、次の三つに大別できるのではないか。

死者の米、生者の米、死者と生者をつなぐ米つまり別れの米、という三つである。ただし、ここでは米の使用例といっても、米そのままの場合から、御飯、団子、餅、酒まで、その加工品も含むものとする。

死者の米

死者に対する米、と考えられるものには次のようなものがある。

振り米　危篤の病人に対して、竹筒の中に少しの米を入れて、その枕元で振って音を聞かせるものである。水田のないような山間の村でよく聞かれた伝承で、これにより死人が生きかえるようにと願って行なわれたものではないかと考えられている(4)。

魂呼ばいで桝《ます》の底を叩く呪法　いよいよ臨終というとき、死者の名を大声で呼んで生きかえらせようとする魂呼ばいの呪法がいろいろと伝えられていた。とくに幼い子を残しての若い人の死に際しては切実であったようである。直接、死者にむかってその名を呼ぶものから、屋根にのぼって着物を振って名を呼ぶ方法、井戸にむかって名を呼ぶ方法などいろいろあるが、その中に、一升桝や五升桝など桝の底を叩いて死者の名を呼ぶ方法が、青森、福島、群馬、新潟など東北日本と京都、愛媛など近畿、四国の一部に伝えられている。

新墓にそなえられた枕飯。（埼玉県新座市大和田）

枕飯・枕団子　死後すぐに用意され死者の枕元に供えられるもので、山盛りの御飯に箸をつきたてる例が多い。ハヤゴク（早御供）とかハヤダンゴ（早団子）などと呼ばれて、死者が息を引きとるとすぐに炊いて供えなければいけないとされている。ふだんのかまどの火を使わずに、庭先に臨時に石を組んでかまどをつくったり、三本の木を三ツ股に組んで鍋を吊るして炊くなどする。また、玄米のままで炊き、炊いた御飯は一粒も残さず茶碗一杯に盛りきりにする。枕団子は四個とか六個とか地方ごとにさまざまであるが、石臼をふだんとちがって左廻りにひくなどしてつくる。枕飯と枕団子といっしょに供える例も多いが、どちらか一方だけという例もある。

頭陀袋《ずだぶくろ》に入れる米　死者を巡礼姿の旅装束にさせ、首に頭陀袋をかける例は一般的である。その頭陀袋の中に入れるものは六文銭《ろくもんせん》と稗《ひえ》、粟《あわ》、米、麦、黍《きび》などの五穀という例が多い。米だけとか握り飯を入れる例もある。六文銭は三途の川の渡し賃だといい、五穀は死者の弁当だなどといっている。

アトミラズ・ウマカタ　野辺送りに際して葬列の先頭に立ってあるいは葬列より一足先に米や麦、豆などを叺《かます》や菰《こも》にいれたものと蓑笠や着物を持って墓地にもって行く奇妙な役の人がいる。叺や菰は木に吊るしておいたりまたあとでそれを寺に納めたりする。関東地方から東北地方に多くみられ、アトミラズとかウマカタなどと呼ばれている。

寺送りの米　死亡の直後もしくは埋葬が終了したあとで、とくに寺へ米や餅を納める例があり、これを寺送りなどといっている。関東地方から東北地方、また九州地方などによくみられる。寺への謝礼というだけの意味ではなさそうである。

生者の米

同じ米でも、生きている側の人間にとっての米と考えられるものに次のようなものがある。

忌み避けるべき危険な死に接触せざるを得ない人々にとって、その生命力を守るためであろうか、とくに米が必要とされているのである。

耳ふたぎ餅　葬式の日を選ぶにあたっても友引きの日を避けるように、死者が友だちを呼びにくるというような感覚があるらしい。とくに同年齢の者の場合、それが強かったようで、その死に際して、それを聞くのを忌み避けようとする方法が伝えられている。一つが耳ふたぎでもう一つが年かさねである。一般的なのは耳ふたぎで、耳ふたぎ餅などといって餅をつき、両方の耳にあてておいて、死者の名前を聞いたり、「良いこと聞け、悪いこと聞くな」などと唱えたりする。(5)その餅はあとで川に流すとか道の辻に捨てるとか近所の人に貰ってもらうなどする。餅のほかに団子や牡丹餅、握り飯が用いられる例も多い。なかには馬糞《ばふん》を使うというちょっと変わった例もある。握り飯は近畿地方で多いように思われる。御菓子で代用している例もある。

年かさね　年たがえともいい、団子や大豆などを年の数より一つ多く食べ、年齢を一つはやくとってしまうという方法である。正月の年玉や節分の豆などにも通じる考え方がうかがえる。人間の年齢を生命の数、つまり魂の数として考え、その魂の数を米や豆の数として考えるのである。耳ふたぎは全国的であるが、年かさねは概して関東地方以西に多く見られるようである。

二人使いへのもてなし　現在のように電話が普及する以前には、死者が出たことを遠方の親戚などに知らせる役は重要なものの一つであった。ツゲト、シラセ、ヒキャクなどとも呼ばれるが、必ず男性二人で行くところから二人使いなどとも呼ばれた。一人で行くと死者の霊があとをつけるとか背中からおおいかぶさってくるなどといい警戒された。知らせをうけた家では二人に御飯を食べてもらうのがふつうである。酒や魚を出す例もある。だから、ふだんから米五合とか一升はどんなときでも用意しておくものだといっている地方も多い。

ただし、興味深いのは、青森、岩手、秋田、山形など東北地方の各地では、このツゲトは相手の家に入ってはならず、戸口のところで知らせるだけですぐ帰るとか、家の人もそれをふつうのお客のように立って見送りなどするものではない、といっているような伝承がみられる点である。死穢《しえ》に対する感覚や習俗の歴史ということを考えれば、そのような東北地方の伝承の方がより古態を伝えるものかとも推定される。

湯灌酒《ゆかんざけ》　死者の身体は、最近ではアルコールをしみこませた布でふく程度へと簡略化されてきているが、もとは入棺に先立って死者を裸にして盥《たらい》の湯で洗い、頭髪の一部を剃るなどした。一般にこれを湯灌といい、このときの盥の湯はふだんとちがって先に水を入れてあとで湯を加えるものとされており、逆さ水などといった。この湯灌をするのは子や孫などとくに血の濃い身内の者の役だが、褌《ふんどし》や腰巻ひとつになって裸でやるとかボロ着物を裏返しに着て荒縄の腰帯をまいてやるなどした。このとき湯灌酒などといってこれに当たる者がとくに酒を飲んでするという例が東北地方から関東、近畿、それに四国や九州の一部に点々とみられる。

穴掘り酒　墓の穴掘りの仕事はたいへんな役でタイヤク（大役）などといわれた。講《こう》中《じゆう》などと呼ばれる近隣の家々が順番にこれにあたったが、直接の死の穢《けが》れにふれるような役でもあるためか、いろいろな禁忌《きんき》も伝えられている。たとえば、妻が妊娠中の者はこの役にはあたらないとか、一年のうち二度はこの役はしないなどである。また、掘られた墓穴にも鎌を吊るしておいて魔除けとするとか穴番として誰かが残って埋葬までその墓穴を見守っていたりする。

穴掘り酒というのはそんな穴掘り役の当番の人たちにふるまわれる酒で、握り飯やその他のおかずとともに墓地へとどけられる。豆腐といっしょに飲むという例も多い。この酒や握り飯は決して残してはいけないという。

火葬の場合にも、焼き場の当番に酒がとどけられ、それを飲みながら夜どおし焼くという例が少なくない。

野がえりと清め　今日でも葬式から帰ると塩をふりかけて清めとするのがふつうである。葬列を組んで墓地へ行き埋葬を終えて帰宅した人々はやはりいろいろな清めの作法をした。たとえば、海水で手足を洗う、盥《たらい》の水で足を洗う、塩をふりかける、などであるが、それらのうちの一つに、臼《うす》に腰かけるとか、臼の上においた塩や味噌、それに酒や鰹節などに一口つけるなど、ことさら臼が用いられている例が中部地方から関東、東北へかけて多くみられる。四国では高知県の一部にそれが伝えられている。

また、福井、鳥取、兵庫、香川など近畿地方の周縁部にあたる一帯には米を数粒かむという例もみられる。これらは米が清めに用いられている事例といえよう[6]。

香奠《こうでん》　香奠をいくらつつむかは、今日でもいろいろと気になるところである。香奠といえば、仏前に供えるお香の代金のようで、お金で送るもののように考えている人も多いかも知れないが、これはもともと米で出すものであった。近畿地方などでは一俵《いっぴょう》香奠とか一升《いっしょう》香奠、二升香奠などというい方があり、親戚からはとくにたくさんの米を出したという。そして、呼び名も地方によってはクヤミ（悔やみ）とかヒジまたトキマイ（斎米）などといって米であることを示しているような例もある。そして、その米は、葬儀に参加する人たちの食糧にあてるためのものであるといっている例が多い。だから、米だけでなく野菜や薪木なども持ち寄り、隣近所の手伝いの人た

一俵香奠。妻が亡くなった場合にはその親元から、親が亡くなった場合には嫁いでいる娘の嫁ぎ先の家から届けられる。最近では、米俵が紙袋にかわっている。一般のクヤミ（村香奠）やノオクリ（会葬）でも、いまなお白米一升、二升と現物をもっていく。（福井県三方郡美浜町新庄。小林一男氏撮影）

ちの最初の仕事はその持ち寄られた米の米つきの仕事であったという例も少なくない。

　葬儀の期間中の食事に米だけは何としても必要であったという伝承は根強く、ふだんからどんなことがあっても米一升はいつも用意しておくものだとか、葬式には米俵が垣根をこして飛んでいくほどだ、などといい、ふだんは食べられないごちそうの米を葬式のときだけは腹いっぱい食べられるといって不謹慎にも喜んだという話ものこっている。

　こうして香奠は本来、葬儀期間中のみんなの食糧として持ち寄られた米であったため、相互扶助の意味もあり、とくに香奠返しというのはなかったようである。香奠帳にしっかりと記録しておいて、次の葬儀のときに、もらったときのと同じだけをかえし、手伝い仕事にもお互いさまとして労力を提供しあったのである。

しかし、クミウチ（組内）や親戚などのように香奠の米でともに食事ができる場合はよいが、そうでない者、たとえば仕事の関係で会社や学校などのつきあいが広くなっていき、その葬儀へ参列はするものの、食事までは一緒にしないというような立場の人たちがふえてくるとともに、香奠も米ではなくお金が主流となり、それと同時に、食事も出せないのではもらいっぱなしになってしまうということで、いちおう半分ぐらいはかえしておくというういわゆる香奠返しの習慣もおこってきたものと考えられる。香奠がもともと米や麦であったため、いまでも香奠返しには米麦の加工品である饅頭やうどんを出すといっている地域がまだ関東地方などにはある。つまり、香奠返しの習慣は、葬儀の執行が親戚やクミ（組）、講中などの相互扶助の関係でまかなわれていた状態から、より広い社交の関係へとひろがってきたことによっておこった習慣であるといってよいであろう。

別れの米

こうして、もう死んだはずの者にも、まだ生きているがわの者にも、とにかく葬式にあたっては、米が必要であるということは、生者と死者とをつなぐものとして米が大きな役割をはたしているということになる。

そこで次に死者も食べ、生者も食べることによって、それが両者をつなぎ、また両者の食い別れともなる、というような意味でのいわば、別れの米の例についてみてみよう。

出立ちの膳　いよいよ出棺というときに近親者をはじめ葬儀への参列者がとくに食事をするという例が全国的にみられる。これを出立ちの膳とかタチバの膳、一膳飯、別れ飯などといっている。

ていねいにお膳にごはん、味噌汁、煮しめなどを整えて食べるというのが一般的であるが、地方によってはおにぎりに煮しめですませるとか汁かけ飯にして一本箸で食べるなどという例もある。近畿地方などではおにぎりの例も多く、関東、東北地方などでは汁かけ飯の例が多い。また東海から関東へかけて、出立ちといって酒を飲む例も多い。

いずれにしてもこれらは死者との食い別れを意味するものと考えられる。

四十九個の飾り団子。これは葬儀に先だってつくられる。(『秩父の通過儀礼』より)

四十九餅《しじゆうくもち》　死者との食い別れといえば、もうひとつ四十九餅がある。死後四十九日の間は忌中《きちゆう》とか中陰《ちゆういん》などといって墓参や仏前でのお参りを欠かさないのがふつうである。四十九日を忌明《いみあ》けといい、この日はとくに親戚や隣近所を招いて僧侶にも来てもらって法事をする。このとき四十九餅といって小さい丸餅四十九個を作り、寺へ納めたり親戚や隣近所の人たちに配って食べてもらうというのがほとんど全国的にみられる。

この四十九餅をつく杵《きね》の音を聞いて死者はそれまで家の屋根にとどまっていたのがあの世へと旅だつとか、この餅の一つを屋根越しに投げることによってあの世へ行くとかいわれており、これが死者との最後の食い別れのためのものであることがわかる。

四十九餅。四十九日の法事に、親族たちが四十九個にわけた小餅を一つずつ食べる。一升桝をうらがえした上にのせてある。（萩原秀三郎氏撮影）

この四十九餅の伝承にもかなりの地方差があるが、ほぼ共通しているのは次のような点である。

まず第一に、その名のとおり四十九個の小餅ということである。そしてそれに笠の餅とか親餅などといって、一枚の大きな餅が一緒に搗《つ》かれるのがほとんどである。この四十九個の小さい丸餅は死者のためのもので、死後四十九日間一日一個ずつあげるものとする伝承が古風を伝えているように思われる。一方大きな餅の方は、近親者で引っ張り合ってちぎって食べるとか、一升桝の底で切って分けるとか、鍋蓋《なべぶた》の上にのせて庖丁《ほうちょう》で切るとかいっており、しかもそのとき敷居をまたいでするという例などもあり、死者と

四十九餅と笠の餅を作るところ。（田中久夫氏提供）

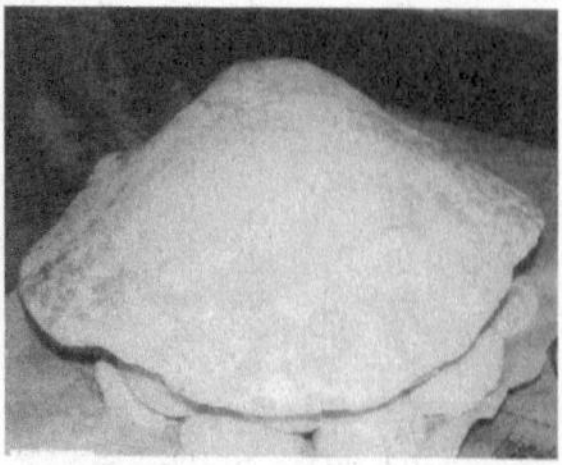

四十九餅と笠の餅。（田中久夫氏提供）

の食い別れのための所作であるとみられる伝承が顕著である。分け合って食べるのは具体的には近親者や隣近所の人で葬儀に関わった人たちであるが、必ず寺へも納めることになっている。また、一つは家の屋根ごしに投げるとか墓地へもっていくという例もある。そこで、この寺へ納めるというのも、寺の住職への世俗的な謝礼というのではなく、死者のための餅として寺へ送られているものと考えられる。というのも、事例によっては、寺送りの餅を仏送りとかいってもっていくときにとくに死者の霊魂を背負うような所作をしたり、「さあ行きましょう」と声をかけたりする例や、このとき人に出会わないように行くものだとか、うしろを振りむいてはいけない、などといっているような例もあり、またこれは死者の弁当だといっているような例さえもあるからである。

一方、この笠の餅とか親餅と呼ばれる大きい餅の場合、少し気になる奇妙な伝承もある。それは、この餅が死者の身体に擬《ぎ》せられているということである。死者の手の形だとか足の形だとかいっていたり、人間の形に切って分けて食べるのだとかいったり、大きい笠の餅が胎盤で、小さい四十九の餅が人体の骨であるとか、とにかく、この餅を人間の身体に擬してそれを食べるというような伝承が、とくに西日本各地にわずかずつではあるが点在しているのである。

これらの伝承から、すぐに日本にも古くには食人の風習があったのではないかとか、葬送に際して骨を噛む風習があったというような推論に結びつけるのは無謀かも知れない。しかしこの興味深い伝承の背後には何かがありそうである(7)。その何かをさぐるためには今ではもうほとんど失われてしまったような伝承にも注意をひろげる必要があろう。たとえばアウトローの「闇の社会」の伝承である(8)。日本のいわば「闇の社会」には今もって特殊な骨かみの習俗が脈々と伝えられているということにも注意しておいてよいことと思われる。

2　タマ（霊魂）送りとカラ（遺骸）送り

さて、こうして葬送儀礼に登場する米の事例を整理してみると、たしかに柳田國男がいったように、米には特別な生命力、ある種の霊力がやどるものと考えられており、おそろしい死と直接、接触せざるを得ない葬儀においては何としてもその米の力が必要とされてきたということがわかる。そして、その米にも生きているがわの者の生命を守ってくれる力と、死者の霊魂を安定させておく力とがあり、さらにその両者の最後の食い別れの儀礼においても米が大きな役割をはたしているということがわかる。

それらは、基本的には、たとえば、正月の年取りの行事の中でもお年玉というのがもともとはお金ではなく餅であり、その餅は新しい生命、魂を象徴したものであり、それを食べることによって年をひとつとるというふうに考えられていた[9]のにも通じるところの日本人の稲魂《いなだま》信仰、もっと広くいえば穀霊《こくれい》信仰ともいうべきものに基づくものであるといってよかろう。

しかし、これらの米にまつわる事例を整理する作業の中でいくつか気になる点も出てきた。ここでは二つの興味深い伝承をとりあげてみよう。

ウマカタ・アトミラズ

まず、第一は、かつて最上孝敬《もがみたかよし》氏が注目した(10)ウマカタとかアトミラズと呼ばれるものである。それは千葉県下に多くみられたもので野辺送りに際して、遺体を運ぶ葬列とは別に、それより一足先とかそれよりあとにそっと一人で米一升とか二升を叺《かます》や菰《こも》にいれて墓地とか寺に持って行く役である。その際、人に会っても決して話をしてはいけないなどといわれている。なぜ、葬列とは別にそのような役が出るのか、その後、このような例は東北地方でもたくさんみられることがわかってきた。たとえば秋田県下の事例について、嶋田忠一《ただかず》氏によれば次のとおりである。

事例　秋田県下のアトミラズ(11)

〔1〕山本郡山本町志戸橋

志戸橋のほとんどの家は、曹洞宗森岳寺の檀家となっている。

ダミ（棺）を家から出すときは、縁側から出し、そのあと箒《ほうき》で掃き清める。葬列の概略は次の通りである。

・ログメンオリ、・花籠、・灯り（灯籠）、・龍頭、・ダミ（棺）、・アトマモリ（龍頭）、・送り人ログメンオリは、もとは手製のカマスであったが、作る人がなくなってからは、肥料用のカマスや木炭用のカマスが出てきたのでそれを使い、現在はムシロを三つ折りにしたものを使っている。ログメンオリは、ダミの最初に行き、だいたいきまった木に吊るしてくる。後ろを振り返ると死人が続くといわれるので、これを運ぶ役のダミワカゼは後ろを振り返らない。ログメンオリと同時に、ワラジ銭（ワラジのなかに一文銭をはさみこんだもの。むき出しにすると地獄に行ってとられるという）と頭陀袋（サラシの三角袋は死人のあの世での食料と称してソバ・アワ・米・豆を入れる）、それにソウヅケのババ着物（サラシの長着でタテ・ヨコ一尺くらい）を持って行く。これらの一つでも忘れると死人が取りに戻るといわれる。

〔2〕　山本郡八竜町久米岡新田

山本町の曹洞宗森岳寺と八竜町の曹洞宗鳳来院の檀家が、半数くらいずつある。どちらの場合でも出棺に先立って、ムシロ（アトミラズという）と頭陀袋とソウヅケのババ着物を持って行き、適当な木に吊るしてくる。必ずダミと途中で行き会うようにして帰る。

頭陀袋には米・豆・六文銭（六十円）を入れる。これは「今度来るとき（生まれかわるとき）は飯米を沢山持って来い」との意味といわれる。これを担いで行くのはダミワカゼの一人で、後ろを振り返ることと人と話をすることを嫌い、これを破ると死人が続くといわれている。

吊るされたアトミラズなどは、盆の十六日夕刻に、子どもたちが太鼓を叩きながら集めた盆棚や供物と一緒に焼いてしまう。

〔3〕八竜町餅沢

山本町の最西端に接する八竜町鵜川餅沢では、出棺前に墓地に運ぶものをアトミラズと呼ぶ。カマスが用いられなくなってからはムシロを折って縄をつけ、三角形の頭陀袋とソウヅケのババ着物を縄に結んだものを一セットとする。頭陀袋には米・小豆・ソバを主に入れ、その他はありあわせの穀物を入れたり、一文銭の代りに五十円玉も入れてやる。これを運ぶのは、中年以上の男性でダミワカゼの一人である。

餅沢のアトミラズは、まず最初に出棺に先立って墓地の入口まで行き、そこからアトミラズを持ったまま引き返す。途中、骨と出会ったところから葬列の先頭に立って墓地に入り、それからアトミラズを持ったものが左回りに三度回り桜の木にそれを吊るす。その後、骨が同様に三度回るのである。アトミラズを持った人は、骨と出会うまでは後ろを振り返ってはいけないし、人と出会っても話をしてはならないとされるが、それ以後は普通と同じになる。
桜の木に下げられたアトミラズはそのまま放置され、盆の七日の墓掃除に片付けられたりする。

〔4〕八竜町鵜川萱刈沢

ムシロと頭陀袋とソウヅケのババさまの着物をアトミラズといい、葬列よりも一足先に墓地に持って行き、桜の木に吊るしてくる。

頭陀袋に入れた小豆・ソバ・米・マキ銭は、今度生まれるとき飯米をたくさん持って来るようにという意味といわれ、ソウヅケのババ着物は、ソウヅケのババが着ているうちに死人が逃げるためであるという。

アトミラズ。(嶋田忠一氏撮影)

アトミラズを持って行ったダミワカゼは、役目が済むと「番前(バンメ)済ました」といい、自宅へ帰ろうとどうしようと自由になる。

このような特異な習俗に対して、最上

氏は、位牌《いはい》を霊の依代《よりしろ》として埋葬地に持っていったり、遺体に手甲脚絆《てっこうきゃはん》の旅装束や頭陀袋などの旅用具をそえて埋葬したりする、今日一般的な葬送の習俗とは別に、それ以前にはこのような遺体とは別の霊魂だけの魂送りの習俗があったのではないかといい、それが現在このようなかたちでその面影をとどめているのであろうとのべている。

つまりこうした習俗は、もともと遺体を送る葬送とは別に、霊魂《たま》送りとでもいうべきもうひとつの葬送が古くあったことの名残りであろうというのである。

たいへん興味深い仮説であるが、はたしてそうであろうか。はじめから、遺体を送る葬送と霊魂を送る葬送という二つの種類の異なる葬法が日本には並列的に存在したのであろうか。

いまここで、この議論を行なうのはさておき、まずはもう一つの興味深い伝承について先に見ておこう。

カリヤ・ムイカダナ

それは、かつて近藤直也氏が注目した(12)四国地方のカリヤとムイカダナ、ナヌカガエリの伝承である。

事例　徳島県下のカリヤ(13)

〔1〕　麻植郡木屋平村今丸

葬列が出た後に、竹三本または四本を組み、蓑笠《みのかさ》を着せたカリヤを門口に立てておく。これは近所の人がしてくれる。中に棚をこしらえて握り飯を一個供える。これをカリヤノメシという。翌日、棺の後棒を担いだ人と先棒を担いだ人が谷へ持って行き、後ろ向きで死者の名を呼びながら谷底へ突き落とし、後ろを振り向かずに走って帰る。

家に残っていた者は大きな団子五個を作って待ちかまえ、棺担ぎ二人と位牌持ちが帰ってくると、頭、両手、両かがま（膝）と唱え、その団子を投げつける。その後、帳場と玄関にアラムシロを敷き、三人が「北鬼門《きたきもん》より一夜の宿を貸したまえ」というと、家に残っていた者が箒で座敷を叩きながら、「人道切れた奴には宿貸さん」と答える。問答を三回くり返し、その度に縁側から玄関へ左に三回まわり、その後、葬列の者全員が塩祓《おおもうし》いして家に入る。

〔2〕　三好郡池田町松尾大申

ムイカの夕方に親戚が寄り集まって、「これで仕上げでよ」といって、竹棒で三脚を組み蓑笠を着せる。高さ四尺ほどで、二本の脚には麦藁《むぎわら》を一把ずつ結びつけて、実際の人間の足のようにする。カリヤノメシは別に炊き、死者が使用していた膳の四隅に握り飯四個、中央に山盛りの茶碗を供える。カリヤは庭の入り口に立て、前面にカリヤノメシを供え、晩に灯明をあげる。翌日のナヌカの仕上げには、葬列に参加した人々が再び集まり、昼の膳を食べた後、カリヤを担ぎ「もう来んぞー」と叫びながら、鉦《かね》を三回鳴らして行列を組む。葬列と同じ順序で並び、カリヤを谷へ捨てに行く。カリヤを担ぐのは親戚のとりわけ血縁の近い者から選び、通常は棺を担いだ人がその役にあたる。その時まで棺を担いだ竹の棒を保管し、これを使う。だから「常には竹のオウコは使うな」という。

事例　和歌山県下のカリヤ⒁

有田郡清水町下湯川峠

葬式から七日目の夕方に親戚が集まり、五～六尺の竹三本を三角錐《すい》に組み、蓑笠を着せる。中間に竹の輪を入れ、その上に四角の板をのせて棚を作り、飯を供え、隅にローソクと線香を立てる。晒《さら》し木綿を手で破り、粗末に縫った袋を首にあたる所から吊り下げ、果物・菓子・六文銭を中に入れる。竹の交差点には、檜《ひのき》の小枝三本を掛ける。人形の姿にするため、竹三本だけではもの足りないので、そのように吊り下げるのだと説明している。宵のうちは縁側の上に置き、供物をそなえて念仏を唱え、夜には家の中にしつらえた祭壇で念仏を唱える。その後、再び縁側に置いた三脚の人形の前で念仏を唱える。夜の十二時過ぎた頃に、西方の村はずれまで親戚や近所の人々がこの人形を送り出す。人形を道端に立て、杖・草鞋《わらじ》・ホデ（握り飯三個入れた藁苞《わらづと》）を吊り下げる。棚に灯明をつけ、手向けをして各自家に帰るが、このとき後ろを振り返ってはならない。もし振り返れば、霊がその人について来るという。

この儀礼をナヌカガエリまたはミノオクリという。ナヌカガエリのカエリは送り出すの意で、七日間は死体を埋葬しても、死者の霊はまだこの世に残っているという。七日過ぎて人形を川に突き倒せば、死者の霊を送ってしまったことになるという。翌朝、最初にこれを見つけた人は、道の横に流れる湯川川へ突き倒す。もし自分の方に倒れれば、縁起が悪いという。また袋に入っている六文銭を持っていれば運が良いといい、勝負師はよくこれを欲しがるという。習俗だけでなく、人形自体をミノオクリ・ナヌカガエリと呼ぶ。夜中に灯をつけて道端に立っているので、通りかかった人がよく話しかけたりするが、返事がないので、非常に気味悪がられている。

これらの事例に対して、近藤氏は、死者霊が仏になるため、他界へ行くための一種の通過儀礼であると説明している。これらの儀礼はいずれも、死者霊を仏に変革させるため、いいかえれば死者霊が次の段階に生まれかわるための通過儀礼として、祓いをともなった形で遂行されているのだというのである。はたしてそうであろうか。たしかにそういう点もあるように思えるが、何か別の意味もありそうである。

いまあげた、ウマカタ、アトミラズの伝承やカリヤ、ムイカダナ、ナヌカガエリの伝承は、いわゆる柳田以後の民俗学者があらためて注目した新しいテーマであり、今後のさらなる解明が期待されているテーマでもある。

そこで、最上氏や近藤氏の斬新な論考から大きな刺激をうけながら、ここで、米と葬送の問題をめぐる、もうひとつの仮説を提示してみたい。

四十九餅・引っぱり餅

まず、ウマカタ、アトミラズというのは葬列とは別に米などを墓地や寺へ持っていくというものであるが、これは一般的に行なわれている死亡直後や葬送の後、寺へ米や餅を持っていくという寺送りの一形態であると考えることができる。そして、カリヤ、ムイカダナというのは、死者の霊が埋葬後に帰ってくるとか、それをあらためて送り出すとか追いはらうというものであり、これらはいずれも生者と死者との訣別の儀礼であるところからして、やはり四十九餅や引っぱり餅など、食い別れの伝承を整理しなおしてみるところからアプローチしていくことが可能であろう。実は先にのべた四十九餅の伝承をめぐっても問題点がないわけではないのである。

たとえば、四十九餅や引っぱり餅は生者と死者との食い別れの決定的な儀礼であるはずなのに、なぜか地方によって四十九日ではなく初七日の行事になっていたり、埋葬直後の儀礼になっていたり、さらには出棺時であったりと、実にさまざまなのである。

たとえば千葉県下の諸事例を整理して、小倉博氏は次のように記している。

事例　千葉県下の四十九餅の伝承[15]

葬式の終ったあと、四十九餅を搗《つ》いて寺に持って行くところが多い。長生郡長柄町ではこれをシッタケモチといい、昭和二十年までは葬式が済むと、施主が餅を搗いて寺に持って行った。葬列が家から出ると搗き始め、長柄町船木では一升二合、同町山根では二升四合を四十九の餅にする。野田市三ツ堀では四十九餅をツトンコに入れ、相続人が背負い、このうち一個は後ろを見ないで後ろの箕《み》に投げ入れ、他は寺に持って行く。このときは後ろを見てはならない。箕に受けた餅はうすく切って葬列に加わった者が塩をつけて食べる。同市今上地区では米三升三合で四十九餅を作り、墓地に持ってゆく。四十九餅は七七、四十九日の喪屋生活の遺風であるという。市原市今津朝山でも同様に葬式の当日に作るが、これをシッタケ餅といっている。これは湯灌人の妻たちが作り、他の人は手伝うことができない。四十九餅はお鉢に入れて寺に届けるが、そのなかの一つを七本仏の屋根の上にのせておく。ヤネモチと呼ぶという。

長生郡長柄町力丸では筵《むしろ》のなかに入れて寺に持って行く。同町山根では数珠《じゅず》をかけて行く。そのとき途中で人に会っても絶対に口を聞いてはならないといい、餅を本堂に供えて鐘を一つ撞《つ》いて帰る。このため山根ではふだんは鐘を一つ撞くものではないという。この餅は仏が四十九日間旅をするときに途中で犬などに吠えられるので、餅を一つずつ投げて追い払うためだといわれている。

富津市や君津市などでは、四十九餅は葬式の朝、搗いて枡《ます》の底で切ってツトッコに入れておく。葬式のあと、借りた諸道具と一緒に持って行って置いてくる。年をとった人のときには、それにあやかりたいと餅を貰う者があるので、寺に着くまでに数が減ってしまう。木更津市では忌中払いが終ると寺送りがある。これは家族が死者の衣類一枚と四十九の団子を持って寺に行く。

四十九餅を作るのは葬式の当日が比較的多いが、利根川流域の栄町押付では葬式の翌日に餅を搗いて部落の人全部を客にしてご馳走する。この餅を四十九餅といっており、さらに藁でネコダワラを作り、墓参りに行く人が、これに餅を入れて綱をかけて持って行く。印旛沼近くの印旛村瀬戸では、葬式の翌日に施主と親類がツカツミに行く。墓地を整地して段を作り、ツカのシバをのせる。また組合、両隣りの人が各戸二人ずつ出て四十九餅を作るが、大きいものを三個、小さいものを四十九個作り、重箱に入れて墓と寺とに持って行く。それには俵を作り、紐をかけて頭にかけて行く。寺に行って大きな餅一つを寺におさめ、一つは梵字《ぼんじ》を書いてもらって墓の隅に埋め、一つは家に持って帰って食べる。小さい四十九餅は本堂の阿弥陀の前に俵ごと投げ捨てて来る。

佐倉市内田や野田市三ツ堀でも、やはり四十九餅は葬式の翌日寺に持って行くという。

四十九餅は四十九日目に作るというところがある。佐倉市臼井田では七日ごとにかいて四十九日にはすっかりかき終え、その夕方に四十九餅を寺に投げ入れる。長生郡長柄町刑部稲塚でもこの日に行なう。餅を運ぶのは組内でも少し身分の低い者があたり、手拭で頰かむりをして夜のうちに行くのだという。成田市赤荻では逮夜《たいや》といい、ボタ餅を作る。ボタ餅は普通のものと異なり、炊いた糯米《もちごめ》を握らずに茶碗にキナコと一緒に盛る。ボタ餅を作るのは手伝いの女たちであり、この日ゴクロウモウシとしてロクドウを正座に席をもうけ酒を出す。

その他、市川市香取や東葛飾郡下全般に四十九日に作り、船橋市や市原市八幡・今津朝山でもかつてはこの日に作ったというが、いまでは葬式の当日に変ってきている。

また、ひっぱり餅の儀礼も埋葬当日であったり四十九日であったりと地方によってさまざまである。

事例　高知県下の四十九餅・引っぱり餅(16)

四十九日の餅といって、餅をついて仏前に供え来客に配ることが県下一円にみられるが、餅の作り方・配り方・食べ方は一様ではない。

安芸市古井では一升餅をつき死者の手・足・顔などになぞらえた形にしてから、

四十九個の小餅にして仏前に供え、このなかの一個を近親者の兄弟が箸で挟み合ったり引っ張り合ったりして食べていた。

土佐市谷地や高岡郡佐川町古畑耕では、一臼の餅（一升餅）を死者の形にして箕のなかに入れて仏前に供えてから、四十九個の小餅に切り庖丁の先に刺して来客に配っていた。葉山村白石・越知町長者堂林では、一臼餅を四十九個の小餅にして箕のなかに人の形にして並べて、仏前に供えてから同じような方法で配っていた。

安芸市赤野では四升の米（一升の家もある）で大餅二個と小餅多数を搗き、来客に小餅を二個ずつ配り大餅の一つは近親者二人（兄弟のことが多い）が引っ張り合って食べていた。残りの大餅一つは近親者（普通には長男）が庭から家の裏へ屋根越しに投げるが（家によっては大餅一個を作り庭から裏へ屋根越しに投げ越し、これを拾って来て兄弟が引っ張り合って食べる）、この餅と一緒に死者の霊魂があの世へ行くのだといっていた。なおこの餅を桝の底で切り塩をつけて食べると病気が治るといい、とくに咳止めに効果があるといっていた。屋根越しに餅を投げる風習は室戸市・安芸郡北川村・奈半利町・安田町・芸西村・中村市などにもあり、幡多郡大月町ではこの餅投げによって死者の霊は墓に落ちつくといっている。

土佐郡土佐山村では一升餅を笠餅と呼び、一個の大餅の上に四十九個の小餅を笠状にかぶせて供え、来客にはこれを庖丁の先に突き刺して配る。高岡郡仁淀村大植・吾川郡吾川村森山でも土佐山村と同じような風習があった。一方、香美郡香我美町中西川・南国市長岡では、近親者が桝の底で餅を切り庖丁で突き刺して食べたり、挟み合って食べたりしていた。また吾川村峯岩戸では棺を担いだ者が弦を立てた鍋を挟んで坐り、笠餅を切って小餅を庖丁に刺して与えると、与えられた者が反対側から同じ方法で刺し与えて食べていた。このことによって棺を担いだときに失った力が戻ると考えられていた。

事例　青森県下の引っぱり餅(17)

青森県西津軽郡岩崎村正道尻では昭和三十八年に火葬場がつくられて火葬となったが、以前はほとんどが土葬であった。

埋骨した四隅にウツギを立てて餅をさす。この餅を引っぱりあい、後ろ向きに投げる。この屋敷餅・引っぱり餅の風習は津軽各地に濃厚に残っている。火葬の場合には、火葬場で行なうところもある。正道尻は火葬となっているが、埋葬のころと同様に墓地で行なっている。

中里町では骨アゲのあと火葬場で屋敷餅をする。スペースを広くとるだけ屋敷が

埋葬直後の墓地での引っぱり餅。（青森県西津軽郡岩崎村。佐藤米司氏撮影）

広いという。餅をウツギにさして手を使わずにかじる。残りを後ろを見ないで背後に投げる。ウツギを四隅にたて、その真中にウツギ三本を交差して、その上に桶の底をぬいたのをかける。この餅を食べる人は虫歯にならないという。屋敷餅をする人は前からきめてあるわけではなく、その場で適当にきめられる。カタハタキで四つ作った餅を地割りモチ（砂子瀬）、兄弟餅（三戸郡倉石村中市）、六日餅（下北郡佐井村矢越）というところもある。ハイオサメの日に屋敷餅を四つ、引っぱり餅を二つこしらえ、屋敷餅はウツギにさす（中里町今泉）。シトギようのものを焼くか、たくか、蒸すかして四つは枝にさし、二つは引っぱりあって後ろ向きに投げる（鰺ヶ沢町）。ウツギの木を四本立て、そのウツギの木にモチをさしておく。別に餅を二個、四人で×型に手でつかみ、後ろを見ないで頭越しに投げる（青森市瀬戸子）。

以上のように、土地によって、さまざまの変化が見られるが、四つは串にさし、二つは引っぱって後ろむきに投げるという方式が、厳重なやり方かと思われる。

モガリの残影

さて、このような事例ごとの差異はどうしておこったのか。

まず、四十九餅が死者へあげられるものであり、生と死の両界の中間にある新しい死者にとっての四十九日間の生命、魂を象徴するものであるとするならば、少なくとも死者はまだ四十九日の間は生者の世界と完全に訣別してはいないものと考えられていたことを示す。死者は四十九日の間は家の屋根にとどまっているという一般的な伝承もそのことをよく示すものといってよい。したがって生者と死者との決定的な食い別れ、訣別を意味する引っぱり餅の儀礼は、本来、四十九日の時点にあったはずである。

引っぱり餅が出棺や埋葬、火葬の時点に行なわれるようになっているということは、そこに一種の混乱がおこっているということである。なぜ、四十九日の時点にあったはずの引っぱり餅の食い別れの儀礼が出棺や埋葬、火葬の時点で行なわれるようになったのか。

そこで注意されるのは、いまあげた千葉県下での事例のように、四十九餅の儀礼はむかしの喪屋のなごりだといっているような伝承が一部にあるという事実である。つまり、死後も遺体はすぐに埋葬したり火葬したりせずに四十九日間程度の一定期間、遺族がそばにいて見守るというモガリ、喪屋の習俗がその背後にあるのではないか。古代の文献に散見され、また現代でさえも、先だっての昭和天皇の喪葬の場合、約五十日間程度遺体が仮殿に安置されたように、日本の葬送儀礼の中ではモガリや喪屋の伝統は意外と根強いのではないか。

とするならば、もともとタマ送りとカラ送りとが死後約四十九日間程度を経て同時に行なわれていたのが、そのモガリの期間が設定されなくなり、死後二、三日のうちに遺体だけが埋葬されるようになった場合、当然混乱がおこることになろう。引っぱり餅が埋葬の時点に行なわれたり、四十九日に行なわれたりと事例ごとに混乱が見られるのは、もともと同時であったタマ送りとカラ送りとが分離してしまったことによるのではなかろうか。

この仮説の上に立つならば、先のウマカタやアトミラズの伝承、カリヤやムイカダナやナヌカガエリの伝承に対しても新しい解釈が可能となる。

つまり、ウマカタ、アトミラズの伝承は、葬列によって遺体は送り出されても霊魂はそれとは別なのだ、遺体だけ処理しても霊魂はそれと一緒に処理されるわけではないのだ、とする観念の独特な儀礼的表現ではないか。

また、カリヤやムイカダナやナヌカガエリの伝承も、同様に、遺体ははやばやと葬列で送り出しても、四十九日までの間はまだまだ死者の霊魂は家の中にとどまっているのだ、まだ離れはしないのだ、いつでも帰って来られるのだ、という根強い観念の独特な儀礼的表現ではなかろうか。

さらに、先にもふれた四十九餅、引っぱり餅の伝承の中に餅をとくにヒトガタ（人形）に擬するというのがあったが、それに対しても、ひとつの新しい視点が用意されてくる。つまり、四十九日の餅の儀礼の中にことさらヒトガタ（人形）のイメージが伝えられているということは、もともとこの四十九日の儀礼こそ死者の遺体の処理の時点で行なわれるものであったことの残影ではないかということである。

乱暴な仮説ではあるが、四十九餅の儀礼が、日本の葬送儀礼の中に深く定着したものであり、その餅のひとつひとつが四十九日間の死者の生命、魂を象徴するものであるとする限り、それは、かつて日本の葬送儀礼においては、死後四十九日間程度のモガリの期間が存在したということを暗示しつづけている伝承であるのにはまちがいあるまい。

遺体の埋葬や火葬がどんなに早められようとも、死者の霊魂は死後四十九日間程度は家と家族のもとにとどまっているという観念は、日本人にとって容易に抜きがたく根強いものといってよい。

註

（1）柳田國男「生と死と食物」（『旅と伝説』六の七、昭和八年）（『定本柳田國男集』第十四巻）

（2）柳田國男「米の力」（『新女苑』昭和十五年）（『定本柳田國男集』第十四巻）

（3）以下の記述の根拠となる出典は、雑誌『郷土研究』、雑誌『民間伝承』、雑誌『旅と伝説』、『日本の民俗』（各県ごとのシリーズ全四十七巻、第一法規出版）、『日本の葬送・墓制』（地方別シリーズ全十巻、明玄書房）、『日本民俗地図』Ⅶ（文化庁）である。筆者の実地調査の事例も含まれる。

（4）振り米については、井阪康二「振り米の意味」（『日本民俗学』一五七・一五八、昭和六十年）などが参考になる。なお、井阪氏には「枕飯考」（『御影史学論集』二号、昭和四十九年）、「葬式と食物」（『岡山民俗文化論集』昭和五十六年）などがある。参照されたい。

（5）耳ふたぎについては、大藤時彦「耳塞餅」（『日本民俗学のために』六、昭和二十二年）や平山敏治郎「耳ふさぎ史料」（『民間伝承』十一の六・七合併号・八・九合併号　昭和二十二年）などが参考になる。

（6）散米などといって神事において、神主が米を撒いて清めとする作法があるが、一方、墓参のおりにも墓地に米を撒く作法がある。これらは塩を撒くのと同様にいずれも清めの作法と推定される。

（7）骨こぶり習俗については、飯島吉晴「骨こぶり習俗」（『日本民俗学』一五四　昭和五十九年）によくまとめられているので参照のこと。これまでの骨こぶり習俗に対する解釈には、葬儀への加勢やそこでの饗応振舞の比喩的表現とする見方と、それと含めて実際に死者の骨をかじった風習の名残りだとみる見方とがある。

（8）山折哲雄「『死』の民俗について」（『民俗フォーラム』創刊号　昭和六十年）には昭和六十年一月に暴力団山口組の竹中組長が暗殺されたとき、ある新聞にのった次のような記事が紹介されている。

犠牲者の骨あげがおこなわれたのは、神戸市内の鵯越火葬場であったが、そのとき直系の組員たちは竹中組長の遺骨を代わる代わるしゃぶって報復を誓った。実は、これには因縁話めいた前日談があった。昭和五十一年十月、大日本正義団の吉田会長が大阪で射殺されたさい、その部下の組員鳴海清が同じことをやっている。会長の遺骨を砕き、その粉末を酒に入れ、一息に飲んで報復を誓ったというのである。やがてかれは、その誓いのとおり、山口組の組長だった田岡一雄を狙撃し、逃亡中に惨殺された。

(9) 柳田國男『食物と心臓』(『定本柳田國男集』第十四巻)
(10) 最上孝敬『霊魂の行方』(第一章　霊送りとその周辺) 名著出版、昭和五十九年、に収録されている諸論考を参照のこと。
(11) 嶋田忠一他『東北の葬送・墓制』明玄書房、昭和五十三年
(12) 近藤直也「カリヤの民俗」(『葬送墓制研究集成』五、昭和五十四年)。同「死者霊を対象とした通過儀礼」(『日本民俗学』一五四、昭和五十九年)
(13) 近藤直也「カリヤの民俗」前掲。
(14) 註(13)に同じ

(15) 小倉博他『関東の葬送・墓制』明玄書房、昭和五十四年
(16) 坂本正夫他『四国の葬送・墓制』明玄書房、昭和五十四年
(17) 和歌森太郎編『津軽の民俗』(佐藤米司「葬制と墓制」) 吉川弘文館、昭和四十五年

三章　火とケガレ

1　死火を忌む風習

葬送の火

日本の葬式では、米のはたす役割が非常に大きいと同時に、火のもつ意味もなかなか奥深そうである。

今日では、自動点火のガスレンジも普及しており、またマッチ一本すれば、たやすく火が得られる。

しかし、ながい間、人々にとって火のあつかいはそう簡単なものではなかった。家ごとに囲炉裏の火種はとても大切にされ、夜ねるときには、残り火は上手に灰でおおっておかれ、翌朝それを使って調理がなされた。それぞれの家の火種を管理することは主婦の大切なつとめのひとつだった。

そこで、葬送儀礼と火の関係について注意してみよう。

まず、注目されるのは、死者の枕元に供える枕飯を炊くのにふつうのかまどではなく、庭先に三つ四つの石をならべて作った臨時のかまどで炊くという事例である(1)。死者のためのご飯を炊く火をふつうの火と混ぜないようにしているのである。

また、葬式の期間中、喪家のかまどや台所を使わずに、隣近所の家を借りて、台所仕事や食事をその家でするという例も多い。

事例　高知県長岡郡地方の別火家《べつびや》(2)

死の報が伝わるとすぐに隣近所の人たちが駆けつけて弔問のあいさつをし、すぐに別火家をどこにするか決める。それは、死者の出た家は穢《けが》れているため、その家の火は、喫煙の火から食物の煮炊きの火まですべて忌み避けるのである。別に家を決めてそこを人々の集合や飲食の場所とする。隣近所はおよそ二、三十戸を一組とし、慶弔の際に手助けしあう。葬儀に関することがらはすべてこの別火家に集まって相談して決める。

これは、死者の火だけでなく、死者の出た家の火をも忌み避けている事例である。

このように、日本の葬式では、死者、さらには、その家の火をふつうの人々の火と混ぜないようにするいわゆる別火《べっか》の伝承が根強い。

これらの伝承から、あたりまえのようではあるが、あらためて二つのことがわかる。一つは、死とか死者というのは、ふだんはどんなに親密につきあっていた人の場合でも、結局はケガレとみなされて、人々から忌避されてしまうものであるということ。そして、もう一つは、そのような死のケガレは、火を通して、つまり火による煮炊きとその食事によって、容易に他の人に感染するものと考えられているということである。

一方、葬送と火といえば、死者のそばにはずっと線香を立てたりローソクをともしたりして火を絶やさないというのが一般的である。

まず、死者が寝かせられると、その枕元にはすぐに枕飯や枕団子が供えられるが、ローソクの火や線香の火など必ずそばには火がたかれる。そしてこの火は、通夜から葬式へと向かってずっとたかれつづけ、決して絶やしてはいけないものとされているのである。

また、この間、湯灌《ゆかん》のときなど、死者の身体を盥《たらい》で洗っているあいだ中、そのそばでローソクや松明《たいまつ》をたきつづけるというような事例もある。(3)

葬式が行なわれているときの祭壇でも、僧の読経から人々の焼香までの間、ずっと灯明があげられている。

出棺に際しても、門口で藁火《わらび》がたかれ、葬列の先頭にも、先松明《さきたいまつ》などといって、松明がたかれる。

そして、墓地では、埋葬が終わっても、朝夕、墓見舞いなどといって墓参をして、墓前で藁火をたいたり、灯籠に灯明をあげつづけるのである。初七日までは毎日で、その後は七日ごとに四十九日まで参るというのが一般的である。

その間、喪家の祭壇でも写真や位牌《いはい》の前に供物がなされ、ローソクや線香の火を絶やさないようにしておく。

そして、このような死の忌みの状態にあることを、「火をかぶる」といい、四十九日の忌明《きあ》けになって、はじめて「火をかえる」といっているような例が各地に伝えられている。そして、墓前の火も、祭壇の火も、四十九日をもってたきつづけることを終了するというのが一般的である。

ではなぜ、このように、死者に火があげられるのか、死者のそばで火がたかれつづけるのであろうか。

煮炊きのための火であれば、先にも見たように、ケガレがうつるからということもいえようが、ローソクの火や藁火は煮炊きの火ではない。

この疑問に答えるために、死の儀礼である葬式だけでなく、誕生の儀礼である出産をめぐる火の伝承にも注意してみよう。

出産と火

出産の儀礼においても、妊産婦のケガレということがさかんにいわれ、煮炊きの火がふつうの人とはきびしく区別される。とくに出産後、お七夜までの忌みは重い。

事例　兵庫県淡路島地方の火あわせ(4)

出産が間近くなると、里方から母親あるいは兄嫁がやってきて、八日めの火あわせまで世話をするのが通例となっている。これを俗に「産屋《うぶや》をする」といい、母親が来る場合には、「産屋に来る」ともいう。産屋といっても、たいていは奥の間か、あるいはヒヤという母屋の裏座敷の一部屋があてられる。俗に「奥神《おくがみ》さんの下で産をする」という。

淡路島では多くの家でオク（奥の間）の隅に小棚を吊り祀ってあるのが産神《うぶがみ》で、奥の神とか奥神さんと呼んでいる。

シキリが始まると、産神に灯明をあげ、注連縄《しめなわ》をいただかせて安産のまじないとする。児が生まれると、すぐに産室の入口にその注連縄を張るのがしきたりで、注連上《しめあ》げつまり宮参りまでは、ナワノウチには産婆、姑、里方の母親以外は出入りできないことになる。

津名町では六日めを名つけとし、俗に六日ダレといって産婆と里の母をねぎらうというが、八日めを名つけとするところが多い。名つけ飯を炊いて祝う。産婦は産室で湯に塩をいれて身を清め祓《はら》い、それまでのアケゴシの食事の作法、つまり飯と団子汁を産婆や手伝いの人の相伴のもとで産室で食べるという作法もこの日までで終わり、それからは台所で皆と一緒に食べる。剃り始めといって、生児のウブ毛に少し剃刀をあて、産婆とか姑が生児をつれて井戸、川から便所にまいり、神々に洗米と塩を供えて加護を願う。

またこの日の重要な儀礼に火あわせの行事がある。すなわち、他所から火をもらってきて、家の火と一緒にして団子汁を炊き、講中《こうじゅう》などから来る祝い客に団子汁をふるまうのである。この日の団子汁に限っては、何杯おかわりをしてもよく、またしなくてはならぬものだというところもある。この火あわせがすむと、その家の産血の穢れは祓われたということになる。この日が産婦の床上げ、立上りにもあたり、これ以後は産婆の手は離れるし、里方の母も一応帰る。

一方、煮炊きの火というのではなく、出産に際して、産室に産《うぶ》の神《かみ》さまを祀ってお灯明をあげるとか、安産祈願のためにお参りした神社やお堂でもらってきた燃えさしのローソクに火をつけて産婦の枕元におくという例も多い。とくに燃えさしのローソクは短かいほど良いといわれ、それが燃えつきるまでに出産できて安産だというのである。

事例　埼玉県秩父地方の安産祈願⑤

お産が軽く済むようにと各地の神仏にさかんに安産祈願を行なうが、広く分布しているのは皆野町藤原の観音様で、俗に安産堂ともいって四月二十二日の縁日には近郷近在から女性たちの参詣でにぎわう。安産のお札や安産帯に縫いつける布を受けてくる。そして、お灯明としてあげられたローソクのうち、ともりきらない残りのローソクを受けてきておいて、産気づいたらこのローソクを神棚にあげてともし、安産を祈る。このともし残りの短いローソクがともりきらないうちにお産が済むという。

また、野上の祇園さんの神輿（みこし）にともしたローソクの残りをいただいてお産のときともすと、やはりともりきらないうちに早くお産をするといっている。

また、荒神堂というところでは、春秋の地蔵さまの縁日にお堂におこもりをし、お灯明をあげてその残りのローソクを持ちかえってお産のときに枕元にともしておくと安産だといわれている。

境界の火・固有の火

このように、人の死と誕生のいずれの儀礼にも共通して火がたかれている。そして、その理由として、煮炊きの火を混ぜてはいけないというときには、死者や妊産婦のケガレということがさかんにいわれている。

たしかに死体の腐乱や出産時の出血がおぞましい恐怖の対象であり、危険なイメージをかきたてるものではあろう。しかし、人の死亡や出産それ自体は、疫病などのようにとくに人から人への感染を警戒しなければならないような危険性をもつものではない。そこで強調されているケガレというのは、具体的な意味での不潔や危険というよりも、象徴的なレベルでのものというべきであろう。

事実、葬送と出産をめぐる火といっても、煮炊きの火以外の、死者や妊産婦のそばでたかれる火には、とくにケガレというようなイメージは伝えられていない。

そこで、なぜ火がたかれるのか、という疑問に答える上で、いったんケガレという説明をたなあげしてみてはどうか。

すると、これらの火は、いわば境界の火、固有の火ととらえることができるのではなかろうか。生と死との境目にある者が、生と死との境界的な状態の中で、その者にとっての固有の火をもつこととされているのだ、ととらえてみてはどうだろうか。

そうすると、固有の火であることの強調、つまり他とのきびしい区別が必要であることの強調が、ケガレという表現で説明されているということになる。つまり、ケガレはこの場合一種の説明手段と考えることができるのである。

そこで、次に通過儀礼全体に視野をひろげ、婚姻儀礼の中の火をも参考にしてみよう。

婚姻儀礼の火で注目されるのは、まず第一には、嫁が婿の家に入るときに、火をまたぐという風習であろう。これは、古くには『隋書倭国伝《ずいしょわこくでん》』にも、「婚家には同姓を取らず、男女相悦ぶ者は即ち婚を為す。婦、夫の家に入るや、必ず先ず火を跨《また》ぎ、乃《すなわ》ち夫と相見ゆ。」という記事がみられるように、古代以来の習俗として注目される。

また、婚姻儀礼と火といえば、すぐに思い出されるのは、花嫁行列の先頭を行く提《ちょう》灯《ちん》であろう。ちょうど葬列の先頭を行く松明《たいまつ》と対比されるものであるが、昼間でも花嫁行列には必ず提灯を先導させるという例は多い。

また、結納の儀に際して、嫁方と婿方の両家の代表が向かいあって両家の家紋入りの提灯に火をつけておいて、口上を述べるなどして、一連の結納の儀が終了した時点で、両方とも火を消すというような方式が伝えられている地域も少なくない。

事例　埼玉県秩父地方のクレ祝儀・モライ祝儀(6)

祝儀の当日、まずクレ方つまり嫁方でクレ祝儀が行なわれる。嫁方へモライ方つまり婿方から仲人夫婦、親戚、婿など主だった人たちがやってきて宴がもたれるが、その前に結納渡しが行なわれる。クレ方とモライ方の一同が向かいあって着席し、モライ方、クレ方相方の仲人からあいさつがある。ついでモライ方の仲人からクレ方の仲人へ結納の品の受け渡しが行なわれる。この時、オトモと呼ばれる婿の友達が品々と目録とを手渡す役をする。嫁の母親へはおしめ代といって別にお金が包まれる。この間、一同がそろってから、結納の受け渡しが終わるまで、ずっと両家の提灯に火がともされている。受け渡しが終わると、クレ方の仲人が「それでは、明かりをしめして下さい。どうもおめでとうございます。」と言って提灯の火が消さ

結納の儀がとりおこなわれる間、両家の提灯に火がともされる。(『秩父の通過儀礼』より)

れ、一同で桜湯を飲む。

この後、クレ祝儀のイチゲン座敷と呼ばれる宴がもよおされる。そのあとで、花嫁行列をしたててモライ方婿方へと行き、盛大なモライ祝儀の宴がもたれる。

このような婚姻儀礼における火の伝承と、先にみた葬送や出産の儀礼の中での火の伝承とを比較し整理してみると、たしかに誕生と死亡、また結婚、というような境界的な状況にある者がその人固有の火をもつ存在とされているということ、そして、その火は他の人たちの火と混ぜあわせてはいけないと考えられているということがよくわかる。

しかし、それぞれの火のとりあつかいに、もう少し注意してみると、同じく境界の火、固有の火というべき火も、さらに二つのタイプに分けられるということに気づく。一つは、出産の最中にたかれる火、嫁が婿の家に入る入家式のときにたかれる火、死者の枕元でたかれはじめ四十九日の忌明けまでの喪中の期間たかれつづける火、などの類《たぐい》である。

これらはいずれも、その火のたかれる場所が、他の世界とは隔離された特別な世界となる、つまり、その火のもとに一時的に別の世界が設定される、というような意味をもっているのではなかろうか。

それは、ちょうど神仏への祈禱《きとう》や祈願の儀式の間にあげられる灯明が、その他の明かりをすべて消して、その照らす空間と時間とを俗世から隔離された人と神仏とが交流する特別な世界としているような例や、オリンピックなどのスポーツ大会の開催期間中にたかれる聖火が、その場を国家間の政治的対立などの日常世界から隔離された特別な時空としているような例などとも通じるものである。

妊産婦や喪中の死者は、いずれも固有の火をもつ境界人なのであり、同時に、そこでたかれる火は、その場が他の世界とは隔離された特別な世界であるということを意味しているのである。

一方、もう一つは、葬式や婚姻の儀礼の中でともされる家ごとの家紋をいれた提灯の火である。

家紋をいれた提灯というのは、その家の火を表現したものであり、この場合、火は家の象徴となっている。つまり、家族はその火を共有する人たちということであり、火は一定のメンバーシップの象徴としての意味をもっていることになる。

これは、たとえば、夫の外出に際して妻が鑽《き》り火をして送り出すようなしきたりとか、神前へのお供えをいったん鑽り火をしてから供えるというようなしきたりにも通じるものであろう。

外出する夫への鑽り火は、夫が外出先、旅先でどんな火に交じわろうとも、どんな火で調理されたものを食べようとも、あくまでも、自分の家の火のもとにあるのだということ、つまり、その限りでは安全なのだということの表現であり、神前の供物への鑽り火は、自分の家の神様へのお供えは自分の家の新鮮な火で調理したものをあげるのだとする考え方を表している。

こうしてみると、固有の火には、特別な世界の設定、という機能と、特定のメンバーシップの象徴、という機能との二つがあるということがわかる。

そして、ここで葬送の火の問題に立ちかえってみるならば、死後、四十九日の間、死者のそばで火がたきつづけられるということは、その間、死者は特別に設定された世界、つまりまだこの世のものともあの世のものともつかない生と死の境界的時空の中にある、と考えられていたということをよく示している。

こうして、火の伝承をめぐっても、モガリの伝統の意外に長いことが知られるのである。

ケガレの社会性

死者や妊産婦の火が忌避されるとき、さかんにそれがケガレているからだといわれる。

しかし、死は哀悼であり、出産は祝福である。なぜ、大切な人の死がケガレであり、新しい生命の誕生がケガレなのか。

たしかに、死体の腐乱や出産の出血は、清潔なものとはいいがたい。しかし、伝染病のような危険性はない。古いむかしから世代を重ねるうちに人々の間では経験的にそのようなことは当然わかっていたにちがいない。そこでいま、死者や妊産婦のケガレといっても、それは、彼らが一時的に他の人との間にはっきりとした区別を設ける必要があるということの強調のための一種の説明手段ではなかったか、との見解に立ってみたわけである。

しかし、それにしても、死火《しにび》や黒火《くろび》、黒不浄《くろふじよう》、死服《しぼく》などといわれるように、死の儀礼には強いケガレの感覚がつきまとっているのも事実である。

そこで、そのような死と葬送の儀礼におけるケガレの感覚の表現の実際について見ておくことにしよう。

まず、死のケガレといっても、その人の立場によって一様ではなく、要求される忌みの度合いにも差があるという点に注意したい。

たとえば、死者の家族は四十九日の忌明けまでは重いブクがかかっているとされ、神社参りなどはできない。その後もおよそ一年間は祭礼や正月、盆などの行事でやはり喪中のブクの影響下にある。

それに対して、近隣のクミやムラのつきあいをしている家々ではそんなことはない。あくまでも喪家と自分の家とは別であり、死のブクによる特別な忌みや慎しみを要求されることはない。

また、葬式に参列して読経や引導渡しなどをしてくれる寺のお坊さんの場合、それは彼らの職業であり、家々の葬式に参列するたびにそのつど一定の忌みの生活を要求されるようなことはない。本来、忌みの生活が彼らにとっては日常なのであり、死のブクからも自由な立場にある。

一方、私たちがいまこうしている間にも、日本のどこかでその生涯を閉じている人があり、葬儀が行なわれているにちがいない。しかし、その人の死や葬式に私たちはまったく関係ない。このように、死のケガレとかブクとかいっても、それとまったく関係のない立場の人々も圧倒的に多い。

こうしてみると、死のケガレやブクというのは、死者との関係によってその意味が異なり、要求される忌みの度合いも人々の立場によって異なるものであるということがわかる。

たしかに、一連の葬送儀礼の執行においても、死者との関係によって、作業への関与や分担の上ではっきりとした区別があるのが実情である。

たとえば、かつての筆者の調査事例の中から一例をあげれば、表2のようになろう(7)。死者と血縁の関係にある者、つまり、家族や親族はとにかく死者・死体と密着しており、死体を直接とり扱う作業にあたる。

地縁の関係にある者、つまりクミや講中、ムラの人々は、死者・死体とは一定の距離を保ちつつ、葬送の作業の実務的な大部分を担当する。

表2　人々の葬送儀礼への関与と作業分担（埼玉県新座市大和田の事例）

血縁	地縁		（社縁）	無縁
家族・親族	クミ・ムコウサンゲ ソリョウドナリ	講中	友人・仕事 仲間その他	僧
末期の水 北枕 枕飯・枕団子	諸役手配 帳場・死に使いなど	葬具作り		
（親戚からは香奠）	クミからのお金	シッセニ	香奠	
湯灌 納棺	台所仕事			
通夜（夜トギ）	通夜（下働き）		通夜	通夜（読経）
葬式 野辺送り （白装束）	葬式 勝手念仏	葬式 野辺送り （ふだん着） 床取り 講中念仏	葬式 野辺送り （喪服）	葬式 十三仏供養
ひと七日 四十九日 一周忌 三十三回忌	ひと七日 四十九日 一周忌			ひと七日 四十九日 一周忌 三十三回忌

寺のお坊さんは、読経などの特別な職能を分担している。

このようなそれぞれの立場の相違は、葬式から野辺送りに際しての人々の服装の差異としてもよく表されている。血縁の人たちが三角布や白装束をつけるのは、同じ白装束を身にまとった死者と同じ状態にあること、つまり死者と一緒に死出の旅路へ、生死の境界へと一歩わけ入っているということを象徴的に表現しているものとみることができる。

地縁の人々は、日常的なふだん着のままでいることによって、死への直接的な接触を避けながら葬送の実務を執行している。

寺のお坊さんたち、つまり無縁の立場の人たちは僧衣を着けることによって、その特別な職能者であることを示している。

こうした、死と死のケガレをめぐる人々の関係を模式図によって示すと、図1のようになろう。

血縁の人々は、その身内に死者を出したわけであり、血縁という誕生と生存の上での密接、不可分な関係は、死亡の上でも密接、不可分の関係とみなされて、死者とともに死出の旅路へ一歩踏み込む人々、つまり現実世界から一歩踏み出す人々、その意味で現実世界からははっきりと区別されなければならない、つまり、ケガレの状態にある人々とみなされているのである。

それを遠巻きにしながら、そのやっかいな死をなるべく安全に早く送り出そうとしているのが地縁の人々である。彼らは、自分たちに死のケガレが及ぶのを避けるために、自分たちと社会的関係において接触せざるを得ない血縁の人々に対してそれ相応の忌みを要求しているのである。いや、死のケガレやブクを強調し、きびしい忌みを要求しているのは他ならぬこの地縁の人々なのである。彼らこそ、死のケガレを強調し忌みの緊張を強要している人々なのである。

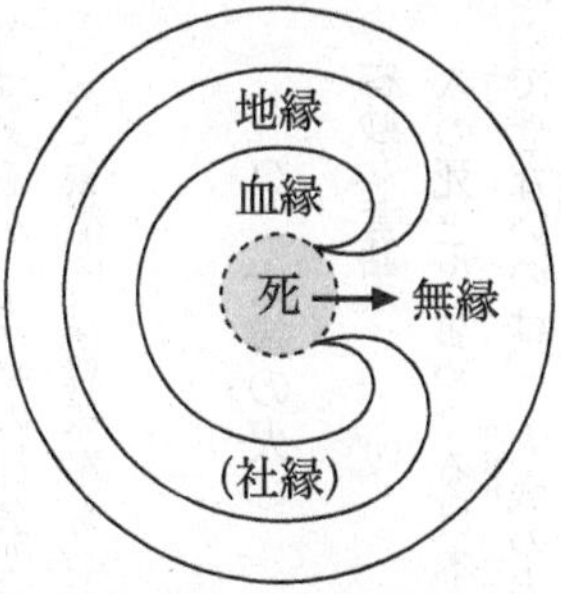

図１　死めぐる「縁」の模式図

それに対し無縁の立場の人たちは、死者と無関係であるだけに、死者への哀惜や死への恐怖というような私的な感情や、ケガレや忌みというような意識を超越しており、本来、血縁と地縁の人の手で処理されるべきその関係者の死というやっかいな問題を、その無縁性のゆえに、てきぱきと処理してくれる便利な存在となっているのである。(8)

ケガレは、基本的にはやはり具体的な不潔、不衛生なものに対する危険や恐怖の感覚から発したものではあるが、人々の社会関係をめぐる認識の中では、あくまでも区別の強調の一手段として象徴的な意味をもって用いられている表現であることがわかる。

2　大歳の火

奇妙な昔話

人の死と火をめぐる日本人の意識について考える上で、どうしても避けて通ることのできないのは、「大歳《おおどし》の火」の昔話であろう。

実に奇妙な昔話である。マッチやガスレンジの自動点火によっていとも簡単に火をつけられるようになった今日では、もう考えられなくなってしまったかもしれないが、かつて、火打ち石で火を鑽《き》り出して囲炉裏《いろり》で火を燃やしていたころには、家々の囲炉裏の火はとても大切にされ、決して絶やしてはいけないとされていた。今でも台所仕事は主婦の大切な役割となっているように、囲炉裏の火の管理は主婦の大切な役割とされ、前夜の火種は大切に灰でおおっておかれ、翌朝、それに付け木をつけて火をおこし、朝餉《あさげ》の調理の火としたのである。

一年間を通して、家々の火は家ごとに大切にされ、結婚や葬式などに、家紋をいれた提灯がその家の火を象徴し、ひいてはその家を象徴するものであったことはさきに述べたとおりである。

火を継承することが、火継ぎ、日嗣《つ》ぎであり、家の継承でもあった。

とくに、大晦日《おおみそか》の晩、年取りの晩には、囲炉裏でいきおいよく火をたいて、翌年へとつなぎ、決してこの晩は火を絶やしてはならぬという伝承が各地に伝えられている。

事例　和歌山県日高郡南部川村(9)

十二月十三日を、福木《ふくぎ》正月とか正月はじめといい、この日、山からウマメの木を伐ってくる。この木はフクシバともいう。これを軒下や日当たりのよいところで乾燥させて大晦日の三十一日の夜にヘッツイ(囲炉裏)にくべて翌朝まで火を絶やしてはいけないといった。

これは、一年間の火を絶やさぬようにとのいわれのためで、この火をヨツギ(世継ぎ)とかヨツギホダ(世継ぎ榾)と呼び、正月のたきつけに使う。火をうつすときにはツケギ(付け木)を用いる。

ウマメの木は、餅を蒸すときパチパチと音をたてるので、よいといわれる。バリバリと勢いよく燃えるからよいとか、まめにふっくら日を暮らすなどともいう。

大つごもりの晩に囲炉裏に火をたき、その中に福木の太いところをいける。その火を一月一日の雑煮、七日の七草粥、十一日の田まつりの小豆御飯《あずき》、十五日の追い上げ正月の小豆粥をつくるのに用いる。ヨッギホダ（世継ぎ榾）は、世を継いでいくとか、または、これによって縁が切れないなどといわれた。

ところが、これに対し、実に奇妙な昔話が伝えられているのである。その大切な、家の火をめぐる昔話である。

事例 「大歳の火」の昔話(10)

〔1〕大歳の夜に、嫁が姑からこれからは火の管理をするようにいいつけられる。心配になって夜中に起きてみると囲炉裏の火が消えている。嫁は里に帰ろうとして家の外に出ると、火をともして棺桶をかついで来る者がある。何はともあれその火種をもらい、棺桶もあずかって奥座敷にしまっておく。元日、無事に囲炉裏の火はついているが、奥座敷の方で何かくずれ落ちる音がする。行ってみると黄金であった。（長野県北安曇郡）

〔2〕悪いお婆がいつも晩に火に水をかけて消してしまうので、嫁は隣家から火種をもらってたきつけている。元日の朝、嫁が道に立っているとむこうに提灯がみえる。その人の荷物をもらうことを条件に火種をもらう。荷物は棺桶だった。三日たってから見てみると、そこには死体ではなく黄金が入っていた。（青森県弘前市）

〔3〕大晦日の晩は火の番をして嫁は寝ることができない。しかし、ちょっと居眠りしている間に火種が消えてしまっている。そこで山の方に火が見えるので行ってみる。すると二、三人の男が死人を焼いている。火種を乞うと、死人をもって帰ってくれるならやるというので持ち帰る。家に帰って婆さんにわけを話して棺の中を見ると黄金が入っている。（広島県庄原市）

火葬場の火を家の火種にするとか、正月の夜に棺桶の死体をもらってくるというのである。

なんということか、とんでもない話である。あれほど死のケガレを避けて大切にしてきたはずの家の火なのにである。

こんな滅茶苦茶な話はいつやめてしまってもよかったはずである。しかし、それをいつまでも語り伝えてきた人々の、心の奥底にはいったい何があるのだろうか。

この昔話はいったい何をいいたいのか、この昔話のメッセージとは何か(11)。

この問いに答えるには、まずこの昔話の構成から分析してみる必要があろう。

図2が、この昔話の構成を図式化してみたものである。

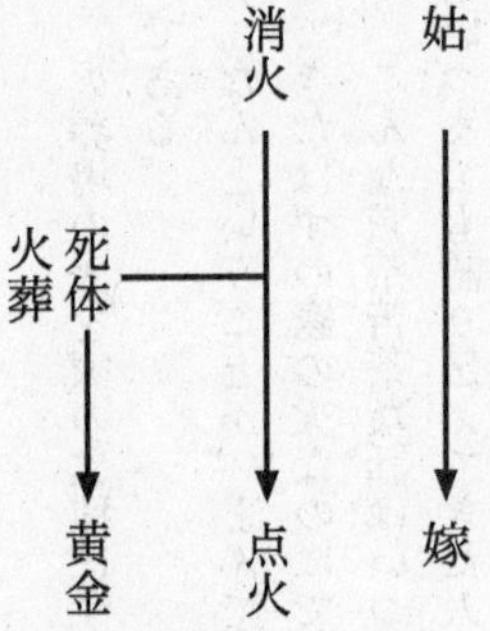

図2「大歳の火」の昔話の構成

ここには、二つのポイントがある。一つは、燃やしつづけるべき年越しの晩の火がとにかく消えてしまい、新しい火に鑽《き》り替えられるということ、もう一つは、死体が黄金に変わるということ、である。

まず第一の点について考えてみよう。

一般に、先の事例でも見たように、年越しの晩には、世継ぎとか火継ぎといって、家の火を燃やしつづけ、決して絶やしてはいけないという伝承が根強くみられるのに対し、それとは別に、京都祇園社の白朮祭《おけらまつり》とか羽前羽黒山の火祭り(12)のように、火打ち替えの神事といって、過去一年間の古い火をいったん消してしまい、新しい新鮮な火へと鑽り替えている事例がある(13)。

氏子や信者の人たちは、その火をもらってきて、新年のかまどや囲炉裏の火としてこの火で雑煮などを煮炊きするのである。晴着姿の娘たちが藁縄《わらなわ》にその火種をもらって、くるくるまわしながら家路を急ぐ光景は京都の街の新春の風物詩ともなっている。

事例　京都祇園八坂神社の白朮祭《おけらまつり》(14)

大晦日から元日の朝にかけて、社前に白朮《おけら》（キク科植物で薬草）を材料としたかがり火をたき、京都中の人々が参詣して、この火を吉兆縄と呼ぶ縄にうつし取って家に持ち帰り、元日の雑煮を煮る火種に用い、神棚や仏壇のお灯明にもする。一年の穢れをはらうことになるのだという。この「おけら火」は暮れの二十八日に神殿で火鑽臼《うす》・火鑽杵《きね》を用いて鑽《き》る。むかしは削掛《けずりかけ》神事ともいい、二十八日に新しい火を鑽り出し、これを金灯籠に移し、元旦丑《うし》の刻に、この火を削掛の木に移して、おけらを加えて焼き、その煙が東へ流れると近江国はその年凶年、西へ流れると丹波国が凶年になるといって、その豊凶を占う。

つまり、ここには古い火から新しい火への鑽り替えというメッセージが含まれていることがわかる(15)。そして、この昔話の場合、姑の火から嫁の火へという世代交代の意味をもっていることがわかる。

しかし、ここに残る問題は、第二のポイントにも関連するが、なぜ火葬場の火、死体を焼く火なのか、という問題である。新鮮で清らかであるべき新しい火がなぜ死の火なのか。

火葬場や死体のもつ意味とは何か。なぜ、年越しの晩の火の鑽り替えの昔話には、死のイメージがつきまとっているのか。

贈与と厄払い

そこで、この「大歳の火」の昔話によく似た「大歳の客」と呼ばれる昔話のいくつかのタイプをみてみよう。

事例　「大歳の客」の昔話

〔1〕寒い節分の日に貧乏人が火をたいていると、汚い爺が来て火に当たらせてくれという。承知すると、火に当たっていたが、急に返事がなくなる。爺を動かそうとすると、小判がどっさり出てくる。爺は福の神だった。したがって節分には爺が福をもってくるので夜通し火をたく。(京都府北桑田郡)[16]

〔2〕貧乏な夫婦があった。年越しの米を買う金もないので妻の績《う》んだ苧績玉《おうみだま》を持って町へ行った。夕方になってもそれが売れないのでとぼとぼ町はずれまで帰ると、同じように売れなくて困っている炭売りの爺に会った。そこでお互いに品物を取りかえっこしようということになり、男は炭を背負って家へ帰った。妻は米や魚を買ってくるものと待っていたのに用もない炭など持って帰ったので、怒って寝てしまった。男もやけっぱちで、その炭を炉いっぱいに積んで火をどんどんおこして背あぶりを始めた。火がどんどんおきて炉ばたをこがすほどで、家の中も暖まり戸壁も汗ばんだ。

するとどこからともなく、あーぁ熱い熱い、熱くていたたまれない、という声がしてきた。もうこんな家は出て行こう、だがながい間やっかいになっていたので何かみやげでもおいて行こう、などという声がして、何か土間の方へ運んで置いたような音がした。

男は不思議に思ってそれを聞いていたが、立って小窓からのぞいてみると、四、五人の醜い小人たちがいま家から出て行くところだった。すると外の方から一人の老人がやってきた。老人は小人たちを見るとひどく怒って、お前たちはまだいたのか、早く消えろ、と言った。小人たちはひれ伏して、はいいま出ていくところです、と言って一人ずつその老人の胯《また》の下を潜ってどこへともなく消えていった。そして、それと入れちがいになってその老人が家に入った。

男はその光景を見ていて、妻を起こした。妻は眠そうに起きてきた。不思議に思って二人で土間の方へ行ってみたら、そこにはたくさんの米俵と魚荷が積んであった。夫婦はよろこんで支度をして、たいそうめでたい年越しをした。

それからこの家は裕福となった。だから年越しにはさかんに火をたくものだという。（岩手県江刺市）(17)

〔3〕年の暮れも近い寒い晩に、一人の見知らぬ老婆が訪れてきて「私の家のじいさんに餅をたらふく食べさせてくれたら、この家を金持ちにしてやろう」という。「暮れじまいもろくろくできない貧乏な家に、どうして人にたらふく食わせる餅がつけようか」と家族一同思案したが、なんとか餅を用意しようということになった。老婆は、そのお礼として高きびの穂を一穂、家の者に贈った。いよいよ暮れも押し迫った約束の二十八日の晩に、一人の老人が訪れて来て、用意されていた餅をたらふく食べて、「来年もまた来るぞ」といって満足気にどこかへ帰っていった。年が明け、播《ま》きつけのときに老婆が置いていった高きびの穂を播くと、大豊作であった。翌年の暮れも、その翌年の暮れも、その老人は訪ねて来ては餅をたくさん食べて帰

っていった。こうして年が経つにつれ、老婆の言葉通り、だんだんと暮しが豊かになった。ところが、ある年のこと、暮れの忙しいときに訪れて来る老人をうるさく思って、もう二度と来ないように、この老人を殺してしまおう、ということになった。いつものようにやって来た老人に、餅の形をした焼石を食わせ、お茶だといつわって油を飲ませて、この老人を送り出した。やがて、その老人は体が焼け始め、臼のような骨になってしまった。今そこをウスノクボという。それ以来、その家の運が傾き出したので、暮れの二十八日は餅を搗《つ》かないのを家例とすることになったという。（高知県香美郡物部村[18]）

---

〔1〕は見知らぬ老人が来訪して、火に当たるうちに死亡してしまうが、黄金に変わっているという話

〔2〕は、火に当たって、家の中の小人、つまり貧乏神が退散し、かわりに老人が来訪して福をもたらすという話

〔3〕は、老人が来訪して餅をごちそうになっては福をもたらすという話

である。

ここに共通しているのは、見知らぬ老人、つまり異人の来訪と、それにより福がも

たらされるということである。

そこから、正月という年の変わりめごとの、異人、マレビトの来訪が人々に福をもたらす、という考え方がこれらの昔話の基調にある、とする見方もあろう。

また、これらの昔話に、異人の死と黄金という要素が色濃いところから、異人殺しと金品強奪というモチーフを読みとる立場もある。(19)

しかし、ここではもう一つの視点に立ってみることにしたい。

まず、〔3〕の昔話に注目してみよう。これは、異人への餅の贈与によってもたらされる家の繁栄と、それを拒否したことによる家の没落、ということを主要なモチーフとしている。

異人への餅の贈与が家の繁栄をもたらす、つまり贈与が招福となるということは、一連の贈与の儀礼をみてみればわかろう。

一般に、金品の贈与が行なわれるとき、それによって生ずる変化には二通りのものがある。

一つは、贈与者と被贈与者との間に社会的な上下の関係が生じてしまうというタイプである。

もう一つは、贈与者から被贈与者へと厄災やケガレが託されるというタイプである。

厄年の人が、厄払いといって多くの人に餅や金品、御馳走などを貰ってもらうというようなことがよく行なわれている[20]。この正月の年越しをめぐる昔話の中での贈与が後者のタイプであり、厄払いのためのものであるということは明らかであろう。

正月行事が厄払いとそれによる招福を中心とするものであることは、次のような事例がそれを雄弁にものがたっている。

事例　正月の来訪者たち

〔1〕厄払　厄払ひは十二月冬至《とうじ》の夜、節分の夜、大年越の夜に来る。日暮《ひぐれ》点灯の頃を盛りとす。袋を荷《にな》ふ。冬至、大年越は餅、節分は鬼打ち豆を貰ひしを袋に入れる。勿論《もちろん》銭も貰ふ。「御厄払ひましョ、厄落し、御厄払いましョ、厄落し」と呼び来る。呼び止めて餅、豆、銭を遣はす。声を改めて、「アーラ目出たいナ目出たいナ、今晩、今宵の御祝儀に、目出たいことで払いましョ」、以下芸づくし、芝居の役者名よせなどにて目出たきことを作りしを述べ、末は必ず、「西海とは思へども、此《この》厄払ひがシッとらへ東の何へさらり」、を終りとして、「御厄払いましョ、厄落し」と行くなり、巧拙多し。(『絵本風俗往来』[21])

〔2〕正月の十三日以後は、むかしはいろいろな遊芸人がよく来ていた。もっともよく来ていたのが大黒で、女二、三人が一組になり、竹を割った四つ竹で拍子をとりながら、庭先で祝い歌をうたい、餅や米をもらっていた。

また福俵といって、男の子がひもをつけた小さな俵を奥の間に投げ込んで、数々の祝いことばをならべ、餅や米をやると、「米俵を一俵借用して帰ります。来年に倍にしてお返しいたします」という意味のことを述べて引きあげていった。「西の方からお福が年頭のあいさつにまいりました。ご主人もよい年をおとりになられましたか」とお多福の面をかぶって餅をもらって歩くものもいた。その他、猿まわしなどもやってきた。彼らは備中や伯耆から来る人たちが多かったが、第二次大戦後はまったく絶えてしまった。彼らの来訪は子供たちにとって大きな楽しみの一つであった。（岡山県真庭郡新庄村）[22]

つまり、前掲の昔話〔3〕における餅もらいの老人の役割をはたすような人たちが、実際の正月行事の中でもいたのであり、餅や金品の贈与は厄払いであり、それが招福ともなっているのである。

来訪する老人が福をもたらすのではなく、あくまでも老人は餅をふるまわれて厄払

い の役割をはたしているのである。
そうしてみると、昔話〔2〕も、醜い小人たちつまり貧乏神が出て行くことでその家が豊かになる、つまり熱い火をたくことによる厄払いがメインテーマであることがわかる。

ケガレの逆転

正月の行事や昔話に、このような厄払いや招福のモチーフが集中しているのは、正月が、古い一年が終わり、新しい一年がはじまるすべての更新というような意味をもつ行事だからであろう。

一般の生活の中でも正月は、借金も、カレンダーも、とにかく何もかも、すべてはいったんもとにもどり、最初からやりなおす出発点である。人間関係にしても、年賀状が一年ごとにその更新を象徴する役割をはたしているのをみても、そのことは理解されよう。

だから、「大歳の火」や「大歳の客」の昔話の中で、ことさらに、死体や死のイメージが伝えられているのには、古い火の死と新しい火の誕生という意味があるからであろう。

しかし、死体が黄金に変わるというのには、もっと深い意味がありそうである。
そこで、

正月（厄払い）――火の鑽り替え（古い火の死と新しい火の誕生）――死体（ケガレ）

という要素に注目し、厄払いの厄とか、死のケガレなど、人々の生活にとって負の価値をもつものを「ケガレ」という概念でまとめてみることにしたい。

これまで、ふつうに使ってきたケガレという言葉であるが、ここで一種の分析概念として「ケガレ」というのを設定してみる。

まず、「ケガレ」の概念規定をしておこう。

表3を参照していただきたい。

表3　ケガレの具体例と特徴

（身体）	糞尿・血液・体液・垢・爪・毛髪・怪我・病気・死など	不潔 危険 強力 感染	死
（社会）	貧困・暴力・犯罪・戦乱など		
（自然）	天変地異・旱魃・風水害・病害虫・飢饉・不漁・不猟など		

そこにみる具体例から共通する特徴が抽出され、それらをもとに、「ケガレ」とは、人々の生命活動の結果、必然的に再生産されてくる負の価値をもつものであり、結果的に死へとつながるもの、と規定しておく。

死が生と対立しながらも必然とならざるを得ない現実社会の中では、「ケガレ」はつねに再生産されつづけていることになる。

そして「ケガレ」が、不潔で強力で感染力をもつ危険なものであるために、それは決して放置しておかれることはない。必ずそれは除去される。「ケガレ」に対してはハラへという対処が行なわれることになる。

では、「ケガレ」がハラわれたとき、どうなるか。

たとえば、次のような事例が注目される。

事例　埼玉県比企郡都幾川村大野の送神祭(23)

毎年四月八日に鎮守の大野神社の祭礼がある。家ごとに「悪魔送神祭」とか「大野神社祭礼」などと書いた旗を作り、神社へ持参する。神社では村の人々が集まって竹の骨組みに白紙を貼って御輿《みこし》を作り、中にはシトギを納める。神事を終えると宮司以下、村の人たち一同は御輿を中心にたくさんの旗をつらねて行列を組み村境へと向かう。笛や太鼓を鳴りひびかせながら「オークルワ　オークルワ　厄病神マーツルゾ」と大声で唱える。途中、道辻に来るたびに沿道の婦人たちは御輿の中におひねりの賽銭《さいせん》を投げ入れる。

村境に着くと、祝詞《のりと》や呪文を唱えたのち宮司が抜刀して御輿を前後左右と激しくつき刺す。そして、それが終わるやいなや旗を持った人たちは崖下の都幾川へ向かって旗竿をいっせいに投げ捨てる。このとき御輿に供えられた賽銭を子供たちは奪い合い、御輿も崖下へと投げ捨てる。そうしてすべての行事が終わり人々は帰る。

しかし、このあと崖下へと捨てられた旗竿を拾い集めに来る人たちがいる。それは隣の集落の平の人たちで、この旗竿の竹を養蚕《ようさん》のコノメ竹に使うと蚕《かいこ》がよくあたるのだというのである。

ここでは、人々の「ケガレ」をよく吸収するものとしてシトギやおひねり、お金などが用いられている。それは食物やお金が生命活動を維持する上で不可欠のものだからであろう。人々は食物やお金に「ケガレ」をよりつけて御輿にのせて村境へとハラへ捨てているのである。また、旗竿も人々の「ケガレ」をよりつけたものとして村境へハラへ捨てられている。

大野の送神祭の行列。(『大野の送神祭』より)

しかし、ここで奇妙なことがおこっている。人々の「ケガレ」をよりつけた旗竿が養蚕のコノメ竹にとてもよいといって、隣村の人たちによって拾われているのである。

お賽銭なら使いようもあり、子供たちが拾い集めるのもわからないでもないが、旗竿の竹はきたないものをよりつけて捨てられた竹である。それが福の力をもつ一種の縁起物のようになっているのである。

この、「ケガレ」が一定の儀礼的手続きを経てハラヘヤラレたとき、その価値が逆転して福徳の力をもつ縁起物にかわるという現象に注意したい。

「ケガレ」は、危険で強力で不気味な感染力をもつものだけに、ハラヘヤラレて人々の手から放れたとたんに、逆に人々にとってはもはやコントロールできない状態となってその不気味さが増幅してくる。そこで、「ケガレ」の価値の逆転、読み替えが行なわれているのである。

こうした例は、葬送儀礼の中でもしばしば見られる。たとえば、野辺送りの葬列で、棺をかついだ人がはいていた藁草履《わらぞうり》はきたないからといって途中に脱ぎ捨ててくるが、逆にそれを他の人が拾ってはくと足が丈夫になるといったり、葬式に使った旗の布などはもらってふんどしにすると縁起がよい、などという。

また、漁師の人たちは海で見つけた水死体は決して放置せず必ず拾うが、決して気味のよいものではない。しかし、彼らはこれをエビスさんと呼んで拾い、その船はその後たいへん漁があたるようになるという。

むかし、馬の糞を踏んだときなど、足が速くなるとか背が高くなるなどといっていたのもこうした例に入れてよかろう。

では、このような「ケガレ」の価値の逆転、読み替えはどのような状況のもとで行なわれるのか。たとえば、次のような事例を参考にしてみよう。

事例　高知県幡多郡大月町西泊の出産と葬送をめぐる禁忌(24)

西泊は、およそ八十戸あまりの半農半漁の村である。水田はなく畑で麦や芋を作っている。

まず、出産をめぐる禁忌《きんき》であるが、ここは漁場だから漁師たちはサンビ（産火）を非常にきらう。サンニン（産人）は絶対に船に乗せてはいけない。妊娠中の禁忌は多いが、「あしあみをきらう」というのもその一つである。これは妻が妊娠すると、その夫の船は漁をようせん船になる、なぜか漁獲があがらなくなるというのである。これは不思議と村の人たちみんなが体験していることである。

出産が終われば、もう、あしあみをきらうというようなことはない。しかし、産の忌みはその後もきびしく、出産後七日間は、ヒ（火）があかないから産婦は家から一歩も外へ出ることはできない。

最近は病院で出産するようになったからよいが、かつては出産になりかかったら家族はみんな産婦と姑を残してその日から七日間、着替えなどの生活用品を持ってオモヤ（本家）とかシンタク（分家）などへ泊まりに行ったという。共同井戸の水も他の人がバケツに入れてもってきて玄関のところに置いてくれるのを、あとから姑がとりこんで使う。

そして、七日めの朝になってようやくシオバラヒ（潮祓い）をする。六日めの晩に、姑が浜へ行き、シオ（潮水）をくんできておき、翌朝、藻につけて振りまきながら、家の周囲から中まで残らず清めてまわる。その後、他の家へ泊まりに行っていた家族たちがみんな帰ってきて、親戚なども集まって、にぎやかにこの日はお祝いをする。

三十三日めがお宮参りで、氏神さまの天満宮へ嫁と姑で子供をつれてお参りする。このお宮参りで出産の忌みはほぼ完全にあけるものとされている。

次に、葬送をめぐる禁忌であるが、死の忌みも出産同様にきびしい。とくに死体に直接ふれる湯灌《ゆかん》などにあたった近親者はしばらくは日なたに出てはいけない、ばちが当たるという。埋葬の帰りには、道ばたで小石を拾ってうしろに投げ、決して振り返ってはいけない。墓地の位牌には袋をかけておくがこれは空の日天《にってん》さまをおそれての日よけだという。

七日間は重い忌みが必要で仕事には出ない。もちろん船にも乗らず漁もしない。七日めがヒアキ（忌明き）で、この後、ふつうに仕事をするようになる。

四十九日までは家族は欠かさず墓地へ参る。四十九日までは死者の霊は家の屋根にとどまっているともいう。四十九日に一升《いっしょう》餅をつき、これを四十九餅《しじゅうくもち》という。これは関係者に配るが、そのうちの一個は、この日の墓参りの前に家の屋根を越える

――ように投げ上げる。屋根にとどまっていた死者の霊もその餅に乗って仏のところへ行けるという。

この事例では、産の忌みも死の忌みも重く、漁の仕事も社会生活も忌みの期間中はきびしく制限されている。

しかし、よく注意してみると、この事例でも、死のケガレに関するものには価値の逆転という現象が見られるのである。

たとえば、屋根ごしに投げ上げられた四十九餅は、これを拾って持っていると、海で悪い霊にとりつかれないといって、漁師の妻たちが争って欲しがるというし、弔旗の布も漁師はふんどしにすると漁が当たるといっている。

また、妊婦を船に乗せることは絶対にないことで、たいへん忌み嫌われることなのに、死人はむしろ船に乗せたら逆に漁をする、つまり漁獲があがるというのである。

では、産のケガレには逆転現象はないのであろうか。

妊産婦をめぐる禁忌にもう一度注意してみる。すると、やや微妙な伝承があることに気づく。

それは、妻が妊娠中は「あしあみをきらう」といって、夫の船は漁があがらなくなる、というのがふつうであるが、そんななかで、逆に「すばえる」といって漁が気味の悪いくらいに当たる船もあるというのである。これはまたクセになるといっている。ただ、そんなケースでは生まれてくる子供が非常に病弱だとか短命だともいって、両方がよいというようなことはないという。

どうやら、「ケガレ」の逆転は、産の場合も死の場合もあり得るようである。

そして、同じ「ケガレ」であっても、死の方が逆転しやすいのは、産と比べて、それが逃れようのない不可抗力的なものであるからではないか。

たとえば、妊産婦を船に乗せないのは、人々の意志と努力とで可能である。しかし、大切な自分たちの仕事の場である海に流されてきた水死人は、まさかそのまま放っておくわけにはいかない。大切な海がケガレてしまうことになる。拾い上げて何らかの処置をしなくてはならない。そして、死体によってケガされた海をそのままケガレたものとみなしつづけるわけにもいかない。また気味の悪い水死体をとくに意識もせずに簡単に葬ってしまってそれで終わりとするわけにもいかない。何らかの意味づけを迫られることになる。

そこで、忌避されるべききたない水死体が逆転して、福をもたらすエビスさまと読み替えられることになるのである。

死のケガレは、人々にとって人為をこえた不可抗力的な現実としてたち現れているのであり、そうした極限的な状況の中で、「ケガレ」への恐怖は逆に読み替えられているのである。

漁師の人たちにとっての極限状況の一つともいうべきものに極端な不漁がある。人々はそんなとき、むしろ積極的に「ケガレ」の力を逆転させて利用してさえいる。右の事例でも、きびしい不漁が続くとき、人々は「まんなおし」ということをやる。それは、ふだんはしてはいけないこととされていることで、女たちがごちそうを作って船に乗って飲んだり食べたり大騒ぎをし、ごちそうのおはぎを海に落としたりする。また、鰤《ぶり》の大敷網《おおしきあみ》を張ってその上に酒を流し、女たちの乗った船でぐるぐる回ったりするのである。女の下半身などをえがいた裸体画や写真が漁によいといったりもする。近くの土佐清水あたりでは、娘たちが乗船して船霊《ふなだま》様の前ですそをまくり「見やったか　ノウシ　ノウシ」といったという。(25)そして、これらの方法とともに「まんなおし」には、水死人を拾うとよいともいっているのである。

さて、これらによって、「ケガレ」は人々にとって不可抗力的かつ極限的な危機状況の中でしばしば読み替えられて逆転する、ということがわかったわけであるが、ではなぜ生命活動にとって負の価値しかもたないはずの「ケガレ」が逆転して福徳の力をもつのか。

そこで、先にあげた「ケガレ」の、不潔で強力で感染力があり危険でやがては死をもたらす不気味なもの、という特徴に加えて、「ケガレ」にはある種の異様な快感がともなうという点に注意したい。先にあげた表3の中の「ケガレ」の具体例のひとつひとつが、いずれも忌避されるものでありながら一方では逆に異様な快感をともなうものであるということに注意したい。糞尿にしても、犯罪にしても、災害にしてもしかりである。「ケガレ」の終着駅ともいうべき死のもつ異様な快感、恍惚というのは、日本の民俗社会では、かつての武士たちの切腹のような儀礼的自殺から、今日までも一般的な、恋愛心中やさまざまな自殺行為などの諸現象の中によくうかがうことができよう。

さて、「ケガレ」という概念の設定によってずいぶん遠まわりしてしまったが、「大歳の火」、「大歳の客」の昔話の中に、死のイメージがつきまとっていることの理由が、このように考えてくるとおよそ理解されるのではあるまいか。

先の図2（104頁）にもどってみよう。

まず、消火と点火とは、火の鑽り替え、つまり古いケガレた火の死から新しい清らかな火の誕生へということを意味している。

そして、大歳の晩、つまり正月を迎える晩というのは古い一年間に積もり積もった「ケガレ」がハラヘヤラレて浄化されるべきときであり、昔話の中の死体は、そのハラヘヤラレるべき「ケガレ」を象徴しているのである。そして、その「ケガレ」がみごとにハラヘヤラレたとき、その「ケガレ」の負の価値が逆転し、新年にふさわしい浄化招福を象徴するものとしての黄金へと変わっているのである。

奇妙な昔話の中には、このようななんとも奇妙なメッセージが含まれていたのである。

註

（1）　柳田國男『葬送習俗語彙』昭和十二年（昭和五十年に国書刊行会より復刻）以来多くの民俗調査報告書により全国各地の事例が知られている。文化庁編『日本民俗地図』Ⅶ（葬制・墓制　昭和五十五年）などにも多くの報告がある。

（2）『旅と伝説』六の七（高村日羊「高知県長岡郡」、昭和八年）。他にも、『旅と伝説』六の七（松本友記「熊本県阿蘇地方(一)」、笠松彬雄『紀州有田民俗誌』（昭和二年、郷土研究社。『日本民俗誌大系』四　角川書店、昭和五十年、に収録）、『西南学院大

学民俗調査報告　第五輯　長崎県壱岐郡芦辺町』（西南学院大学国語国文学会民俗学研究会、昭和六十三年）などにこのような事例の報告がある。また広島県山間部でも筆者自身が体験している。

(3) 新谷尚紀『生と死の民俗史』（和歌山県日高郡南部川村の事例）昭和六十一年、木耳社など。

(4) 和歌森太郎編『淡路島の民俗』（松岡利夫執筆）昭和三十九年、吉川弘文館。もちろん、この種の事例は多く、文化庁編『日本民俗地図』V（出産・育児）などにも報告がある。なかには三十三日ころの初宮参りをもって火の忌明きとしている例もある。

(5) 『埼玉民俗』三号（栃原嗣雄、坂上昭夫執筆）埼玉民俗の会　昭和四十八年。『秩父の通過儀礼』昭和五十八年、埼玉県立歴史資料館

(6) 『秩父の通過儀礼』前掲

(7) 新谷尚紀『両墓制と他界観』（平成三年、吉川弘文館）

(8) 僧侶と同じく「無縁」の立場で活躍する存在として、葬儀社なども考えられる。

(9) 『南部川の民俗』（昭和五十六年、東洋大学民俗研究会）

(10) 関敬吾『日本昔話大成』五、に収録された昔話より。なお、概して東日本では嫁

が姑にいいつけられたのに火を消すという型が多く、西日本では主人のいいつけに対し下女が火を消すという型が見られる。

(11)　この昔話に対する分析を行なっているものに鈴木正彦「歳の夜の訪客」(『國學院雑誌』五四の一、昭和二十八年)、横山登美子「死骸黄金譚の展開」(『國學院雑誌』五九の一、昭和三十三年)、黄地百合子「『大歳の火』の伝承」(『伝承文学研究』三〇、昭和五十九年)、小松和彦「異人殺しのフォークロア」(『現代思想』昭和五十九年十一、十二月号。『異人論』昭和六十年、青土社、に収録)などがある。

(12)　出羽三山神社の松例祭、俗に歳夜祭ともいう。毎年十二月三十一日から翌元日早朝へかけて行なわれる。その一連の神事の後半に、つつが虫を焼き捨てる大松明引き神事が終わると、その不浄火を打ち替える火打ち替え神事が行なわれる。手に火打金と火打石とを持った松打と呼ばれる役の二人が競って火を鑽り出す。その遅速によって勝敗があり、勝った方の火打金は元旦から本社の清めに用い、負けた方の火打金は山麓の禅寺玉泉寺に下されて葬礼の清めに用いることになっている。「出羽三山神社松例祭」(『日本祭祀研究集成』三、昭和五十二年、名著出版)、戸川安章「羽黒山上の歳夜祭」(『旅と伝説』十四の一、昭和十六年)、宮家準「羽黒山の松例祭」(『国学院大学日本文化研究所報』八の五、昭和四十六年)

(13) 京都市上京区平野神社の斎火祭、京都市上京区北野天満宮の火之御子社鑽火祭、奈良県磯城郡大三輪町大神神社の繞道祭など。
(14) 西角井正慶編『年中行事辞典』(昭和三十三年、東京堂出版)
(15) 鈴木正彦「歳の夜の訪客」前掲、もこの点をすでに指摘している。
(16) 丹波地方昔話集「伝承文芸」十、昭和四十八年、国学院大学民俗文学研究会(関敬吾『日本昔話大成』五に収録)
(17) 関敬吾『日本昔話大成』五、前掲
(18) 松本実『村のあれこれ』昭和四十六年、物部村教育委員会(小松和彦『異人論』前掲、に収録)
(19) 小松和彦『異人論』前掲
(20) 筆者の調査事例でも、数多く見られた。たとえば次のような事例がある。
静岡県御殿場市萩蕪では、一月十四日にサイトウ焼きが行なわれるが、このときとくに男二十五歳と四十二歳、女十九歳と三十三歳の厄年の者は厄払いのためといって、そこにいあわせる人たちに、自分の持参したお酒を飲んでもらったり、菓子や果物などをたくさんわけてあげる。

また、和歌山県橋本市境原では、男は四十一歳、四十二歳、四十三歳が厄年で、四

十三歳を本厄といってこの年の三月十三日の初午の行事の日に、本厄にあたる男の人は観音さんと小峯寺に参り、小峯寺で餅まきをする。白い餅で三升も搗いて小峯寺でいったん供えてから家族の者も一緒にまき、集まったムラの人たちが拾ってくれる。女は十九歳と六十三歳が厄年だが餅まきはしない。

(21)　菊池貴一郎『絵本風俗往来』(明治三十八年、東陽堂)
(22)　文化財保護委員会編『正月の行事　2　島根県・岡山県』(昭和四十二年、平凡社)、筆者調査、昭和五十二年
(23)　『大野の送神祭』(昭和四十八年　埼玉県教育委員会)、筆者調査、昭和六十三年。
(24)　筆者調査、昭和五十九年
(25)　山本鹿洲「お船霊様」(『郷土研究』五の五、昭和六年)

四章　生と死と水辺の石

1　石積みのフォークロア

石積みの墓地

人の死にかかわる儀礼の中で、石の占める位置は大きい。墓地といえば、すぐにイメージされるのは、立派な御影《みかげ》石や、最近のものでは黒色、茶褐色など輸入石材の、石塔がたくさん建てられている光景であろう。

どうして墓地には石塔を建てるのだろうか。

古い時代の五輪塔や、如意輪観音とか地蔵などを刻んだ仏像碑の類《たぐい》の石造墓塔を見ていると、それらは仏教の影響によるのだろうと思われるかも知れない。しかし、仏教の伝わった国、たとえば中国や東南アジアの国々で、日本と同じような石塔類が建てられているかといえばそうでもない。肝心のインドでは、石塔はおろか、遺体は火葬して遺骨はみんなガンジス川に流してしまうという例も多い。

どうやら、日本の墓地で石塔がさかんに建てられる背景としては、日本人の石に対する何か独特の思想がひそんでいるのではなかろうか。

そこで、一連の葬送墓制の中で石のはたしている役割についてみてみよう。

まず、墓地の事例からみてみる。

現代の公園墓地などでよく見られる新しい石塔は、縦長よりも横長の形のものが多くなって仏教色がうすれてきているが、古い五輪塔型式のものから、それら現代のものにいたるまでよく観察してみると、みんな石の台座の上に石を二重、三重にと積み重ねていく形がその特徴であることがわかる。

より古い形態を伝える墓地をさがしてみても、この石を積み重ねる方式は長い伝統をもっているようである。

たとえば、最近発表されて話題を呼んだ静岡県磐田市見付の一の谷中世墳墓群の事例[1]でもそうである。

一の谷墓地というのは、一九八四年から八八年にかけて発掘調査がすすめられた中部日本の中世墓地の代表例ともいえるもので、古代には遠江国《とおとうみのくに》の国府《こくふ》が、そして中世には守護所がおかれていた、見付の町の西北方向の丘陵上に平安末期から戦国末期ま

一の谷墓地の遠望。右からのび出している舌状台地の上に墓地が設営されていた。先端部と右の奥部分は建設工事ですでに削りとられている。残念なことに、この遺跡は昭和60年1月にブルドーザーが入って破壊されてしまった。

一の谷墓地の発掘によって確認された石積みの墓。

で営まれていた一大集合墓地の遺跡である。

平安末期から戦国末期までの長い時代を通じて利用されていた墓地だけに、墳丘墓《ふんきゅう》、集石墓《しゅうせき》、土壙墓《どこう》などさまざまな型式の墓の群集が見られたが、とくに注目されたのは、墓域一面に小石が積み重ねられており、あたかも賽《さい》の河原を連想させるような光景であったという点である。

このような石積みの墓地というのは、いまも各地で見ることができる。たとえば、次にあげるような香川県の塩飽諸島の事例などでもそうである。

事例　香川県仲多度郡多度津町高見島浜の墓地(2)

ムラの南のはずれに墓地があり、手前が死体を埋葬する区画でそのむこうの奥の方の一段高くなっている区画に新しい石塔が建ちならんでいる。このムラでは、遺体を埋葬すると、まずその上にきれいな季節の花をたくさん山盛りになるほど積み上げる。そして、雨がかかるといけないといって、菰《こも》を巻いて被《かぶ》せるようにしておく。そして、三日めのシアゲの日に、ハカガタメといって、血の濃い親族の人たちが、浜辺から石をたくさん拾ってきて、山盛りにしてある花をとりのぞいて、上に積んでくれる。そして、四十九日になるとこんどは喪主が、周囲が板塔婆《いたとうば》でめぐらされている四十九屋《しずくや》と呼ばれる家型の装置をその上に据える。四十九屋の中には白木の位牌《いはい》、六角塔婆、四花《しか》、竹にさした草履《ぞうり》、杖などが入っている。この四十九屋は数年後に朽廃《きゅうはい》したころ、盆の墓掃除の際などにとりかたづけられ、あとはハカガタメの石が積まれている状態となる。

そして、このような事例はこの地域に限ったものではなく、北は東北地方から南は九州地方にいたるまで日本各地に伝えられてきており、(3)いずれも、浜辺や河原の石を拾ってきて積むという点が特徴的である。

火葬の場合も含めて、むかしは石塔はあまり建てずこうした自然石を積んでおく方が多かったという話はあちこちで聞かれる。

賽の河原

では、こうしたハカガタメとかハカナオシなどと呼ばれる石積みの背後にある民俗の心意とは何か。

折口信夫《おりくちしのぶ》によれば、(4)一般に玉、石、骨、貝など、素質はそれぞれ違っていてもみな玉という語で引っくるめられるものは、いずれも神あるいは人間のたまというものと

現在もみられる石積みの墓地。埋葬当初は、上に四十九屋《シズクヤ》とよばれる板でつくった家型が据えられる。それが朽廃すればとりかたづけられ、墓参のための花立て一対と石積みだけが残る。（香川県仲多度郡高見島浜）

同じものだと考えられており、石には魂がこもっていると考えられているという。抽象的なたま（霊魂）のしむぼるが具体的なたま（玉）にほかならないというのである。この折口の、石には魂が宿るとする説は確かに動かしがたいところであろうが、ここでもう一度具体的な民俗事例の比較を通して考えてみることにしたい。まず、参考になるのは次のような事例であろう。

事例　福井県三方郡三方町神子の墓地(5)

このムラでは埋葬地をサンマイ、石塔墓をダントウバといって両者が別々になっている。死体を埋葬するとその上には浜辺から石を拾ってきて置く。頭の部分にはとくに大きめの石を置く。これは狼よけで、狼が掘らないようにと石を積むのだという。

これとよく似た事例としては、神奈川県、埼玉県などでよく聞かれるものであるが、埋葬して四十九日までの間、犬などの獣が掘るのを防ぐためといって近辺にある古い石塔を三、四個借用してきて横に倒し、埋葬地点をおおうようにかぶせておくという例(6)、それに子供が死んだような場合に、魔が入らぬようにと四十九個の石をならべて防いでやるといっているような例(7)がある。

これらの事例からすると、埋葬地点に石を積んだりならべたりする理由の一つとして、死後一定期間の獣除けや魔除けのためであると考えられているということがわかる。重い石を敷きならべて埋葬地点を上からふさいでおこうというのである。

一方、とくに子供の死に際して墓地に石を積んでやるという例は多い(8)。

事例　長野県下高井郡山ノ内町沓野の墓地(9)

このムラでは、死体を埋葬すると高く土盛りをし、その上に目印の立石をたて、供物などの台になるような石を横にしておくが、子供の死者の場合には、とくに墓

賽の河原での石積みの光景。（新潟県佐渡島外海府。萩原秀三郎氏撮影）

に小石を積んでやる。それは、三途《さんず》の川は石を積み上げた者だけが渡れるのだが、鬼がやってきてそれをくずすので、死んだ子供は泣きながら積んでいる。そこでそれを助けてやるために積んでやるのだというのである。

そして、これらの事例は、あの青森県下北半島の恐山《おそれざん》の例などでよく知られている賽の河原の石積みの伝承と共通する部分が多い。各地に伝えられている賽の河原というのは必ずしも墓地というわけではないが、やはり子供の死と石積みという行為との密接な関連性をよく示している伝承である。そこで、墓地に石を敷きならべるという事例に限らず、一般に

表4　東北地方の賽の河原

	所在地	立地	地蔵	どんな場所か	何のために石を積むか
1	青森県北津軽郡金木町川倉	平地	有	死者の魂がそこへ行く	子供の供養
2	〃　西津軽郡岩崎村森山	山間	有	子供だけでなく村人の魂もそこへ行く	主として子を亡くした母が子のために
3	〃　下北半島恐山	山間	有	多くの子供や大人の霊魂がさまよっている	母親たちが子の石積みを手伝ってやる
4	岩手県遠野市土淵町栃内	山間	有	死者の魂がみんなそこへ行く	子供が地獄から逃れるようにと百個の石を積むのを母が手伝ってやる
5	山形県東田川郡羽黒町月山	山間	有	子供の魂がそこへ行く	三山まいりの人はここで石を積むと足が軽くなるという
6	宮城県本吉郡唐桑町地福寺境内	平地	有	子供の魂がそこへ行く	子供の供養。子供の石積みを手伝ってやり早く極楽へ行けるように
7	〃　牡鹿郡牡鹿町金華山	海岸	無	亡くなった大人や子供の声が聞こえる	
8	〃　刈田郡蔵王町蔵王山	山間	有	死者の魂がさまよっている。子供の霊魂の行き場所	子供が父母に会うために百個の石を積むのを手伝ってやる
9	〃　刈田郡七ヶ宿町関	平地	有	死者がそこを通っていく	子供の供養
10	福島県いわき市平沼ノ内	海岸	有	亡くなった人とくに子供や未婚者が行く	子供の供養
11	〃　南会津郡田島町針生七ヶ岳	山間	無	死んだ子供の行きつくところ	一般の人はあまり行くところではなく山に登る人が積む

氏家常雄「東北地方の賽の河原と祖霊信仰」『東北民俗資料集』(七)より作成

死者供養の方式として石を積み上げるという習俗にまで対象をひろげてみよう。すると、たとえば東北地方における、表4にみるような賽の河原の事例からおよそ、次のような点が指摘できる。

・賽の河原というのは子供も大人も含めて多くの死者の霊魂が集まるところと考えられている。

・石積みが行なわれるのは、圧倒的に子供の場合が多いが、なかには未婚の男女の場合もある。

・子供の死や未婚の男女の死は、とくにその霊魂の行く方について不安視されており、石積みはそうした不安な霊魂の安定化をはかるものとされている。

そして、こうした石積みによる死者供養の方式は、子供や未婚者だけに限らず、一般の死者の場合にも見られるという点にも注意したい。たとえば次のような事例である。

事例　宮城県牡鹿郡女川町江島の死者供養[10]

死者の年忌ごとの法事に際して、念仏講のお婆さんたちが浜辺から小石をその死者の年の数だけ拾ってきて、それをひとつひとつ数え上げながら念仏する。この小石は念仏の終了後、墓へ持っていって納める。また、毎年五月に施餓鬼《せがき》の共同供養を行なうが、その年、年忌にあたっている者全員のそれぞれの年の数の小石を海浜から拾って寺の本堂へ持っていき、そこで、その中から最も年長者の分を数え石に使って念仏をあげる。

空中の石

そこで、注意したいのはこのような石を積むということの意味である。どうして、石積みが魔除けとなったり、不安定な霊魂の安定化に役立つのだろうか。

そういえば、民俗の中のもう一つの石積みの伝承にも注意しておかねばなるまい。それは、とくに儀礼というわけでもないのだが、一般に路傍の地蔵や石碑、また神社の石の鳥居など、信仰的な石造物の上によく小石が積まれているあの現象である。神社の石の鳥居に小石を投げ上げるのは、うまくその上にのせられたら幸運がやってくる、などといわれている。しかし、それにしてもどうして人々はそれらにすぐ小石をのせたがるのであろうか。

これは、墓地の石積みや賽の河原の石積みとも共通する民俗心意に発している行為ではないか。

寺社などのちょっとした岩場や石造品、階段などにも、よく石を積み上げた光景が見られる。（奈良県宇陀郡・室生寺）

ともかく、なぜわざわざ石の上にまた石を積み上げてことさらに不安定な状態にするのか少し考えてみる価値はありそうである。

そこで、実際に各地の賽の河原での石積みに参加してみる。体験してみるのである。

すると、その石はわずかな支えの上で空中にゆらゆらと浮いているようなものであり、いつくずれるか待っているようなものでもあることに気づく。いやむしろ賽の河原の物語では、天《あま》の邪鬼《じゃく》がそれをくずすという部分こそ不可欠の要素となっていることからしても、この石積みというのは逆に容易にくずされてしまうような空中に積まれた石の装置としての

新墓の設え。木や竹を三叉に組んで上から石を吊り下げる。（長野県長谷村市野瀬。小林経廣氏撮影）

意味をもっているのではないか。

そうであるならば、これらのほかに葬送をめぐって石を空中においておくような事例との比較が必要となってくるであろう。

そこで注意されるのは、やはり、埋葬地点におかれる石の装置の一種で、とくに東日本の各地に伝えられているサギッチョとかモガリなどと呼ばれるものである。これは埋葬地点の上に竹や木を三叉《みつまた》に立てたり、弓なりにさし立てて交差させたりしてその結び目のところから縄で石を吊り下げるものである。一般に西日本、東日本に限らず、埋葬地点に目印の自然石をのせておくという事例は数多いが、とくにこのように石を吊り下げてお

くという例は東日本に多く見られる。(11)

事例　長野県下高井郡野沢温泉村平林の墓地(12)

――埋葬して土を盛り上げるとその上に石をおき、野位牌《のいはい》や香炉などをおく。そして木の棒などを三叉になるように立てて縄でしばり、そこから石を縄でぶら下げて山犬などが掘ったりしないように魔除けとした。

事例　山形県米沢市簗沢《やなざわ》の墓地(13)

――土葬した土まんじゅうの上に石を一つおき、弓なり状に曲げた二本の生柴《なましば》を交差して両端を土中に深くさしこむ。そしてそのまん中に小石を一つ吊るす。これをイヌハジキといい、縄が腐って小石が落ちると死者が成仏したという。

また、やはり東北地方、北関東地方を中心として伝承されている、後生車《ごしようぐるま》や七本《しちほん》仏《ぼとけ》の籠の中に小石を納めて死者の供養をするような伝承も注目される。

事例　宮城県亘理郡山元町坂元の七本仏(14)

七本仏の塔婆《とうば》は初七日から四十九日までの供養の塔婆を一枚にまとめて建てるものであるが、この村では、就学前の七歳以下で死んだ子供の場合には、この七本塔婆を庚申《こうしん》塔などの石塔類が建てられている道路ばたに建てる。塔婆の上端にある三本の竹には、亡くなった子供の帽子や履物などをかけておくが、塔婆の下に吊るされている竹で編んだ籠に、人々は小石を入れてやる。これは亡くなった子供を地蔵様が守ってくれるように辻の小石を積むのだという。この七本仏は、むかしは子供だけでなく、成人に達しないで死んだ人のためにも作ったという。

事例　宮城県桃生郡鳴瀬町小野の後生車(15)

後生車のことをこの地方では地蔵車といい、寺の門前や墓地入口などに建てられている。高さ約一メートル三十〜四十センチから二メートル前後の六角柱もしくは四角柱で、その下の方に心棒を通した車がはめられている。そして、その心棒には竹で編んだ籠がかけられている。人々はその車をまわし、また籠に小石を入れて、幼くして亡くなった人の菩提《ぼだい》を弔うのだという。

この、七本仏や後生車の籠に石を入れてやるというのは、先にみた賽の河原の石積みとも相通じる方式のように思われる。また、先のサギッチョとかモガリなどと呼ばれる小石を吊るす墓上装置というのは、獣除けとか魔除けのためのものだと一方ではいわれながら、縄が腐って石が落ちると死者が成仏したしるしだといわれている点など、非常に示唆的である。

つまり、死んでまもない不安定なものと考えられている死者の霊魂と同様に、墓上に吊るされた石も空中に浮いて不安定な状態にある。

これは、賽の河原の石積みの場合でも、必ず死んだ子供が積んでいるのだと説明されているように、人々がこの現実の世界から思い描いたあの世の死者とその霊魂に対するイメージを象徴的に表現している装置のように思われる。

空中に吊るされたり積み上げられたりしている石は、いま死亡したばかりの不安定な死者の霊魂のありよ

後生車と死者の供養のために竹籠にあげられた石。（宮城県桃生郡鳴瀬町小野。真野俊和氏撮影）

うを象徴しているものとはいえまいか。

同時に、またそうした空中にある石こそ、死者の世界、あの世、異界に属することがらに対して強い力を発揮することができるものと考える人々の心意が、これらの石積みや石吊るしの伝承の中にうかがえるのではなかろうか(16)。

吊るされた石が落ちると死者が成仏したとされる伝承の中には、それまで空中に吊るされて死後まもない不安定な死者の霊魂を象徴していた石が、一定期間ののち落ちて大地の上に安定化したとき、死者の霊魂も同じように安定化したとみる連想がある。そして、同時に、それまで魔除けとか鎮魂など、一定の力を秘めた石と見なされていたその石も、もうそのような特別な力を期待されることもなくなってしまうのである。

このような、石がいったん空中に浮いていたのが地面へと落とされることによって、それまでの不安定な状況、それは言いかえればその石がある特別な力を発揮している状況でもあったわけであるが、そんな状況に一定の決着がつくとするような考え方は、さらに次のような願ほどきや縁切りの作法としての儀礼的な石投げ(17)とも共通するところがあるのではなかろうか。

事例　福島県耶麻郡高郷村の埋葬(18)

死者の埋葬は善光寺さまの御詠歌をうたいながら行なう。まず親戚の者が、鎮め石とかお別れ石と呼ばれる石を落とす。その後、ロクシャクさまと呼ばれる穴掘り役の人たちが土を盛り、屋根型の日ヤライをあげる。

事例　和歌山県西牟婁郡富里村の埋葬(19)

棺を埋めるときに必ず三個の石を投げ込む。棺を納めると土をかけた上にまず川原で拾ってきた石を三つ三角形にならべ、その上に大きな平べったいなべら石を重ねる。なお、死者が、生前、願をかけていて、病気で死んだ場合には出棺してすぐ身内の人が屋根の上に石を投げて願ほどきをする。それで、ふだん屋根に石を投げることを戒めている。

事例　長崎県松浦郡宇久島の埋葬(20)

墓穴掘りの前に、その場所にお神酒《みき》を少々落として墓地の地祭りをする。棺を穴に入れた上から小石を一つ投げ入れ、これをガンオサエという。土をかぶせてヒラバ石をおき、その上に霊屋《たまや》をのせる。三日めの朝、霊屋の上に竹をかぶせ、百日間菰《こも》をのせておく。これをミッカゴモという。なお、葬列の行きか帰りの一方だけ、

――つまり片葬礼《かたそうれい》を見た人は小石を拾って股ぐらからうしろに投げ、うしろを見ずに帰るという。

これらはいずれも、いったん石を空中に浮かせそれを地面へと落としている事例であり、これらの事例からも、空中の石には異界へと通じる力が宿るとみる民俗の心意を読みとることができるのではなかろうか。

2　水界の石

石拾いと石の奉納

では次に、死者の供養のための石拾いや石積み、また石吊るしだけでなく、病気平癒のためのお百度参りや神社へのさまざまな祈願の中でも、石拾いや石積みを行なうような事例があるということにも注意をひろげてみよう。

事例　滋賀県甲賀郡土山町大河原　若宮神社への石の奉納(21)

――重病の人のためにお百度参りをするが、この時は川原で白いよい石を百個拾ってくる。その百個の石を鳥居のところにおく。いつも三個ずつ石を持って運ぶ。そして、若宮神社の拝殿の横にお参りしては一個おいてくる。

事例　静岡県沼津市大瀬崎　大瀬神社の石の奉納[22]

伊豆の内浦をかこむように駿河湾に突出した大瀬崎に、石の奉納で有名な大瀬神社がある。毎年四月四日の例祭の日、近郷の人々は船で参拝するが、氏子のなかの漁業関係の若者たちの手で、俵に小石をつめこんだものを一度海水に沈め、さらにそれをかつぎあげて社前に奉納するという行事がある。そしていくつも積み上げられたその石の俵を神職が切って中の石を社前に積み上げるのである。この石の奉納は大漁祈願とか航海安全祈願として行なわれるのだという。境内には、こうして奉納される石以外にも大勢の人々がさかんに石を奉納するらしく、「危険ですから木の上に石を載せないで下さい」という制止の木札にもかかわらず、柏槙《びやくしん》の老樹の枝の上や穴などにも石があげられている。

このような、神社や寺堂への石の奉納の事例は数多く、しかも、それらは子授けや安産を願う民俗へと関わっている例が多い。

事例　三重県熊野市遊木町　遊木神社のお石取り(23)

毎年正月五日のお石取りの行事が、むかしから若い衆の務めのひとつとなっており、船に乗って木本の七里御浜へ行き、そこで「おしら石」と呼ばれる白い石をバケツに二、三杯とり、もって帰って遊木神社と国市神社と浅間社の庭にまくのである。そして、この遊木神社のおしら石は、妊婦がもって帰って出産時に身につけておくと安産するといわれている。

事例　三重県熊野市有馬町　産田神社の白石(24)

産田神社は安産の神さまとして近郷から参拝する者が多い。大泊や波田須では次のようにいっている。参拝するときに神殿にうしろ向きにしゃがみ、石を拾う。拾った石が長いものだと男が、丸いものだと女が生まれる。石は家へ持って帰り、神棚に祀っておくが、子が生まれた翌年の一月十日の祭のとき、浜で白い石を一つ拾い、神棚に祀っておいた石と二つにして神社に返しに行く。また、内陸部の育生町の長井や尾川では、神主に拝んでもらってから石をもらって帰り、子が生まれると、大森神社の近くの川原で小石を拾って二つにして返すという。

これらの事例は、一般に各地の神社の境内に敷きつめられている玉砂利の由来を考えさせる興味深い事例でもある。そして、注意されるのは、いずれも海辺や川原など水の世界からもたらされる丸い石が用いられているという点である。賽の河原といい、神社の玉砂利といい、いずれもその場所が水の世界との接点であるということを示している。

生と死の石

ではなぜ、そこが水の世界との接点なのか。水の世界からもたらされる丸い石がなぜ死んだ子供の魂の供養となったり子授けや安産の力をもつと信じられているのか。実際、日本の民俗では、産育と葬送という生と死の境界における儀礼の中で水辺の石がはたす役割は大きく、さまざまな伝承が伝えられている。

たとえば、産育をめぐっては、子授け祈願の子産石《こうみいし》、安産祈願のおしら石、出産直後の産立飯《うぶたてめし》や三日祝いのお膳などに供える産石《うぶいし》、百日の食い初めのお膳に供える歯がための石などである。[25] また、葬送をめぐっては、死者にさせる石枕、墓穴に落とす鎮め石、埋葬地点に置くめあて石などである。[26]

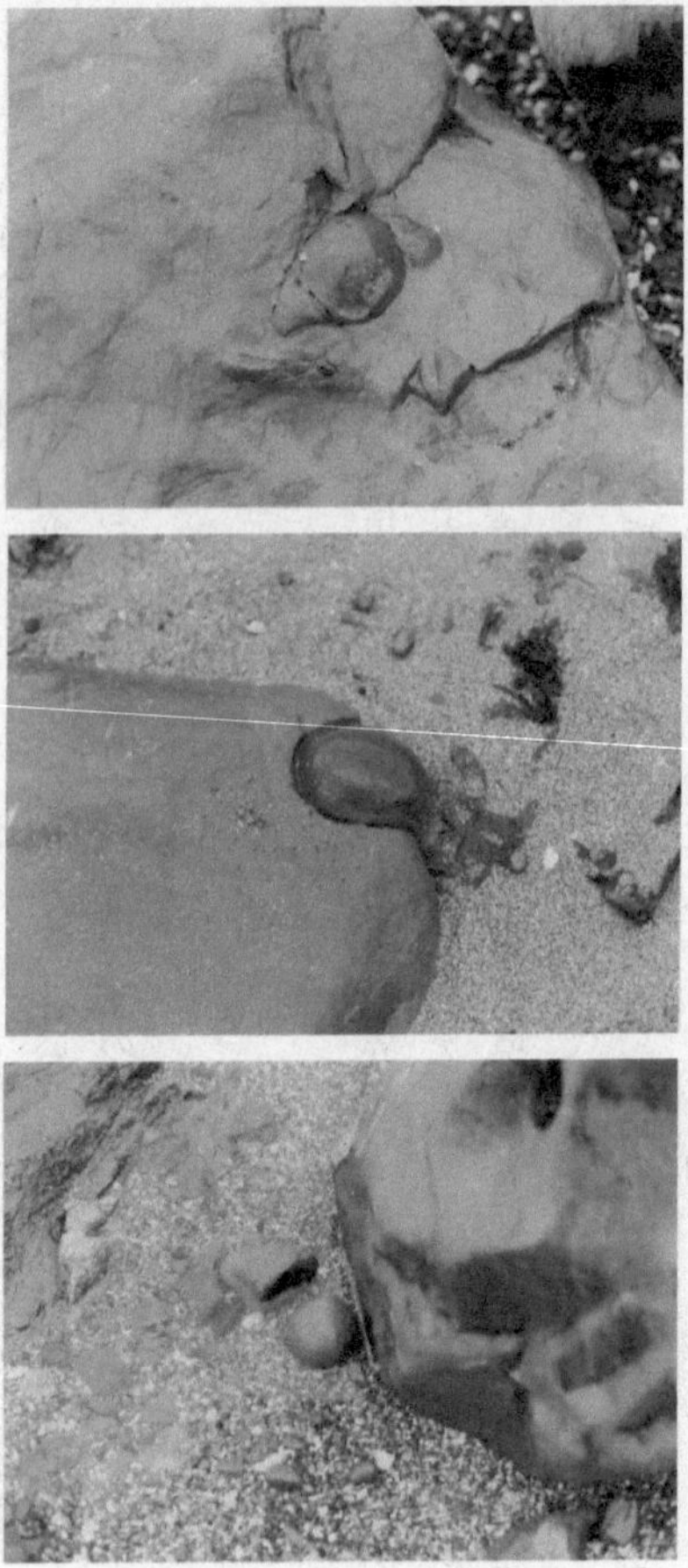

横須賀市久留和海岸の子産石。

そして、同じ一つの村の中で、そのような産育と葬送の石の両者がみごとに対応しあっている事例も少なくない。(27)たとえば次のような事例である。

事例　高知県安芸郡北川村の産育と葬送(28)

産育　この北川村は、林業もさかんな山間農村である。柏木というところの松林寺境内の子安地蔵は、近在に子授けや安産の信仰を集めており、お願解《がんほど》きに奉納した丸い小石がたくさんあげられている。子授けを願うものはそれらのうちから一つ受けてきて家で祀《まつ》り、妊娠すると、川原からきれいな丸い小石を一つ拾ってきてそえてお返しする。また安産祈願にもそれらの石のなかから一つ受けてきて仏壇の脇に祀っておく。出産を終えると、おそくとも一年以内に川原から丸い小石を一つ拾ってきて、子供の住所と姓名とを書き、先に受けてきた石にそえて、子供をつれてお願解きにいく。子安地蔵に願かけして生まれた子をお地蔵様の子供と呼ぶ。

また、産後十一日めを多く火合わせの日として、この日まで別火の生活を続けていた産婦が産室を出て日常の生活に戻ることとなり、家族や親戚それに産婆や近所の人たちと祝いの宴がもたれるが、この日に産《うぶ》の神を祀るのが一般的である。産の神は神床《かんどこ》に祀られ、産飯と、雨だれ落ちか近くの川原の清流の中から拾ってきた丸

海に向かって行なわれる、死後三年目までの死者の供養。（徳島県海部郡海南町鯖瀬。喜多村理子氏撮影）

い小石を一個か二個、それに生臭さつまり魚と、お神酒を添えて供える。産飯は茶碗に飯を入れ逆さまに伏せて盛った高盛りの飯に、エクボになぞらえて中央あるいは両側に小さな窪みをつける。なお、安倉や竹屋敷というところでは、百日の箸揃えに丸い小石を川原の清流の中から拾ってきて皿に入れ、この石を「石のおさい」といって、固い丈夫な子供に育ってほしいと願ってこの石を子供になめさせる。

葬送　納棺は死体を北向きに寝させ、川原から拾ってきた小石を死者の帯に巻いて枕とするか、もしくは雨だれ落ちの小石と茶の葉とを入れたサラシの枕を頭にあてがい、上から着物か羽織を逆さにして覆《おお》う。棺の中に金気のものが入らないように注意する。

棺の蓋は四十九本の釘で軽く打ちつけるが、最初の一本は家の跡とりか死者に最も近い肉親の者が、雨だれ落ちから拾ってきた石で打ち、その後はトーマ組の者が打ちつける。なお、今はまったく廃《すた》れてしまったが、野友というところでは、むかしは死者の産《うぶ》の石とヘソの緒とを棺に入れたものだといい、また戦死などで遺体のないまま埋葬するようなときには、その形代《かたしろ》としてこれらの物を棺に入れて葬ったという。

出棺をカドイデまたはデダチといい、さまざまな作法があるが、それらの中に、棺を雨だれ落ちの外の庭に据え、僧の読経が行なわれる中で位牌やお膳などをもった身内やトーマ組の者が棺の周囲を三回廻り、その直後に死者の茶碗を雨だれ落ちの石に打ちつけて割るというのがある。そしてその際、敷居は死出の山、雨だれ落ちは三途の川だといっている。

また、墓地で埋葬が終ると卒塔婆を立て、三ツ石といってトーマ組の者が付近から拾ってきた三個の石を逆三角形に配置し、その上に死者の杖、笠、草履、カコの飯、手桶の水、果物、香箱などを供え、左右に青柴を立てておく。帰りにははいてきた草履を脱いで新しい草履にはき替え、小石を肩越しに投げ、「戻りを見い」、といいながら後ろを振り返らずに急ぎ足で家に帰る。野友では後ろ向きになって肩越しに小石を投げるのを、ミタテといい、見送りに行く人以外の者がたまたま葬列に行き会った場合にこれを行なうという。

埋葬の日の翌日を三日のシアゲといい、身内の者がそろって墓地へ行き、整地して埋葬地点を石で囲み、その中を小石で敷きつめ、さらに三ッ石を取ってムシ石を置きタテ石を立てる。この村では通常の墓石を石塔《せきとう》といい、三日のシアゲか七日のシアゲの日に埋葬地に設けるムシ石、タテ石を墓《はか》と呼んで区別しているが、石塔を建てるのは一年忌とか三年忌とか都合のよい時とされている。

この事例では、まさに村人たちの人生の入口と出口の境界において、水の世界の石が大きな役割をはたしているといってよい。

水の世界とは何か。身近なところでは川であり、海である。そして、雨だれ落ちを三途の川とみる伝承からすれば、雨も何か象徴的な意味をもっていそうである。川をめぐる民俗、海の民俗、雨の民俗、それらをていねいに追跡していきたいところである。

いまはまだ十分ではないが、次のような伝承には注意しておいてよかろう。

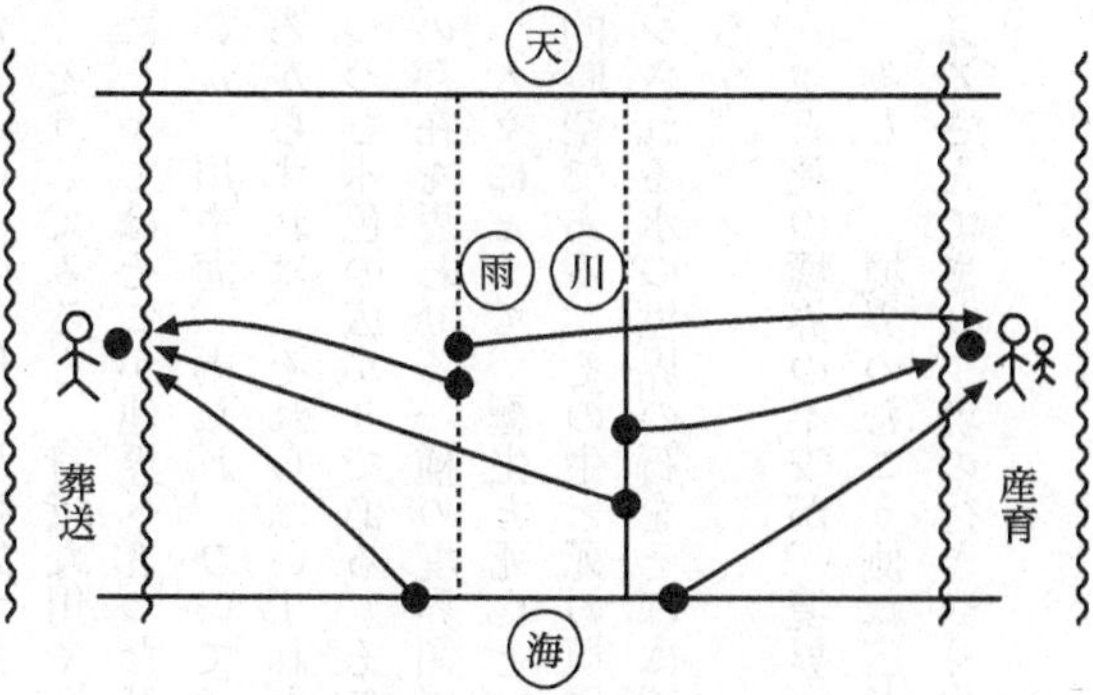

生と死と水界の石

たとえば、川をめぐる民俗の場合でも、盆の精霊送りや、川施餓鬼《かわせがき》、また厄年の女性の人形《ひとがた》流し、各地の神社の祭礼での神輿《みこし》洗いなど、川にむかって行なわれる儀礼は数多い。また、子供が無邪気に自分はどこから生まれてきたのかたずねたときなど、母親から冗談まじりに、お前は川原から、いや橋の下から拾ってきて育ててやったのだ、などといわれる伝承も意外と私たちの身近には根強く伝えられている[29]。海辺の村でも、同様に海にむかって行なわれる儀礼は数多い。

また、雨をめぐっても、神社の祭礼でよく祭り雨[30]といったり、七夕の日などにも雨の降ることをのぞむ事例が多い。婚礼や葬送に際しても同様に雨の降ることをいとわない伝承が多い。晴れ間に雨の降るときのことを「狐の嫁入り」

などというのも何か示唆的である。

そうしてみると、身近な川や海、雨だれは、このような儀礼を伝えてきている人々にとってはそこが他界へとつながる場所と連想されるようなところであったのではないか。川や海、雨だれ、ひいてはまた、天空も海原と同じくアメ、アマと呼んだところからすれば、それらはいずれも水の世界であり、天空とか海原は、この世を上下につつむ水色の広がりである。そこは人々にとってそのむこうに何か永遠なる別の世界の存在を思わせる一種の境界領域と映るものではなかったか。

人々にとって、誕生と死亡という人生の出入口は、緊張と不安に満ちた一種の境界的時空である。その生と死の境界に立つ人々に、同じく現世と他界との境界とイメージされる水の世界の石をそばに置くというのが、こうした伝承の最も重要な部分であろう。

生と死の境界の不安が、境界の石によって安定化されているのである。

そして、境界のむこう側に広がる水の世界のそのむこうこそ、人々にとって、魂のふるさとであり、魂の行きつく先でもあったのである。

註

（1）網野善彦・石井進編『中世の都市と墳墓』（昭和六十三年、日本エディタースクール出版部）

（2）筆者調査、昭和四十六年

（3）筆者の各地の墓制調査でも数多く確認しているが、その他、民俗調査報告書などから一部紹介しておくと次の事例などがある。岩手県気仙郡三陸村（『年刊民俗採訪昭和三十九年度』国学院大学民俗学研究会）、山形県寒河江ダム水没地区―月山沢・四ツ谷・砂子関・二ツ掛（『月山山麓の民俗』山形県教委）、福島県相馬郡小高町村上（『東北民俗資料集（二）』岩崎敏夫編）、栃木県上都賀郡粕尾村（『粕尾の民俗』東洋大学民俗研究会）、群馬県甘楽郡南牧村（『西郊民俗八七』「南牧村の葬送習俗（三）」）、東京都下伊豆諸島　利島・神津島・青ヶ島（『伊豆諸島文化財総合調査報告（第二分冊）』東京都教委）、富山県中新川郡立山町芦峅寺（『立山民俗』県教委）、富山県上新川郡大山町有峰（『富山県史』）、三重県熊野市遊木（『常民8』中央大学民俗研究会）、滋賀県高島郡今津町山中・下大杉（『江若国境の民俗』滋賀民俗学会）、岡山県大野村（『岡山民俗1』「美作大野村の葬送」）、島根県隠岐郡布施村飯美（『隠岐島の民俗』県教委）、山口県長門市西深川境川（『長門市史』）、高知県香美郡物部村韮生谷・五王堂

(『岡山民俗一二三・一二四』「物部村の葬制と墓制」)、高知県長岡郡本山町(『土佐本山町の民俗』大谷大学民俗学研究会)、高知県幡多郡十和村(『長見の民俗・十和の民俗』大谷女子大学民俗研究会)、愛媛県宇和島地方(『宇和地帯の民俗』吉川弘文館)、大分県東国東郡国東町(『くにさき』吉川弘文館)、宮崎県東臼杵郡西郷村(『年刊民俗採訪　昭和三十八年度』国学院大学民俗学研究会)

(4) 折口信夫「石に出で入るもの」『郷土』二の一、二、三合併号、昭和七年

(5) 『年刊　民俗採訪　昭和三十三年度』国学院大学民俗学研究会

(6) たとえば、神奈川県平塚市須賀(『平塚市須賀の民俗』平塚市博物館)、神奈川県大和市上和田・下和田(『上和田・下和田の民俗』大和市教育委員会)、神奈川県藤沢市江の島・西俣野・亀井野(『藤沢市史』)、埼玉県和光市白子(『白子の民俗』和光市史編さん室編)、埼玉県八潮市上木曽根(『八潮の民俗資料一』八潮市)など。

(7) たとえば、神奈川県足柄上郡寄村虫沢『年刊　民俗採訪　昭和二十六年度』国学院大学民俗学研究会

(8) たとえば、青森県三戸郡五戸町一帯(能田多代子『みちのくの民俗』)、山梨県北都留郡丹波山村(『日本の民俗　山梨』第一法規)、長野県南佐久郡八千穂村佐口(『佐口民俗誌稿』県史刊行会)、長野県木曽郡楢川村奈良井・平沢・贄川(『木曽楢川

村の民俗』村教委）、滋賀県甲賀郡信楽町多羅尾（『年刊　民俗採訪　昭和三十七年度』国学院大学民俗学研究会）、鳥取県八頭郡若桜町屋堂羅（『常民5』中央大学民俗研究会）

（9）『沓野民俗誌稿』県史刊行会

（10）佐藤心「陸前江の島における葬制」『東北民俗資料集（八）』（萬葉堂書店　昭和五十四年十一月）。なお、この他にもこれと同様の事例が、近くの宮城県牡鹿郡牡鹿町網地島（『陸前北部の民俗』吉川弘文館）や、北陸の、新潟県東蒲原郡西川村広瀬（『西川の民俗』東洋大学民俗研究会）、和歌山県那賀郡（『日本の民俗　和歌山』第一法規）などでみられる。このうち西川村広瀬の事例は、死んだ年の八月七日に河原から石を十個ぐらい拾ってきて土饅頭のまわりに四角に積むというもので、和歌山県那賀郡の事例は、三十五日の精進あげに川参りといって身内の者たちが川へ行って石を積んで供養するというものである。

（11）たとえば、その一部をあげておくと、次のような事例などが知られている。秋田県雄勝郡東成瀬村（『東成瀬の民俗』東洋大学民俗研究会）、山形県西村山郡寒河江ダム水没地区—月山沢・四ッ谷・砂子関・二ッ掛（『月山山麓　月山沢・四ッ谷・砂子関・二ッ沢の民俗』県教委）、山形県西村山郡朝日町松程（『年刊　民俗採訪　昭和五十六年度』国学院大学民俗学研究会）、山形県上山市高松・東置賜郡高畠町二井宿（『山形県の民俗資料』県教委）、群馬県群馬郡倉淵村権田・岩氷（『年刊　民俗採訪昭和四十二年度』国学院大学民俗学研究会）、群馬県利根郡片品村（『片品の民俗』県教委）、群馬県碓氷郡松井田町岩の平（『松井田町の民俗』県教委）、群馬県利根郡白沢村（『白沢村の民俗』県教委）、群馬県吾妻郡嬬恋村（『嬬恋村の民俗』県教委）、東京都西多摩郡羽村町（『はむら民俗誌』町教委）、山梨県西山梨郡千代田村（『年刊　民俗採訪　昭和二十八年度』国学院大学民俗学研究会）、新潟県南魚沼郡湯沢町谷後（『中部地方の石の民俗』明玄書房）、新潟県東蒲原郡西川村（『西川の民俗』東洋大学民俗研究会）、新潟県栃尾市西中野俣・吹谷・中（『栃尾市史』）、岐阜県吉城郡上宝村田谷（『年刊　民俗採訪　昭和三十二年度』国学院大学民俗学研究会）、岐阜県郡上郡白鳥町・吉城郡国府町（『中部地方の石の民俗』明玄書房）、福井県大野郡石徹白村上在所（宮本常一『越前石徹白民俗誌』）。なお、石ではなく、魔除けといって鎌や鉈などを吊り下げる事例は福井県若狭地方では、筆者もよく見ており、兵庫県でも、兵庫県宍粟郡奥谷村原（『奥播磨民俗採訪録』）や兵庫県多紀郡西紀町本郷（『御影史学論集2』）などの事例が知られている。

(12)『平林民俗誌稿』県史刊行会

(13)　戸川安章『日本の民俗　山形』(昭和四十八年、第一法規)

(14)　阿部和郎「弔いあげの風習について」『東北民俗資料集(三)』(昭和四十九年、萬葉堂書店)

(15)　和歌森太郎編『陸前北部の民俗』(昭和四十四年、吉川弘文館)

(16)　正月行事その他で、餅など神への供物の類を、ことさらに積み重ねたり吊るしたりする方式も同様の心意にもとづくものと推定される。

(17)　たとえば、次のような事例が知られている。埋葬した墓穴に石を落とすとか投げ込むという所作を儀礼的に行なうものとしては、福島県信夫郡茂庭村(『年刊　民俗採訪　昭和三十七年度』国学院大学民俗学研究会)、栃木県芳賀郡益子町山本大郷戸(『山本大郷戸の民俗』早稲田大学日本民俗学研究会)、群馬県多野郡鬼石町犬月(『下久保ダム水没地の民俗』県教委)、埼玉県比企郡都幾川村大野(『埼玉の民俗』県教委)、埼玉県浦和市(『浦和市史』)、山梨県下(『日本の民俗　山梨』第一法規)、長野県木曽郡楢川村川入(『木曽楢川村の民俗』県教委)、愛知県春日井市(『春日井の民俗』)、岐阜県揖斐郡春日村尾西(『常民16』中央大学民俗研究会)、滋賀県甲賀郡土山町大河原(『大河原民俗調査報告書』関西大学II部民俗学研究会)、佐賀県東松浦郡鎮西町赤木・塩鶴・中野・丸田(『年刊民俗採訪　昭和四十二年度』国学院大学民俗学研究会)、など。

願ほどき作法として行なうものは、和歌山県西牟婁郡中辺路町(『日本の民俗 和歌山』第一法規)など。

野がえりのときの作法として、また葬列を見てしまった人が行なう所作としては、三重県熊野市山村一帯(『日本の民俗 三重』第一法規)、高知県安芸郡北川村(『北川村の民俗I・II』村教委)、高知県幡多郡大月町西泊(『年刊 民俗採訪 昭和三十九年度』国学院大学民俗学研究会)、筆者調査(昭和五十九年四月)など。

なお、静岡県御殿場市域では、精進オトシに浜降りといってサトヤを川に流してしまうが、このとき石をぶつけてサトヤを壊すという(『御殿場市史』)。この種の事例は注意してみればまだまだ各地で多く確認されることと思われる。

(18)『年刊 民俗採訪 昭和五十一年度』国学院大学民俗学研究会

(19) 註(18)に同じ

(20)『離島生活の研究』(昭和五十年、国書刊行会)

(21)『大河原 民俗調査報告書』関西大学II部民俗学研究会。なお、これと同様の事例は、他にも、群馬県桐生市梅田町(『桐生市梅田町の民俗』県教委)、東京都下八丈島(『文化財の保護(第六号)特集八丈島民俗資料緊急調査』都教委)、奈良県宇陀郡室生村（『室生の民俗』倉田正邦）などでみられる。

(22) 野本寛一『石の民俗』（昭和五十年、雄山閣）。早川孝太郎「石を拾ふ民俗を対象として」『郷土』（二―一・二・三合併、「石」特輯号　昭和八年六月号）。筆者調査、昭和六十三年

(23)『紀伊　熊野市の民俗』十一、十二、十三　昭和五十五年・五十六年・五十七年、大谷大学民俗学研究会

(24) 註(23)に同じ

(25) 拙稿「境界の石」『日本民俗学』一五六　昭和五十九年（『生と死の民俗史』収録）

(26) 註(25)に同じ

(27) 管見に入っているものだけでも、岡山県川上郡備中町平川字惣田（筆者調査　昭和五十九年、『新成羽川ダム水没地区の民俗』昭和四十一年、岡山県教育委員会）、高知県幡多郡大月町西泊（筆者調査　昭和五十九年、『年刊　民俗採訪　昭和三十九年度』国学院大学民俗学研究会）、和歌山県日高郡南部川村（筆者調査　昭和六十一年、『南部川の民俗』昭和五十六年、東洋大学民俗研究会）、兵庫県宍粟郡奥谷村（錦耕三、平山敏治郎『奥播磨民俗採訪録』昭和二十八年、近畿民俗学会）、滋賀県高島郡マキ

ノ町（『年刊　民俗採訪　昭和四十八年』国学院大学民俗学研究会）、栃木県上都賀郡粟野町（『粕尾の民俗』昭和四十九年、東洋大学民俗研究会）などがある。

(28)『北川村の民俗』Ⅰ、Ⅱ　北川村教育委員会、昭和五十年・五十一年

(29)桜田勝徳「近代化と民俗学」（『日本民俗学講座』五　昭和五十一年、朝倉書店）、北見俊夫「川と民俗文化」（『日本民俗学』一一六　昭和五十三年）

(30)荻原龍夫「祭り雨」（『神道宗教』百号　昭和五十五年）

II 葬儀の歴史

一章　古代天皇の葬送と殯宮《ひんきゅう》

1　殯宮儀礼と遊部《あそびべ》

黄泉《よみ》の国《くに》

古代の日本人の死に対する考え方を知ろうとするとき、やはり、まず最初に思い出されるのは、『古事記』や『日本書紀』に書かれているイザナギ、イザナミの黄泉の国の神話であろう。

島々、国々を産み、やがて火の神カグツチを産むにいたってこの世を去ったイザナミは、出雲国《いずものくに》と伯伎国《ほうきのくに》との境の比婆山に葬られたとも、紀伊国《きいのくに》の熊野の有馬村に葬られたともいう。

イザナギがイザナミのあとを追って行ったのは黄泉の国というところで、そこは死体が腐乱してたくさんの蛆《うじ》がたかっているようなとても汚ない穢《けが》れた世界だった。

やがて、その死の世界の支配者黄泉津大神《よもつおおかみ》へと変身したイザナミは、ようやくの思いでそこから逃げ帰ったイザナギに対して、これからは一日に千人ずつの人間を殺してやる、という。イザナギは、それなら一日に千五百人ずつの子供を産ませてみせよう、といったという。

この神話の中には、いかに愛する女性であっても、いったん死んでしまえば、おそろしい死の世界の住人となり、こんどは生きている者たちを次々と引きずりこもうとするおそろしい死の力をもつものとなってしまう、という考え方がうかがえる。そこには死への極端な恐怖がある。

一方、古代の葬送儀礼を連想させる記事としてよく知られているのは、天孫降臨に先だって葦原中国《あしはらのなかつくに》に遣わされながら、大国主神《おおくにぬしのかみ》の娘、下照姫《したてるひめ》を娶《めと》って留まってしまい、結局、天つ神によって射殺されてしまった天若日子《あめのわかひこ》の記事である。『古事記』によれば、

乃《すなわ》ち其処《そこ》に喪屋《もや》を作りて、河雁《かわがり》を岐佐理持《きさりもち》と為《し》、鷺《さぎ》を掃持《ははきもち》と為《し》、翠鳥《そにどり》を御食人《みけびと》と為《し》、雀《すずめ》を碓女《うすめ》と為《し》、雉《きじ》を哭女《なきめ》と為《し》、如此《かく》行ひ定めて、日八日夜八夜《ひやかよやよ》を遊びき。

とある。

『日本書紀』にも、同様に

喪屋を造りて殯《もがり》す。

とあり、持傾頭者《きさりもち》、持帚者《ははきもち》、舂女《つきめ》、尸者《ものまさ》、哭者《なきめ》、造綿者《わたつくり》、宍人者《ししひと》、などのいろいろな役が記されている。

そして、

八日八夜、啼《おら》び哭《な》き悲《かなし》び歌《しの》ぶ。

とある。

この持傾頭者《きさりもち》というのは、葬送の時に死者の食膳を持って行く役、持帚者《ははきもち》は葬送の後に喪屋を掃く箒を持つ役、舂女《つきめ》や碓女《うすめ》というのは死者に供える米をつく役、尸者《ものまさ》は死者にかわって供え物を食べる役、哭者《なきめ》は泣く役、造綿者《わたつくり》は死者を沐浴させて衣服を着せる役、またその衣服を縫う役、宍人者《ししひと》は死者へ食物を供える役、とそれぞれ考えられている(1)。

これら『記・紀』の記事によると、死者はすぐに埋葬されるのではなく、喪屋《もや》という特別な建物が作られて、そこで八日八夜、哭泣《こくきゅう》、供膳《きょうぜん》、歌舞《かぶ》などの殯《もがり》の儀礼が行なわれたというのである。

一方、三世紀半ばの日本の風俗習慣を記したものに『魏志倭人伝』(2)がある。

それによると、

其の死には、棺《かん》あるも槨《かく》（そとばこ）なく、土を封じて冢《つか》を作る。始め死するや停喪十餘日、時に当りて肉を食わず、喪主哭泣し、他人就《つ》いて歌舞飲食す。已に葬れば、挙家水中に詣《まい》りて澡浴《そうよく》し、以って練沐《れんもく》の如くす。

とある。

ここにも、死後十数日間の哭泣、歌舞、飲食の期間が設けられていることが書かれている。

また、七世紀の日本の状態を伝える『隋書倭国伝』(3)にも

死者は歛《おさ》むるに棺槨《かんかく》を以ってし、親賓《しんぴん》、屍《しかばね》に就いて歌舞し、妻子兄弟は白布を以って服を製す。貴人は三年外に殯《ひん》し、庶人は日を卜《ぼく》して瘞《うず》む。

とある。ここでは、貴人は死後三年もの間、殯をすると記されている。

これらの記事は、いずれも『記・紀』の神話や、中国側の伝聞史料の中のものであって、参考にはなるが、ほんとうにそんなことが行なわれたのかどうか、いまひとつ明らかではない。しかし、死後の一定の期間、殯という儀礼が行なわれており、それが古代日本の葬送においてはとくに重要な役割をはたしていたらしいということは注目してよい。

そこでまず、日本の葬儀の歴史をふり返ってみるにあたって、この殯という儀礼に

ついてみてみることにしよう。

天武天皇の殯

殯の儀礼とはいったい何か。どのようなことをするのか。その点について、まず『日本書紀』の記事を参考にしてみよう。

まず、仲哀《ちゅうあい》、反正《はんぜい》、敏達《びだつ》の各天皇の殯の記事が参考になる。それらによると、

・殯の場所には必ず火がともされる（「仲哀紀」九年二月条）。

・殯宮《もがりのみや》大夫《のだいぶ》その他、諸役の人々が常侍している（「允恭紀」五年七月条）。

・皇后は殯宮にこもるが、一般の人たちは殯庭《もがりのにわ》で誄《しのびごと》をたてまつるだけで、殯宮の中には入れない（「用明紀」元年五月条）。

などのことがわかる。

しかし、やはり天皇の殯の儀礼の実際を最もよく伝えているのは、天武《てんむ》天皇の喪葬記事であろう。いま、それをぬき出してみたのが表5である。

朱鳥元《しゅちょう》（六八六）年九月九日に正宮に崩じたのち、まもなく十一日には南庭に殯宮が建てられ、二十四日にはそこに遺体が安置された。それ以後、翌々持統《じとう》二（六八八）年十一月十一日に大内陵《おおうちのみさぎ》に葬られるまでの二年以上もの間、さまざまな儀礼がと

り行なわれている。

いまその主要なものをとり出してみると、まず発哭《はっこく》、発哀《はっあい》、慟哭《どうこく》などの哭泣《こくきゅう》儀礼が注目される。これは先にみた『記・紀』や『魏志倭人伝』の記事の中にもみられたものであり、一方、令制下でも正式の儀礼として行なわれていたものらしい(4)。

これは、近年まで能登半島や対馬など日本各地の海岸地帯に点々と伝えられていた泣女《なきめ》の習慣(5)と、長い時代のへだたりをこえてその底流でつながっているものであろう。ただ、哭と哀という、哭《な》くと哀しむとの微妙な表現上の差異の意味は明らかでないが、慟哭というのは、皇太子が公卿《くぎょう》ならびに百寮人《もものつかさびと》たちを率いて二度の正月と八月の嘗《なめ》をたてまつったあと、そしていよいよ大内陵への葬送を前にした十一月四日に行なったものであり、より儀礼的に整備された盛大なものであったかとも推定される。

表5　天武天皇の喪葬記事

朱鳥1	持統1	持統2
	1・1皇太子、公卿・百寮人を率いて殯宮に慟哭、誄。衆庶発哀、梵衆発哀、奉膳紀朝臣真人ら奠を奉る。膳部・采女ら発哀、楽官奏楽	1・1皇太子、公卿・百寮人を率いて殯宮に慟哭 2梵衆、殯宮に発哀 8無遮大会を薬師寺に設く 23新羅の金霜林ら三度発哭

9・9正宮に崩ず 11はじめて発哭。殯宮を南庭に起つ 24南庭に殯す。発哀 27僧尼、殯宮に発哭。はじめて奠進。誄 28僧尼、殯宮に哭。誄 29僧尼、発哀。誄 30僧尼、発哀、誄。種々の歌舞を奏す 12・19天皇のために大官大寺はじめ、五寺に無遮大会を設く
5皇太子、公卿・百寮人を率いて殯宮に慟哭。梵衆発哀 3・20花縵を殯宮に進る（これを御蔭という）。誄 5・22皇太子、公卿・百寮人を率いて殯宮に慟哭。誄 8・5殯宮に嘗をする。これを御青飯という 6京の耆老男女、皆、橋の西に臨み慟哭 23三百人の高僧を飛鳥寺に請集し、天武天皇の御服で縫い作った袈裟を施す 9・9国忌の斎を京師の諸寺に設く 10殯宮に設斎 23新羅の金霜林ら大宰府から東に向いて三拝。三発哭 10・22皇太子、公卿・百寮人幷諸国司、国造及百姓男女を率いてはじめて大内陵を築く
2・16詔して、今後国忌の日ごとに斎をすることを命ず 3・21花縵を殯宮に進る。誄 8・10殯宮に嘗をする。慟哭。誄 11（伊勢王に命じて葬儀を宣わしむ） 11・4皇太子、公卿・百寮人・諸蕃の賓客を率いて殯宮に慟哭。奉奠。楯節舞を奏す。誄 5蝦夷一九〇人調賦を負荷して誄 11誄。当麻真人智徳、皇祖等の騰極の次第を誄奉る（これは礼であり古くは日嗣といった） 大内陵に葬る

また、殯といえばやはり歌舞というのが注目される。殯宮がおこされてまもなくの朱鳥元年九月三十日に行なわれており、持統元年正月元日には楽官による奏楽が行なわれ、そして最後の持統二年十一月四日には楯節舞《たてふしのまい》が奉納されている。この歌舞奏楽の類《たぐい》は先にみた『記・紀』や『魏志倭人伝』、『隋書倭国伝』にも見られたように、殯の儀礼の中の主要な部分を占めていたものと思われる。

また、供物としては、花縵《はなかづら》や奠《てん》とか嘗のような食物の類が注目される。花縵は御蔭《みかげ》ともいうと記されており、花の咲く春の三月に供えられている。これは、先の『日本書紀』のイザナミの死に際してのもう一つの記事、

> 土俗、此の神の魂を祭るには、花の時には亦《また》花を以《も》て祭る。又鼓吹幡旗《つづみふえはた》を用《も》て、歌ひ舞ひて祭る。

という、花をもって使者を祭るという方式にも通じ、神話の記事もあながちまったくの虚構というわけでもないということを考えさせる。

また、食物としては、奠と嘗とが記されているが、奠は殯宮《もがりのみや》がおこされてまもなくの朱鳥元年九月二十七日と翌年一月一日、そして最後の大内陵への葬送を前にした持統二年十一月四日にたてまつられており、奉膳の役を紀朝臣真人《きのあそんまひと》らが担当したという記事からすれば、これは生きている天皇に供されるような食膳の類と推定される。

それに対して、嘗というのは御青飯《あおきおもの》ともいうと記されており、持統元年八月五日と翌二年八月十日とちょうど秋の新しい稲の収穫の時期にたてまつられている。つまり、新嘗《にいなめ》の意味であり、新穀を炊いて供したものと思われる。一般に今日でも、新穀はまだ青くて早い段階で刈り取るのが通例で、御青飯とは新穀の意味であろう。

つまり、死んでもなお、殯の期間中の天皇には、通常の新嘗祭のように新嘗のための新穀が供えられているのである。

こうして天武天皇の殯の記事をみてわかることは、殯という死後の一定の期間は、死者をまだ完全な死者とは見なさないということ、通常の食膳や新嘗の御青飯などをささげつづけ、その前で哭泣、歌舞、誄《しのびごと》などの諸儀礼を繰り返し、やがて陵墓への葬送の直前に行なわれる最後の誄である日嗣《ひつぎ》、つまり皇祖等の騰極《とうぎょく》の次第をのべる誄をもってはじめて天皇霊の皇太子への継承とする、つまり殯の完了としているということである。

遊部《あそびべ》と呼ばれた人たち

さて、殯《もがり》の期間中、さかんに歌舞が行なわれたというのであるが、それはなぜか。

もう少し詳しい殯儀礼の実際を知ろうとすると、大宝令や養老令の注釈書として九世紀後半に編集された『令集解《りょうのしゅうげ》』が参考になる。『令集解』の中に引用されている「古記」「令釈」「穴記」という三冊の本の中に、殯の儀礼に従事した氏族として、遊部[6]と呼ばれる人たちの記事があるのである。

まず、天平年間（七二九〜七四九）の成立で、大宝令の注釈書とされている「古記」の伝えるところによればこうである。

遊部は大倭国高市郡にあって生目《いくめ》天皇の苗裔《びょうえい》である。遊部という名を負う所以《ゆえん》は以下の通りである。

生目天皇の庶子である円目王《つぶらめのみこ》が、伊賀の比自支和気《ひじきわけ》の女《めと》を娶って妻としていた。およそ天皇が崩じた時には、比自支和気らが殯所に到ってその事に供奉していたが、その氏の中から二人を取り、名づけて禰義《ねぎ》と余比《よひ》といった。禰義は刀を負い戈《ほこ》を持ち、余比は酒食を持ち刀を負い、二人して内に入って供奉した。ただ禰義らの申す辞はもっぱら人には知らせなかった。

のち長谷天皇が崩じた時、比自支和気を放ってしまっていたことにより、七日七夜御食をたてまつらなかった。これによって天皇(の魂)は荒らびたもうた。そこで、諸国にその氏人を求めた。

ある人がいうには、円目王が比自支和気の女を娶って妻としている、この王に問うのがよいと。そこで召し問うたところ答えていうには、そのとおりだと。次に、その妻を召し問うたところ、答えていうには、我が氏は死絶してしまった、自分一人がいるだけであるとのこと。そこでその殯のことを指示したが、その女がいうには、女が兵器を負って供奉するのはやはり不都合である。それでその夫の円目王に、ということで円目王が妻に代って殯の事に供奉した。これによって天皇（の魂）は和平したもうた。

この時、詔《みことのり》して今日より以後、手足の毛を八束毛《やつかけ》に成して遊べといわれた。これによって遊部君という名がついているのである。但しこの条にいう遊部は野中、古市の人の歌垣の類がこれである。

この遊部の起源譚《たん》は興味深いものであるが、謎の部分も多い。とにかく注目されるところをあげてみよう。

①天皇の殯の場所に供奉するのは、禰義《ねぎ》と余比《よひ》という名の役の者である。それはもともと伊賀の比自支和気《ひじきわけ》の一族の中から選ばれたものであった。禰義は刀を負い戈を持

ち、余比は酒食を捧げ刀を負い殯宮に供奉したが、彼らの唱える言葉は秘密で誰にも知らせなかった。

②長谷《はせ》天皇が崩じた時、比自支和気の一族を放ってしまっていたので殯宮で食膳が七日七夜たてまつられなかった。すると天皇の霊魂は荒らびたもうた。

③そこで比自支和気の娘の夫であり生目天皇の庶子である円目王が殯宮の事に供奉した。そして天皇の霊魂は和《なご》んだ。

④遊部の名の由来は、この時、天皇が詔して手足の毛を八束に成して遊べといわれたことによる。

⑤遊部はもともと大倭国高市郡に居住した氏族で生目天皇の苗裔《びょうえい》である。

⑥ただし、現在、つまり「古記」が著わされた天平年間においては、遊部といえば河内国の野中、古市に居住している歌垣の人たちのことを指すものと考えられていた。

まず、これらにより、天皇の殯宮の儀礼に供奉したのは遊部と呼ばれる人々であったことがわかる。そして、①にまとめたように遊部の氏族の中から禰義《ねぎ》と余比《よひ》と呼ばれる役の者が出て、刀や戈などの武器を帯して酒食を献じ秘密の呪言を唱えたという。

しかし、⑤、⑥にもあるように、遊部はもともと大和国高市郡に居住した氏族であったが、天平年間には、河内国丹比郡野中郷やそれに隣接する古市郡古市郷に居住する歌垣の人々と同類と見なされるようになっていた。

この遊部の本貫の地が大和国高市郡にあったということは、『和名抄』の中に高市郡遊部郷という地名が残っていることからも確かであろう。しかし、それが天平年間には野中、古市の歌垣の類と同類であるといわれているのはどういうわけであろうか。そこで『続日本紀』などを参考にしてみる。すると、たしかに奈良朝においては歌垣と呼ばれる集団的な歌舞がさかんに行なわれていたことがわかる。

たとえば、天平六（七三四）年二月朔条には、聖武《しょうむ》天皇が朱雀門《すざくもん》で男女二百四十余人による歌垣の群舞を観覧したという記事が見られる。難波曲、倭部《しとり》曲、浅茅《あさぢ》原《はら》曲、広瀬曲、八裳《やつも》刺《きし》曲などが演奏され、五品以上の風流ある者たちが歌垣の男女の中にまじわって舞い、都中の男女もこれを縦覧《じゅうらん》して歓をきわめたという。

また、神護《じんご》景雲《けいうん》四年（七七〇）三月二十八日条には、河内国由義宮に行幸した称徳天皇の前で葛井《ふじい》、船《ふな》、津《つ》、文《ふみ》、武生《たけふ》、蔵《くら》の渡来系の六氏の男女二百三十人が歌垣に供奉した記事が見られる。それによると、彼らの服装は、青摺《あおずり》の細布衣《さいふのころも》に紅の長紐を垂れた色鮮やかなもので、男女が列をつくって歌い舞いながら行進したという。歌は、

乙女らに　男立ち添い踏みならす　西の都は万世《よろずよ》の宮

という言寿《ことほ》ぎの歌二首とその他四首であったが、その他の四首はいずれも古詩で、歌の曲折ごとに袂《たもと》を挙げては節をとって舞ったという。

ここで注意されるのは、河内国の由義宮での歌垣に供奉した葛井《ふじい》以下帰化系の六氏族である。現在も大阪府下のその地域に藤井寺の地名があるように、この葛井《ふじい》以下六氏族の居住したのは河内国の古市郷を中心とする一帯であり、(7)それこそ、先に「古記」が、野中、古市の歌垣の類、と記した地域なのである。

つまり、「古記」のいう野中、古市の歌垣の集団というのは実在したことになる。そして葛井以下の六氏族と密接な関係のもとに、この野中、古市の一帯には当時遊部の一団が居住するようになっていたらしい。彼ら葛井以下の六氏も遊部の人たちも、いずれもしばしば歌垣に供奉するような、歌舞に巧みな人々から成っていたと考えてよさそうである。

つまり、遊部という氏族は、古くには大和国高市郡遊部郷を本貫地としてそこに居住し、歴代の天皇の殯宮儀礼に供奉することをその職掌《しょくしょう》としていたが、令制施行後の天平期のころになると、河内国の野中郷や古市郷の一帯にその一部は居住し、歌舞に巧みな歌垣の集団を形成していた、と考えられるのである。遊部は歌舞に巧みな集団として知られるようになっていたのである。

そうしてみると、遊部というちょっと変わった名前の由来もわかるような気がする。先にみた、

日八日夜八夜を遊びき（『記』）

八日八夜啼び哭き悲び歌ふ　（『紀』）

の表現の対比からも推定されるように、遊ぶとは啼哭悲歌することであり、歌舞を専門とするという意味でもあると考えてよかろう。

ではなぜ、殯に歌舞が必要なのであろうか。

そこで次に、「令釈」の記事に注目してみよう。「令釈」は延暦年間（七八二〜八〇六）の成立とされており、[8]その遊部についての解説によれば、

遊部　隔幽顕境　鎮凶癘魂之氏也　終身勿事　故云遊部

とある。遊部は幽顕の境を隔て、つまり喪葬の事に関与し、凶癘魂《きょうれいこん》、つまり死んでまもない恐るべき死者の荒魂《あらみたま》、死霊の力を鎮める働きをする氏族だと説明している。

これに対し、平安時代初期の弘仁、天長年間（八一〇〜八三四）の成立とされる[9]「穴記」によると、

又其人　好為鎮凶癘　故終身无事　免課役任意遊行　故云遊部

と述べている。つまり、死霊だけでなく悪病や疫癘《えきれい》などを鎮める遊行遍歴の民である

と説明している。

これら「古記」、「令釈」、「穴記」の間の解説の相違は、単に注釈者の立場の相違として並立的にとらえるべきではなく、それぞれの注釈が行なわれた時代の遊部の実態を反映しているものと考えられる。

たとえば、「穴記」が遊部のことを遊行遍歴する民間宗教者の一群のように説明しているのにはそれなりの理由があり、実際に弘仁、天長期のころの遊部はこのような人々となっていたものと思われる。

そこで肝心なのは、時代が変わっても彼らが死霊、疫癘の類を鎮める能力をもつものと考えられていたという点であろう。

彼らの歌舞は、そのような呪術的な威力をもつものと考えられていたのである。

遊部の歌舞は、荒魂、死霊を鎮める力をもつ鎮魂の歌舞だったのである。

殯《もがり》の儀礼は、死者をまだ死んだ者とはみなさない、まだ生きている者のように扱うことだと先に指摘した。しかし、生きている者のように思いながらも、凶癘魂つまり荒魂、死霊の威力への強い恐怖心も存在したのであり、その不安定な期間こそ、鎮魂の歌舞を必要とする期間でもあったのである。

なお、先の「古記」に、長谷天皇が、御食をたてまつらなかったので荒びたもうた、とか、円目王が妻に代って殯のことに供奉したら和平したもうた、という記事が見られるが、このことと、現代の民俗の中の神遊び(10)の類例、たとえば「オシラサマあそばせ」(11)などという語の用例などからみて、殯儀礼の歌舞の中には死者の霊魂を憑依《ひょうい》させて慰め遊ばせるというような意味もあったものと推定される。

2　薄葬《はくそう》思想と仏教の関与

旧俗の廃絶

八世紀から九世紀にかけては、天皇や貴族たちの葬送・墓制の歴史の上で大きな変化が見られた時期であった。律令制の導入と薄葬思想の影響により、古くからの習俗や儀礼の多くが廃され、それに替わってまたいろいろな新しい儀礼が導入された。

次の表6は、持統天皇から村上天皇までの葬送記事をたどってみたものであるが、ここでいくつかの変化を指摘することができる。

表6　歴代天皇の葬送記事

持統天皇		
大宝2	12・22	崩。遺詔して素服挙哀を禁。喪葬は倹約に
	12・23	作殯宮司・造大殿垣司を任ず
	12・25	四大寺に設斎
	12・29	西殿に殯す
大宝3	1・1	親王以下百官人ら殯宮を拝す
	1・5	大安以下四寺に設斎
	2・17	七々日、四大寺他四天王寺など三十三ケ寺に設斎
	4・2	御在所に百日の斎を設く
	10・9	御葬司を任ず。御装長官・御竈長官
	12・17	誄、謚、飛鳥岡に火葬
	12・26	大内陵に合葬
文武天皇		
慶雲4	6・15	崩。遺詔して挙哀三日、凶服一月
	6・16	小野毛野らをして殯宮の事に供奉せしむ（初七より七々まで四大寺に設斎）
	10・3	造御竈司、造山陵司・御装司を任ず

	11・12	誄、謚、飛鳥岡に火葬
	11・20	檜隈安古山陵に葬
元明天皇		
養老5	10・13	詔、薄葬、火葬
	10・16	かさねて詔、薄葬、喪処に常葉之樹と刻字之碑
	12・7	平城宮中安殿に崩
	12・8	御装束の事、営陵の事を任ず
	12・13	大倭国添上郡椎山陵に葬
元正天皇		
天平20	4・21	寝殿に崩
	4・22	御装束司、山作司、養役夫司を任ず。諸国、挙哀三日
	4・27	初七で飛鳥寺にて誦経（これより七日ごとに京下の寺にて誦経）
	4・28	天下素服、佐保山陵に火葬
	5・8	諸国に命じ、七日ごとに国司、僧尼、寺にて敬礼読経
	12・18	遣使して佐保山陵を鎮祭。僧尼各一千を度す
天平勝宝2	10・18	太上天皇を奈保山陵に改葬、天下素服挙哀
聖武天皇		

年	月日	事項
天平勝宝8	5・2	寝殿に崩
	5・3	御装束司、山作司、造方相司、養役夫司任ず
	5・6	文武百官素服、内院南門の外に朝夕挙哀
	5・8	初七、七大寺に誦経（これより七日ごとに誦経、設斎）
	5・19	佐保山陵に葬。葬儀は仏に奉ずるが如し、出家のゆえ謚なし
	5・22	三七日、左右京の諸寺に誦経。坂上犬養、鴨虫麿、陵に奉ぜんことを乞い勅許
	5・23	看病禅師法栄、山陵に侍し、大乗を転読して冥路を資け奉らんと誓う
	6・9	太上天皇の供御米塩の類は鑑真・法栄二人に宛てて永く供養せしむ
	6・21	七七日、興福寺に設斎
称徳天皇		
神護景雲4	8・4	西宮寝殿に崩。御装束司、作山陵司、作路司、養役地司を任ず
	8・6	天下挙哀、服は一年
	8・8	天下凶服により釈奠を停む、初七、東西大寺にて誦経（これより七日ごとに誦経・設斎）
	8・17	大和国添下郡佐貴郷高野山陵に葬、御前次第司・御後次第司を任ず
		道鏡陵下に留盧す
	9・22	七七日、山階寺に設斎。諸国、僧尼、行道転経せしむ
光仁天皇		

天応1	12・23	崩。詔して著服六月、挙哀三日。御装束司、山作司、養役夫司、作方相司、作路司を任ず
	12・29	初七、七大寺に誦経（これより七日ごと京師の諸寺に誦経。諸国国分尼寺の僧尼も設斎。追福）
延暦1	1・6	誄、謚
	1・7	広岡山陵に葬
	1・30	大祓、百官素服を釈がず
	7・29	神祇官・陰陽寮の奏により詔して諸国に祓ののち釈服を指示
	8・1	百官釈服。陰陽頭以下十三人を大和国に遣して光仁天皇改葬のための山陵の地をみさせる
5	10・28	太上天皇を大和国田原陵に改葬
桓武天皇		
延暦25	3・17	正寝に崩
	3・18	御装束司、山作司、養役夫司、作方相司、作路司を任ず
	3・19	山城国葛野郡宇太野を山陵地とする。百官素服
	3・23	初七斎を京下の諸寺に。山陵予定地が賀茂社に近く、そのためか災異頻来
	4・1	誄、謚
	4・7	山城国紀伊郡柏原山陵に葬

		4・8	三七斎を山陵に
		4・13	藤原緒嗣以下を先帝奉侍、山陵監護をもって叙位
		4・15	四七斎を崇福寺に
		4・22	五七斎を大安・秋篠などの寺に
		4・29	六七斎を崇福寺に
		5・6	七七御斎を寝殿に
		5・7	大極殿幷東宮において大般若経を奉読、勅して諸国大秡使の到るをまち祓清め
			釈服
		10・11	桓武天皇を柏原陵に改葬。挙哀、素服
平城天皇	天長1	7・7	崩
		7・8	御装束司任ず
		7・9	誄
		7・12	楊梅陵に葬
淳和天皇	承和7	5・6	薄葬、散骨の遺詔
		5・8	淳和院に崩。装束司、山作司、養役夫司、作路司、御前次第司長官、御後次第司長官を任ず。建礼門南庭にて放生

		国郡官司に九日より素服、挙哀三日、毎日三度と指示
	5・9	誄、謚
		天皇素服、公卿百官人、会昌門前庭で挙哀三日毎日三度
	5・13	夕方から山城国乙訓郡物集村に葬。御骨は砕粉、大原野西山嶺上に散骨
	5・14	初七。京辺七ヶ寺にて誦経
	5・21	二七。左右京に振給
嵯峨天皇		
承和9	7・15	嵯峨院に崩。薄葬すべきの旨遺詔、放生。挙哀素服停止
	7・16	山水幽僻地を択んで山陵と定め、即日御葬畢
仁明天皇		
嘉祥3	3・21	清涼殿に崩
	22	御葬司を任ず。装束司、山作司、養役夫司、作路司、前次第司長官、後次第司長官
	3・25	薄葬の遺制により山城国紀伊郡深草山陵に葬。方相など停む
	3・27	初七日。近陵七ヶ寺に遣使して功徳を修す（これより七日ごとに御斎会）
	4・2	公卿僉議で七々日御斎会司を定む。御斎会行事、造仏司、荘厳堂司、供僧司
	4・4	凶服を除くため、大中臣氏を諸国に遣し大祓を修す

	4・18	深草陵の窣堵婆に蔵する所の陀羅尼が自ずから発して地に落つ。参議伴善男を遣わして安置
	5・9	七々日御斎会を清涼殿を荘厳し、金光明経、地蔵経各一部、それに新造地蔵菩薩像を安置し百僧を屈請して修す
文徳天皇		
天安2	8・27	冷泉院の新成殿に崩ず。装束司、山作司、養役夫司、作路司、前次第司長官、後次第司長官を任ず
	9・2	大納言安倍朝臣安仁ら、陰陽権助兼陰陽博士滋岳朝臣川人、陰陽助兼権博士笠朝臣名高らを率いて山城国葛野郡田邑郷真原岡を山陵地と点定す
	9・3	七日に盈つ、近陵の諸寺に遣使して功徳を修す（以後七日ごとに京辺の諸寺に転念功徳を修す）
	9・4	諸国素服、挙哀、挙哀之礼毎日三度、三日。公卿以下喪服十三日間
	9・6	夜、田邑の真原山陵に葬。殯葬礼、送終之礼倹約に。仁明天皇の故事にならうも、この度は方相氏あり
	9・7	近陵の山寺に十僧を安置。四十僧を広陵寺に。沙弥二十人を陵辺に安置、昼夜結番
	9・14	大中臣氏人を遣わし修祓、釈服
	9・16	今上公除、百官吉服、朱雀門前に大祓

	10・16	七々日御斎会
	10・17	陵辺に三昧を修する沙弥二十口を雙丘寺に住さしむ
	10・23	陰陽助兼陰陽権博士笠朝臣名高を遣わして真原山陵に鎮謝
清和天皇		
元慶4	12・4	申二刻、円覚寺にて崩（入道）。西方に向かい、結跏趺座して手に定印を結んで崩。念珠を手にかけたまま、棺に。遺詔、中野に火葬、山陵に起てず。不挙哀素服。縁葬之諸司に任せず、喪事は惣じて省約に従うこと
	12・7	夜、山城国愛宕郡上粟田山に葬。御骸は水尾山上に置く
	12・10	初七。七ヶ寺に遣使して転念功徳を修す
	12・11	円覚寺に僧五十口を延べて、今日より昼は法華経、夜は光明真言を誦す。四十九日をもって薫修の終となす
元慶5	1・22	七々、円覚寺に設斎
光孝天皇		
仁和3	8・26	仁寿殿に崩。御葬司を任ず
	8・29	諸国に挙哀三日、喪服の期など指示
	9・2	紫宸殿の前にて挙哀、公卿以下東宮にて挙哀。東宮は倚廬に御して素服。内膳司ら光孝天皇への御膳を誤って東宮へ供す。この日、光孝天皇を小松山陵

		へ葬
仁和4	9・3	初七日。近陵七ヶ寺へ遣使して諷誦を修す（以後七日ごとに誦経）
	9・15	縗麻を釈ぎ、凶服を除くため諸国へ遣使して大祓を修す
	10・14	七日御斎会を西寺に修す
	10・27	新陵が昼夜雷鳴十余日を経る
	8・17	新造西山御願寺において周忌御斎会
	8・29	朱雀門にて大祓。明日吉に就く
	9・1	昨日、はじめて素服を脱ぐ
醍醐天皇		
延長8	9・29	崩
	10・10	山城国宇治郡山科陵に葬
	10・11	御輿、山陵に到る。百官素服
	11・15	中宮、中陰斎会を修せらる
承平1	9・16	国忌斎会、また中宮、天台山西塔院に法会を修す
	9・24	醍醐寺にて周忌斎会
	9・30	朱雀門前にて大祓
宇多天皇		
承平1	7・19	戌時、仁和寺南御室に崩（入道）

	7・20	遺詔。葬司のこと以下惣じて停止の由
	7・25	素服、挙哀を止め、天皇、錫紵を服すこと三日
	9・5	夜大内山山陵へ改葬
	9・8	東大寺にて七々の御斎会を修す
	12・17	建礼門に大祓、心喪満限、諸司吉服
承平2	7・19	男女親王、御周忌斎会を修す
村上天皇		
康保4	5・25	巳刻、清涼殿に崩
	5・27	諸国に仰す。素服挙哀は止め、心喪はあるべし。亥時御入棺
	6・4	村上山陵に葬
	8・14	清涼殿に四十九日御斎会を修す、旧臣冷泉院に参って捧物
康保5	5・20	雲林院にて周忌御斎会。七僧他二十僧、加請
	5・25	天台大日院にて周忌、諷誦

まず、殯宮《もがりのみや》のことが文武までで終わり、これ以後みられなくなる。誄《しのびごと》も淳和《じゅんな》まで、挙哀《こあい》も光孝までとなっている。

一方、新しい変化は、火葬の採用である。持統天皇は天皇として最初に火葬になった人物であるが、火葬はこれ以後しばしば採用されるようになる。

日本における火葬のはじめは、『続日本紀《しょくにほんぎ》』によれば、文武四（七〇〇）年の僧道昭の火葬が最初とされ、そこではことさらに、

弟子ら、遺教を奉じて粟原に火葬す。天下の火葬これより始まれり

と記している。しかし、『続日本紀』のこうした表記は、この三年後の持統天皇の火葬を多分に意識したもののように思える。実際には、これより早く渡来系の須恵器《すえき》製作集団と思われる人々の間ではすでに火葬が行なわれていたことが、大阪府堺市陶器千塚中のカマド塚をはじめ六世紀後半から七世紀初頭のものと推定されるかなりの数の火葬墳墓の発掘によって知られている⑫。そして、一般的にも七〇〇年前後のころにはある程度火葬が普及していたことは、『万葉集』の柿本人麻呂の歌など⑬によってわかる。

また、新たにみられるようになったのが、聖武のときからの方相《ほうそう》氏、称徳からの作《さく》路司《ろし》である。そして、近臣らによる陵辺監護の風習、つまり御陵のそばにつきしたがう風習も聖武以後さかんとなっている。

方相というのは、葬列を先導し、悪鬼や邪霊の類をはらう役目をするものである。これは平安中期以降はまったく廃されてしまい、むしろ大晦《おおみそか》日の追儺《ついな》式《しき》で登場して、悪鬼を追い払う役として後世よく知られたものである。これはもともと唐の喪制の輸

入によるもので、唐制では葬列の轜車《じゅしゃ》に乗せた人形であるのに対し、日本では轜車を先導する人間の役となっている点が特徴的である(14)。その服装は、熊皮を頭からかぶり黄金の四ツ目をつけ、玄衣朱裳《げんいしゅしょう》のいでたちで、戈と楯《たて》を手にしており、これが葬列の轜車を先導して悪鬼、邪霊の類をはらう役を務めたのである。

作路司というのは、葬列の進む路次の造作と整備にあたったものである。

これらの新しい所役の登場は、いずれも殯宮儀礼の廃止ということと関係ありそうである。

死後の一定期間、生死の両界を分かたずに遺体のそばに近親者や特定の所役の者が付き添って一連の殯の儀礼を行なっていたのが、その殯が廃止され、天皇の遺体は死後数日もしくは十数日の間に葬られてしまうこととなった。そこで、いわばまだ新鮮なままでの死体の移動、つまり葬列が極度の緊張下におかれていったらしい。方相氏や作路司はその葬列の緊張をよく表す所役といってよかろう。また、陵辺への監護、留盧《るろ》も、たとえば、聖武天皇の看病禅師を務めた法栄が、

永く人間《じんかん》を絶ち、山陵に侍し、大乗を転読して冥路を資《たす》け奉らむ(15)

と述べているように、旧来の殯の延長線上にあるものといってよかろう。

しかし、これらのうち、方相と陵辺監護の風習はまもなくみられなくなる。方相氏

は文徳まで、近臣らによる陵辺監護は桓武までで、仁明以後は七日ごとに近陵の諸寺に遣使してそこで功徳を修するという方式がとられるようになってくる。

こうした大きな変化の背景にあったのは、薄葬思想の普及であり、また仏教の関与という動きであった。

薄葬思想

薄葬思想というのは、中国の儒教的な徳治主義の思想に基づくもので、葬送に多大な財や労力を費やすことによって一般民衆に過重な負担をかけることを避けようとする考え方である。

その日本への影響の早い例としてよく知られているのは、大化二（六四六）年三月に発令されたいわゆる大化の薄葬令である。そこでは『魏書』の「文帝紀」「武帝紀」の記事を引用して、葬送造墓に財を尽くすことは、

諸《もろもろ》の愚俗《おろかびと》のする所なり

といい、

このごろ我が民の貧しく絶《とも》しきことは専墓《たくめ》を営《つく》るに由《よ》れり

と述べている。[16] そして、殯や殉死、殉葬、それに副葬、誄《しのびごと》など種々の旧俗の禁止を

指示している。

この薄葬思想の日本での高揚の時期は大きく分けて三期あるように思われる。

その第一はこの大化の薄葬令のころである。この時期の特徴は、やはり一般庶民への負担を軽減しようとする中国風の徳治主義的な思想に基づく開明化政策の一つであるという点と、政治的にみれば天皇権威の確立および諸豪族の身分的整序のための葬送・墓制を通じての国家的統制策であったという点である。(17)

第二は律令制の確立期でもある持統、元明のころである。持統天皇は天皇として最初に火葬に付された人物であるが、その死に臨んで、自分のために素服や挙哀の儀は行なうな、政務は常のごとくにして喪送のことはつとめて倹約に従え、と遺詔《いしょう》している。(18)

元明《げんめい》天皇はさらに徹底して、生あるものはすべて死あらざるものはない、これは天地の理《ことわり》であり悲しむべきことでもない、葬儀を厚くして人々の負担を重くすることを自分は望まぬ、死後は山に簡単なかまどを作って火葬にしてほしい。そしてそこをそのまま喪処として常葉《とこは》の樹をうえ刻字の碑を建ててくれればそれでよい、といって、その遺詔どおりに葬られた。(19)これらの遺詔をみると、この時期の特徴は徳治、倹約のこともあるが、同時に仏教的な無常観、諦観にも似た思想が色濃くうかがえるという点であろう。

第三は、平安京も安定期に入った嵯峨、淳和《じゅんな》のころである。淳和天皇は、葬送や追福のことを倹約にするようにとこまごま指示し、恒例となっている荷前使《のさきのつかい》による毎年十二月の山陵への奉幣《ほうへい》も停止するように命じている。そして、

予聞く、人没して精魂天に皈《かえ》る。而《しか》るに空冢墓《からちょうぼ》に存す。鬼物憑《つ》きて終《つい》に乃《すなわ》ち祟《たたり》をなし長く後累《こうるい》を貽《たい》すと。今宜《いまよろ》しく骨を砕《くだ》き粉と為し之《これ》を山中に散らせ

というたいへん衝撃的な遺詔を発した。(20)

つまり、火葬したら遺骨は砕いて山の中に撒き散らせというのである。そして、ついに承和《じょうわ》七(八四〇)年五月十三日、山城国乙訓郡物集村で火葬に付された遺骨は遺詔のとおりに粉砕され、大原野の西山の嶺に散骨されたのである。

また嵯峨天皇の遺詔もまた徹底したものであった。承和九(八四二)年七月十五日の崩御に先立って、詳細にわたってその趣旨や具体的方法を指示している。(21)そこには、

夫《そ》れ存亡は天地の定数、物化の自然なり

というような仏教的な諦観や

今生に堯舜《ぎょうしゅん》の徳あること能《あた》わず、死して何ぞ国家の費を用いること重からん。(中略)財を豊かにして葬を厚くするは古賢の諱《い》む所なり。漢魏の二文、是れ吾が師な

り。

というような儒教的な徳治主義の思想がよくうかがえる。そして、

卜筮《ぼくぜい》を信じることなかれ。俗事に拘《かかわ》ることなかれ。諡《おくりな》、誄《しのびごと》、飯含《はんがん》、呪願《じゆがん》、忌《き》、魂《たま》帰日《がえりのひ》等の事を謂う。（中略）又、釈家《しやつけ》の論、絶棄すべからず。

と旧俗の廃絶を述べている。

この嵯峨天皇の遺詔が画期的なものであったことは、それ以後の仁明、文徳、清和と薄葬が定着し、誄や挙哀の儀礼などの旧俗が実際に行なわれなくなってくることからもわかる。

この淳和、嵯峨の両天皇の薄葬の遺詔の段階で特徴的なのは、人が死んでのち祟りを為すというような怨霊思想の高揚がみられる点と、旧俗の廃絶のことをすすめながらもその一方で、「釈家の論、絶棄すべからず」と述べて、仏教的な葬送や追福の儀礼が拒否されていないという点である。

怨霊思想

死者の霊、とくに悲憤のうちに怨恨を含んで死んで行った者の霊が祟りをあらわすというような考え方がとくにさかんとなるのは、奈良朝末期の政治抗争の渦中におい

てである。

死者の慰霊の例としては、早くには恵美押勝《えみのおしかつ》の乱の戦死者の慰霊鎮撫のために造立された百万塔陀羅尼《だらに》の例もある。その後、宝亀《ほうき》三（七七二）年八月二十一日には、やはり恵美押勝の乱で憤死した淳仁廃帝《じゅんにんはいてい》が、淡路において改葬され、六十人の衆僧を屈《くっ》請《じょう》して、設斎行道《せっさいぎょうどう》が行なわれるとともに、年少の浄行者二人をして常に墓の側に廬《いお》して功徳を修せしめることとされている(22)。

しかし、何といっても、非業の死をとげた人物の霊が祟りを為すとして、その鎮撫のことがさかんに行なわれたのは、血塗られた桓武天皇の即位をめぐってであった。

宝亀三（七七二）年三月に皇后の地位を廃され、同四年十月に、やはり前年五月に皇太子の地位を廃されていた他戸皇子《おさべのみこ》とともに、大和国宇智郡のとある邸宅に幽閉され、翌六年四月に母子ともども憤死させられた井上内親王の墓が、宝亀八（七七七）年十二月に改葬されて、皇后の墓らしく正式に御墓《ごぼ》と称されるとともに、守冢《しゅちょう》の戸一烟つまり墓守りのための一戸が置かれることとされたが、それは、井上内親王の夫であった光仁天皇と、新しい皇太子山部親王つまりのちの桓武天皇とが、ともに激しい病気に悩まされ、それが井上内親王の祟りによるものと考えられたためであった(23)。

また、その後、長岡京の造宮長官であった藤原種継《ふじわらのたねつぐ》の暗殺事件に関係して、延暦四

(七八五)年九月に皇太子の地位を廃され淡路国への配流の途中に憤死した早良《さわら》親王の霊が、延暦十一(七九二)年六月には新しい皇太子安殿《あて》親王の病気をひきおこしたと卜占《ぼくせん》に出た。(24)そして、その翌年には平安京への遷都が決定されるとともに、その後、延暦十八(七九九)年二月には伝灯大法師位《でんとうだいほうしい》泰信《たいしん》らが淡路国に派遣されて、幣帛《へいはく》が奉られ、親王の霊への鎮謝が行なわれるなど、しばしばその慰霊のことが行なわれた。(25)そしてついに、延暦十九(八〇〇)年七月には早良親王に崇道《すどう》天皇の追号をおくることとし、(26)延暦二十四(八〇五)年、桓武天皇が病気になると、その崇道天皇のために淡路国に寺を建て、さらに小倉を建てて、正税四十束を納めて国忌、奉幣の例に加えて怨霊に謝することとしている。(27)

こうした怨霊思想の高揚は、それ以前の、たとえば蘇我馬子《そがのうまこ》に暗殺された崇峻《すしゅん》天皇や、蘇我入鹿《いるか》に攻められて死亡した山背大兄王《やましろのおおえのおう》などの場合には、同じく非業の死者ではあっても、とくに強調されることはなく、とくにこの奈良朝末期の政治抗争の中でおこってきた現象であり、そこには卜占のことを専業とする陰陽師《おんみょうじ》たちのさかんな活動もあったことが考えられる。

このような怨霊思想は、その後もますます平安時代の貴族社会において強調され、のち貞観《じょうがん》五(八六三)年五月には、その他多くの非業の死をとげた人物たちの霊魂の鎮撫のための御霊会《ごりょうえ》が神泉苑で修されることとなり、その後、この御霊会は恒例化していくこととなったのである。

仏教の関与

薄葬思想の徹底によって、誄や挙哀、またさまざまな咒願《しゅがん》の類などの旧俗が廃されていく一方、怨霊思想の高揚によって死者の霊魂への不安感もつのるという複雑な状況の中で、さかんに喪葬のことに関与し、その活躍の場をもったのは、卜占のことをもっぱらとする陰陽師たちと、祈禱《きとう》をこととする仏僧たちとであった。

それは、表6（186～195頁）など、歴代の天皇の喪葬記事の中での彼らの活動ぶりをみてみればよくわかる。

しかし、死者の慰霊と鎮魂のための呪術的な機能が期待された上での、陰陽師による山陵地の占定や鎮謝、また仏僧による陵辺および近陵の諸寺での転経念仏や斎会《さいえ》などであったわけであるが、やはり人の生と死ということについて、因果応報《いんがおうほう》、六道輪廻《ろくどうりんね》を説き、地獄や極楽など一定の展望をもつという点において、仏教は陰陽道《おんみょうどう》との差が決定的であったように思われる。

日本の葬送儀礼に対して、こののち最も大きな影響を与えてくることになる仏教であるが、その仏教による葬送儀礼への関与の過程をあとづけておくことにしよう。

先に見たように、天武天皇の喪葬記事において、すでに僧尼の発哀、発哭、さらには殯宮での設斎がみられ、大官大寺をはじめ五ケ寺《ご じ》で無遮大会《む しやだいえ》が設けられ、また国忌が営まれるなど、仏教の関与がみられる。しかし、この時点ではまだ部分的な関与といってよい。

これより早くにも、聖徳太子(28)や僧旻《みん》(29)、間人皇女《はしひとのひめのみこ》(30)、藤原鎌足《ふじわらのかまたり》(31)らの葬送に仏教の部分的関与の記事が見られる。

ここではとくに持統天皇以後について注目してみよう。

表6に見られるように、持統天皇の時から寺院での設斎がくりかえされ、はじめて七々日の斎が設けられている。文武《もんむ》天皇の時には、初七日より七々日まで四大寺に設斎が行なわれ、これ以後この七日、七々の設斎は定着したものといえる。元正《げんしよう》天皇では読経、写経、悔過《け か》が行なわれ、この時から殺生禁断の発令がなされるようになる。

聖武天皇はすでに出家しており葬儀は仏に奉ずるが如くであったというが、方相氏が登場するなど、まだこの時点では仏教的な儀礼が優越していたわけではなかった。

桓武天皇の時点で注目されるのは、設斎が従来のように諸寺だけでなく、はじめて三七日《さんしちにち》の斎が山陵で、七々日の斎が寝殿で行なわれたという点である。そして、大極殿で大般若経転読が行なわれるなど、仏教的な儀礼が寺院においてだけでなく直接山陵や内裏においても行なわれるようになった。

そして、淳和、嵯峨両天皇の徹底した薄葬化の中でも、放生《ほうじょう》や七日七日の設斎は行なわれており、先にもみたように嵯峨天皇は旧俗の廃止をいいながら「釈家の論、絶棄すべからず」と述べて、仏教儀礼についてはむしろそれを推奨しているほどである。

仁明《にんみょう》天皇では一段と仏教の関与が強まる。七日七日の斎が京下の諸寺だけでなく山陵近くの七ヶ寺で行なわれるようになり、公卿僉議《くぎょうせんぎ》によって公式に七々日の斎の御斎会司などが定められている。そして深草の山陵には陀羅尼をおさめた窣堵婆《そとうば》が建てられている。この仁明天皇の七々日の御斎会は非常に盛大で、清涼殿を荘厳し、新造の地蔵菩薩を安置するなどして行なわれた。

文徳《もんとく》天皇の七日七日の転念功徳は京辺の諸寺で行なわれたが、これとは別に、四十九日まで、近陵の諸寺では転経《てんぎょう》念仏が、山陵の近辺では沙弥《しゃみ》二十人による大仏頂三昧《だいぶっちょうざんまい》が行なわれている。

清和《せいわ》天皇になると、さらにいっそう仏教化が進む。元慶《がんぎょう》四（八八〇）年十二月四日、円覚寺に崩じたときにはすでに出家入道の身で、その臨終に際しては、近侍の僧たちに金剛輪陀羅尼を誦《しょう》さしめながら、西方に向かって結跏趺座《けっかふざ》し、手に定印を結び念珠を懸けて不動のままであったという。遺詔によって火葬に付したが、山陵は起《た》てず、縁葬の諸司に任せることなく喪事はすべて省約に従うこととされた。十二月七日夜、酉《とり》四刻つまり夜七時ごろに山城国愛宕郡上粟田山に火葬され、御骸《おんむくろ》は水尾山上に置かれた。十二月十一日には円覚寺において、僧侶のべ五十人をもってこの日より昼は法華経、夜は光明真言を誦することとし、四十九日をもって薫修《くんじゅ》の終《しゅう》とすることと定められた。

　こののち、光孝天皇のときには七々日《しちしちにち》の御斎会が中務省で行なわれ、一周忌の御斎会は新造の西山御願寺でとり行なわれた。

　そして以後、醍醐《だいご》、宇多《うだ》、村上と、仏教式の喪葬が定着してくることとなる。

　古代律令国家にとっての大きな転換期であった十世紀前半というのは、葬送儀礼の歴史の上でも大きな変化がみられた時期であった。

　承平《じょうへい》、天慶《てんぎょう》のころに出て、念仏を唱えて諸国を巡り、阿弥陀聖《あみだひじり》とも市聖《いちのひじり》とも呼ばれた空也《くうや》は、その伝「空也誄」にも、

　曠野古原　有委骸堆之一処　灌油而焼留阿弥陀仏名焉

と記すように、念仏による葬送を民間においてもすすめていったらしい。寛和《かんわ》元（九八五）年には恵心僧都《えしんそうず》源信《げんしん》が『往生要集』を著わし、その翌年には比叡山の横川《よかわ》に二

十五三昧会という念仏の結社も結成される。慶滋保胤《よししげのやすたね》が『日本往生極楽記』を著わし、貴族たちの間で念仏による極楽往生を願う浄土教思想の高揚がみられたのもちょうどこのころであった。

薄葬思想の徹底による旧俗の廃絶への動きがすすめられた一方で、怨霊思想の高揚による不安の増大もみられたそれまでの一種の混乱状態に対して、これ以後の浄土教思想の発展は葬送儀礼にとってまったく新しい展開を導くこととなる。それは、従来のような呪術的な慰霊や鎮魂を中心とした葬祭儀礼から、念仏による葬送と追善供養へという大きな変化であった。

註

（1）『日本書紀』（日本古典文学大系）昭和四十二年の頭註
（2）『魏志倭人伝』（岩波文庫版）昭和二十六年
（3）『隋書倭国伝』（岩波文庫版）昭和二十六年
（4）『貞観儀式』巻十、の挙哀儀の条に、「挙哀三段、段別三声」とある。
（5）『民俗学辞典』昭和二十六年　東京堂出版。『日本民俗辞典』昭和四十七年、弘文

堂
（6）遊部については、新井喜久夫「遊部考」（『続日本紀研究』九の九）、五来重「遊部考」（『仏教文学研究』一）、新谷尚紀「殯儀礼と遊部・土師氏についての覚書」（『民俗と歴史』十二）（『生と死の民俗史』木耳社　に収録）などがある。
（7）関晃『帰化人』（日本歴史新書）（昭和三十一年、至文堂）、佐伯有清『新撰姓氏録の研究』考証篇（吉川弘文館）。なお、この野中郷、古市郷の一帯は、やはり古代の喪葬を管掌した土師氏の本拠の一つでもあり（直木孝次郎「土師氏の研究」『日本古代の氏族と天皇』に収録）、遊部との関係が注目されるのであるが、その点については、註（6）の新井の論文と新谷の論文を参照されたい。
（8）井上光貞「日本律令の成立とその注釈書」（『律令（日本思想大系）』昭和五十二年、岩波書店）
（9）註（8）に同じ
（10）折口信夫「和歌の発生と諸芸術との関係」（『折口信夫全集』十七巻、中央公論社）
（11）三崎一夫『陸前のオシラサマ』昭和四十七年、萬葉堂書店
（12）森浩一「大阪府泉北郡陶器千塚」（『日本考古学年報九』昭和三十六年）、同「古

墳文化の地域的特色 畿内およびその周辺」(『日本の考古学Ⅳ 古墳時代 上』昭和四十一年)。森浩一「大阪府和泉市聖神社カマド塚」(『日本考古学年報十二』昭和三十九年)、水野正好・田代克己・岡村穰「近畿地方における特異な後期古墳の調査」(『日本考古学協会大会研究発表要旨』昭和三十八年)、田代克己「大阪府茨木市上寺山古墳」(『日本考古学年報十四』昭和四十一年)。川村明雄「小野市中番東野群集墳調査報告」(『兵庫県歴史学会会誌七』昭和三十六年)

(13) 『万葉集』巻三
土形娘子《ひぢかたのをとめ》を泊瀬山《はつせやま》に火葬《やきはふ》りし時に、柿本朝臣人麻呂が作る歌一首
隠口《こもりく》の泊瀬山の山の際《ま》にいさよふ雲は妹にかもあらむ
溺れ死にし出雲娘子《いずものをとめ》を吉野に火葬りし時に、柿本朝臣人麻呂が作る歌二首
山の際《ま》ゆ出雲の児らは霧なれや吉野の山の嶺にたなびく

(14) 瀧川政次郎「令の喪制と方相氏」(『日本上古史研究』四の一)

(15) 『続日本紀』天平勝宝八年五月二十三日条

(16) 『日本書紀』(日本古典文学大系)二九二ページ

(17) 関晃「大化のいわゆる薄葬制について」(『古代史研究』三、昭和三十三年)

(18) 『続日本紀』大宝二(七〇二)年十二月二十二日条

(19)『続日本紀』養老五（七二一）年十月十三日・十二月十三日条
(20)『続日本後紀』承和七（八四〇）年五月六日条
(21)『続日本後紀』承和九（八四二）年七月十五日条
(22)『続日本紀』宝亀三（七七二）年八月二十一日条
(23)『続日本紀』宝亀八（七七七）年十二月二十八日条
(24)『日本紀略』延暦十一（七九二）年六月三日、十日、十一日条、『類聚国史』帝王追号天皇（崇道天皇）
(25)『日本後紀』延暦十八（七九九）年二月条
(26)『日本紀略』延暦十九（八〇〇）年七月条
(27)『日本後紀』延暦二十四（八〇五）年四月五日条。なお、同年七月二十七日条、十月二十五日条の記事も参考になる。
(28)『日本書紀』推古二十九年二月条。高麗僧慧慈による設斎が行なわれたという記事がある。
(29)『日本書紀』白雉四年六月条
(30)『日本書紀』天智四年三月条
(31)『家伝　上（鎌足伝）』

二章　平安貴族の葬送儀礼

1　一条天皇の葬儀

平安時代の貴族たちの葬儀の様子を知らせてくれるものに、『栄花物語』のような文学作品の記事や、『小右記』、『御堂関白記』のような貴族の日記の記事がある。とくに、天皇の崩御の場合など、貴族たちが克明にその様子を日記に記していることが多い。

いま、寛弘《かんこう》八（一〇一一）年六月二十二日に三十二歳の若さで亡くなった一条天皇の臨終から葬送の模様について、藤原道長《ふじわらのみちなが》の『御堂関白記』、藤原行成《こうぜい》の『権記』、藤原実資《さねすけ》の『小右記』という三つの日記を同時進行的に読んでみることにしよう。

日ごろから病気がちとなっていた一条天皇であるが、寛弘八（一〇一一）年五月二十三日ついに発病して容態が悪化した。二十八日には天皇の病気平癒を祈って大赦が行われ、六月九日には丈六の五大尊を造立することになった。十一日には、伊勢太神宮に臨時に金銀の御幣と神宝を奉納した。十三日、ついに一条天皇は譲位し、三条天皇が即位した。十九日には出家し、二十一日ついに臨終をむかえた。

・六月二十一日

この日、いよいよ病状重く、昨夕より近習の諸卿はじめ僧綱らが三番に組み、かわるがわる看病についた。藤原行成は早く参院し、とくに上皇からの召しによって近くに祗候《しこう》し飲物などを供した。上皇が行成にいわれるには、「世話をしてくれてとてもうれしい、今、自分は生きているのか」など、その様子はもう普通ではないようだ。亥《い》の刻夜十時ころになって上皇は少し起きあがり、歌を詠んだ。

　露の身の風のやどりに君をおきて
　　塵を出でぬることぞ悲しき

中宮彰子《しょうし》のことを思っての歌であったが、すでに病状重くその意を十分説明することもできなかった。近侍の公卿《くぎょう》はじめ一同涙を流さぬ者はなかった。

『御堂関白記』によれば、この日は彰子も几帳《きちょう》のところで看病についたというが、上皇の歌はややちがって書かれている。

露の身の草のやどりに君をおきて

塵を出でぬることをこそ思へ

・同二十二日

行成は早朝卯刻、六時ころに参院し、上皇のそばに祗候《しこう》した。危篤状態のなかで、行成は心中ひそかに阿弥陀仏を念じ、極楽往生を祈った。上皇も時々口に念仏を唱えた。慶円僧正《けいえんそうじょう》らおおぜいの僧たちも近くに祗候して念仏を唱え、僧正は魔障《ましょう》を追い払う加持を行った。しかし、ついに辰剋《たつのこく》、午前八時ころに臨終の様子となられた。左大臣道長《みちなが》は右大臣顕光《あきみつ》らに指示して諸卿を下殿させた。政務にたずさわるべき諸卿が触穢《しょくえ》の状態となっては困るからである。

その後、いったん上皇は蘇生し諸卿は再び参殿したが、午剋、正午ころついに絶命された。

左大臣道長の命によって行成ははじめ不穢ということであったが、いろいろ考慮した結果、不穢《ふえ》の状態では葬送のことにも出仕できなくなるので、行成はみずからすすんで触穢の立場にしてもらった。

・同二十五日

行成は二十三日、二十四日と連日参院した。この日亥の四剋、深夜の零時近くに入棺である。棺は西北小門のところで作られ、夜、大殿へ運ばれた。棺の導引をした藤原広業朝臣《ひろなりあそん》はこのとき白杖《しろつえ》を持たなかったが、これは延長年間の醍醐天皇の先例とは異なるものであった。

慶円僧正はじめ数名の僧と右宰相中将ら諸卿数名で入棺のことを奉仕した。行成も近くに祇候した。皇后彰子、儲君《もうけのきみ》敦成《あつなり》親王（のちの後一条天皇）ほかの宮たちは棺にそれぞれ形代《かたしろ》を入れた。死者と縁の深い人たちが棺にそっと形代を入れるのは一般の例である。

ところでこれに先立ち、この日、院司らは陰陽師《おんみょうじ》賀茂光栄朝臣《かものこうえいあそん》を召して葬送の事などの日時を選ばせた。その答申によると、棺を作る日時は今日の巳四点つまりお昼前、沐浴は亥の方角の水を汲むのがよく、日時は同じく今日で子四点つまり深夜、入棺も同じく子四点、地鎮は乾《いぬい》の方角で来月八日、時は寅四点で早朝、はじめて山作りを行なう日時も同じ八日で巳四点つまりお昼前、素服《そふく》を裁縫するのも同じ巳四点、素服を着すのも同じ巳四点、御出行の日時は同じ八日で亥四点で夜中に乾の方角に向かう、というものであった。

この日、左大臣道長は春宮大夫《とうぐうのだいぶ》たちと旧記などを参考にして葬送と法事のことを決めた。

行成は院司ではないので、その詳細を知ることはできないはずなのだが、とくに一条上皇の近習として寵《ちょう》をうけていたことから、道長から特別の配慮があって末席につらなることができた。

行成は実にまめに、その時の葬送と法事についての定文をその日記『権記』に書きとめている。

一方、道長は、賀茂光栄らの答申した葬送所の方角に御陵とすべき適当な場所があるかどうかを気にしている。そして喪所としては巌蔭《いわかげ》、そこは当時葬送の地としてよく知られたところであったが、そこが適当であろう、しかし御陵の場所としては適当でないとの報告をうけている。

・同二十八日

源俊賢《みなもとのとしかた》、藤原広業、賀茂光栄たちが金輪寺のあたりを御陵所、つまり御骨を安置する場所として適当な場所かどうか見に行った。帰ってきていうには、適当であるということだ。そこは故藤原兼家《かねいえ》や北の方時姫《きたのかたときひめ》の墓所の近くでもある。ただし、まだ決定したわけではない。

院の葬送は来たる七月八日、廃務は三日間、心喪は七日間ということだ。この日、行成は参院したが、そこで初七日の諷誦《ふじゅ》があった。

・七月五日

一条院の七々日の御正日の法事についていろいろ定めた。

その内容はすでに行成がその日記『権記』の六月二十五日条に記した定文と同じで、その正式決定ということらしい。

・同六日

藤原実資《さねすけ》は申剋、午後四時ころ参院した。慶円僧正と会い、いろいろと話をしているところへ左大臣道長が通りかかった。そこで道長と少し立ち話をしたのだが、道長がいうには、一条院の崩御のとき、左大臣の自分がその御穢《おんけがれ》の場にこもり祇候したことは、他の人ではあまりないことかもしれない。しかし自分はその時とても心神が動転していて、そこに籠《こも》り祇候してしまったのだ。祇候してみて院の臨終の様子をよく見ることができたわけだが、もし祇候していなかったら、きっと後悔したことであろう。結局、祇候したため觸穢となったので道長は素服を着すべきだという点についても人がいろいろいっているようだ。また、来月十一日は新帝の内裏《だいり》への行幸であるが、その時はやはり左大臣の私が参入しなくては不都合であろう。しかし、その日は院の四十九日の正日でもある。それらの点についていろいろと思いわずらい決めかねているのだ」と。

それに対し、実資は次のように答えていった。

院の崩御の御穢に籠《こも》り祇候したのはやはり道理に合わない。新帝はまだ万機に臨まれない状態であり、いましかるべき人、つまり左大臣のあなたが籠《こも》っておられるのはいかがなものであろうか。また素服を着すというのも少し考えものである。素服を給うと称して天皇の行事に扈従しないのはやはり不都合であろう。左大臣の立場ではいろいろと多事であるということは当然である。また、来月十一日の新帝の行幸のことであるが、その日は院司らが四十九日の仏事を行ない中宮が奉仕され、一方、諸卿はそれとは別に新帝の行幸のことにもっぱら奉仕すればよい、と。

・同八日

今日は一条院の葬送である。

寅の四点、早朝に地鎮を行なった。陰陽師賀茂光栄朝臣が奉仕した。巳の四点、昼前に山作所《やまつくりしょ》のことを行なった。藤原為義《ためよし》らがこれに当たったが素服当色を着していなかった。

行成は巳刻、午前十時に参院した。素服の裁縫は巳の四点であった。ただ素服、挙哀ならびに国忌、山陵のことなど一切やめるようにとの院の遺詔《いしょう》が、蔵人の景理朝臣によって奏上された。これは恒例のことらしい。

亥四刻の深夜、人々は着服した。同剋、御輿長《おんこしちょう》らが御輿をかついで中殿の北西の渡殿の板敷の上においた。御輿は大床の上に小屋形があり帷《かたびら》がかけられ前と後には小さな障子、左右には高欄《こうらん》があり、下には須々利《すずり》があった。

御輿長らは夜御殿の南戸に参進し棺をかつぎ出した。権左中弁経通《ごんのさちゅうべんつねみち》朝臣と右中弁重尹《うちゅうべんしげただ》朝臣が秉燭《ていしょく》して棺の前に供奉した。この二人は炬火《きょか》の係の十二人のうちの二人である。出棺に際して権少僧都隆円《ごんのしょうそうずりゅうえん》と律師尋円《りっしじんえん》が殿内に入り續松《たいまつ》に炬《ひ》をつけて出てきた。

御輿は前方が西で後方が東に向けてあり、棺の枕は東にあった。入滅および入棺の日は枕は返さなかった。慶円僧正が呪願《じゅがん》を行ない院源僧都が導師をつとめた。それが終わって御輿をかつぎ出した。乾の方角へ築垣《ついじ》を壊して一条路へと出た。そして、大宮路から北におれて世尊寺の北の路を西におれ、遠智門《えんちもん》の路の末から斜めに船岡の南西を指して進み、さらに北におれて紙屋の河北にそって進み、山作所へと着いた。

御輿が山作所の長庭に到着するころ、十五人ばかりの諸大夫が秉火《たいまつ》にてこれを迎えた。葬列の中には香を頸《くび》にかけてしたがう役や黄幡《おうばん》を持つ役などがあった。一同は御休所で御手水《おんちょうず》や御膳などを供された。

御竈所《おんかまどどころ》で導師、呪願のことが出棺の時と同様に行なわれ、源俊賢《みなもとのとしかた》以下行成《こうぜい》らも立ち会って僧らとともに荼毘《だび》に付した。その他の物は垣の外の艮《うしとら》の方角で焼いた。夜どおしかかって翌九日の卯剋、朝六時ころになってようやく終わった。

源俊賢と権大僧都深覚が円成寺へ向かった。しばらく御骨を安置しておく場所の掃除に行ったのだが、それが辰剋、午前八時ころに終わった。

藤原隆家、行成ら、それに慶円僧正、院源ら一同で御骨を拾い、四升ばかりの白壺に入れた。僧正は光明真言を念誦した。骨壺は大蔵卿藤原正光の頸にかけて院源らとともに円成寺に移した。

この時、左大臣道長、春宮大夫斉信らは外院の外幄《そとあく》に候した。内大臣、左衛門督《さえもんのかみ》らは不穢であるとはいえ、この幄《とばり》の辺《ほとり》に候した。

行成らは巳剋、午前十時ころに帰院した。その途中で小禊《こみそぎ》をして、そのあと家に帰った。

あとで聞いた話だが、人魂が二つ御竈殿《おんかまどでん》中に落ちたという。また明け方、白雲が天に広がったが、人々はこれを歩障《ほしよう》の雲といったという。また維通朝臣の話によれば、この夜、彼は一宮に祇候していたが、院が御出になってのち、しばらく西の遣戸《やりど》の外に出ていたところ、殿上の方から人魂が出てきて西北の方角へむかって飛んで行ったという。

道長によれば、御骨の御在所が未定なので、吉方ということで円成寺に移したのだという。

また実資は、この日は前日からのかたい物忌みのため、院の葬送には参加しなかった。養子の資平は迎火の役をつとめた。

・同九日

巳刻、午前十時ころ、実資の養子の資平が院の葬送所から帰ってきて、いま終わったところだといった。昨日の亥四点に出御で、御輿《みこし》の前後に香輿《こうのこし》、火輿《ひのこし》がつづいた。御葬送所は巌蔭の長坂の東だった。左大臣道長、右大臣顕光はじめ諸卿がお伴にしたがった。源俊賢、藤原行成、兼隆、正光らが素服を着していた。

院の御骨は、参議で大蔵卿中納言の正光が頸に懸け院源がしたがった。はじめ金輪寺に安置する予定だったが、日次が良くないということでしばらく禅林寺の近くの寺に安置したという。あとで聞くところによれば円成寺に安置したということだ。しかし、御骨を頸に懸ける役を参議が奉仕したというのは古くから例のないことだ。ただこれもあとで聞いたところによると、正光はいったんお伴についたが、行歩に耐えがたく途中でひきかえしたという。

右少将雅通をもって新帝の内裏からの御弔《おんとむらい》があった。

来月二日に御骨は金輪寺の辺に埋めるということだ。それまで、正光と蔵人式部《くろうどしきぶの》丞成順《じょうせいじゅん》、右衛門尉頼国《うえもんのじょうよりくに》がそばに祇候するという。

・同十日

実資は夕方参院した。藤原公任《きんとう》と会ったが、公任がいうには左大臣道長は、公任と実資がこのたびの葬送に奉仕しなかったことについてよくないといって気げんが悪いという。しかし、実資は、自分には特別重要な役があるわけでもなく、しかも故障のある自分がどうしても出仕しなければならない理由はないと思う。いろいろな人が入れかわり御骸骨所に祇候している。阿弥陀護摩も行なわれた。

・同十一日

源俊賢と内蔵頭公信が円成寺に参った。この日、道長はその御在所の修補のことも指示している。また諸国に固関《こげん》の宣旨《せんじ》を下した。

・同十二日

実資は参院して春宮大夫斉信、中納言隆家らと話したが、そのときの話によると、故一条院が存生の日、中宮や左大臣および近習の者たちに言っていたのは、土葬の葬礼を行なってほしい、また御骨は父円融院の御陵の近くに埋めてほしい、ということであった。しかし、みんなそれを忘れていたということである。相府はそれを思い出しては歎息（たくそく）するのだが、とにかく、御骨はいまのまましばらくは円成寺に安置しておき、三ヶ年をすぎて円融院の御陵のそばに移すことにしよう、ということになった。一周忌までの間は伴侶六名で阿弥陀護摩を修し、そのまま円成寺での三年間は五名の僧で念仏を奉仕することとなった。

・同十四日

実資のもとに公任がきていうには、道長は、このところ諸卿侍臣らみんな御穢を忌まずに着座しているが、四十九日の間は、鈍色《にびいろ》を着さずに院に祇候するのは不都合である。これからは鈍色を着して参入するように、また、参内するときは心喪の装束を着すようにと、指示したという。

・同十七日

中宮彰子が素服にて土殿へ移った。道長は一条院の臨終の際の御穢に籠候して以来、はじめて直衣《のうし》を着して新帝の内裏へ参内した。

・同二十日

この日、早朝から円成寺に御骨を奉納する小堂を造った。三昧堂のような形であった。大蔵卿正光と朝任とで小堂内の桶に骨壺を入れた。

・八月二日

中殿において一条院の法事を行なう。

行成は式部大輔《しきぶのたいふ》大江匡衡《おおえのまさひら》の起草した法事の御願文の清書をした。そして未剋、午後二時ころ参院し装束をかえて中殿での法事に参列した。

金色の釈迦《しやか》、弥陀《みだ》、弥勒《みろく》、大士《だいし》の像が安置されていたが、それらは一条天皇が存生のとき後世菩提のためとして等身の像を造っておいたものである。また、新たに書写された金字の法華経、般若経なども玉函《ぎよくかん》に納めてあった。その他、諸卿、諸僧の座も立派にしつらえてあった。法事の儀式が終わって、夜に入って堂の荘厳を徹した。

・同六日
実資は申剋、夕方四時ころ参院した。左大臣道長がいうには、来る十一日は一条院の七々日の御忌にあたるので、この院で仏事を修するが、そのことは院司らが行ない、新帝の内裏へ供奉行幸する人は院の方へは参入してはならないということであった。

・同十一日
七々日の法事は去る二日に行なったが、中有の期間が完了する七々の正日は今日である。この日、院で法事が行なわれた。一条院が存生のときいつも使っていた銀の食器類を用いて造られた銀の観音菩薩像一體《たい》のほか、画像の薬師如来像一万體以下の諸仏、また書写された経典類などがならべられた。呪願慶円僧正、講師院源僧都以下の僧侶たち、源俊賢、行成以下の諸卿が参列して仏事を行なった。
なお、この日、新帝三条天皇が新造の内裏に遷幸された。
・九月十二日
この日、一条院の月例の御念仏を、はじめて行なった。毎月十五日と決めたが、今月は日が良いのでこの日に行なった。
・寛弘九（長和元）年五月十五日
皇太后彰子が枇杷殿《びわでん》において故一条院のための法華八講を行い、道長、実資らも列席した。
・同二十七日
この日、故一条院の一周忌の法事を円教寺で行なった。一周忌は来月のはずなのに短縮してこの日に行なった。実資は、来月の二十二日がその日に当たるのになぜこんなに早く行なうのかと、やや批判的である。
・六月二十二日
この日が故一条院の一周忌の日である。院において仏事が修された。

2　貴族たちの葬法

さて、一条天皇の臨終から葬送への一連の記事を整理してみたのが、表7であるが、意外にも、もうすでにこのころ現代にまで伝わる儀礼が多く行なわれていたことがわかる。

たとえば、四十九日の法事とか一周忌などいまも私たちが行なっているものである。また、人魂が飛んだなどというのもよく聞かれる話である。では、平安時代の貴族社会における葬送儀礼の中で、このように現代へも伝えられているものとそうでないものとを分けてみよう。

まず、現代の習俗とつながるのではないかと考えられるものからあげてみる。

六月二十五日の入棺に際して、近親者が形代を棺に納めるといい、それは当時の一般的風習だと記している。これはそのまま今日の民俗の中に見られるものではないが、今日でも同じ家とか同じ村から一年に二人つづいて死者が出たような場合には、二度あることは三度あるといって藁人形を棺の中に入れるという例や、友引の日に葬式を出す場合、友を引いてはいけないから藁人形を入れるという例などがある。また、一緒に納めるものといえば、夫が死んだとき妻がその髪を少し切って一緒に棺に納める

表7　一条天皇の葬送記事

寛弘八(一〇一一)年	
5・25	発病、病状悪化
6・13	一条天皇譲位。三条天皇即位
6・21	辞世の歌
6・22	臨終の念仏、魔障を払う加持、祇候している諸卿ら下殿。絶命
6・25	陰陽師による葬儀次第の日時勘申、葬儀次第の決定
	棺の作製、沐浴、入棺
7・8	葬送、荼毘。御骨は円成寺へ安置
7・20	円成寺内に作った小堂に納骨
8・2	中殿にて七々日の法事
8・11	院にて七々日の正日の法事
寛弘九(一〇一二)年	
5・27	円教寺にて一周忌の法事
6・22	院にて一周忌の法事

という例も多い。

平安貴族の間で一般的であったとされる近親者による形代の納棺が、死者を送る立場の近親者自身の身代わりという意味があったとすれば、心意的には今日の民俗で妻がその髪を納めるのと共通しているようである。近親者は死後の世界へも死者とともに付き添って行ってあげようという意識の表現であろう。

次に死者の沐浴の記事がある。これは、今日も見られる湯灌《ゆかん》に通じるものではないか。なお、若い女性が出産に際して死亡したような場合には、とくにお湯殿をつかわせるのが当時の通例であったらしく、それは『栄花物語』の中の藤原道長の娘、嬉子《きし》や、息子長家《ながいえ》の北の方の葬送の記事などによってわかる。

また、七月八日の記事に、一条天皇の入滅および入棺の日にとくには枕を返さなかったと記しているが、当時、死者の枕を今日と同じように北枕へとかえる習慣がすでにあったことは、やはり『栄花物語』の中の藤原道長や娘嬉子の葬送記事などによってわかる。

ところで、藤原道長とその妻源倫子《みなもとのりんし》との間の子、嬉子は、東宮敦良《あつよし》親王（後朱雀《ごすざく》）の妃となって皇子親仁《ちかひと》（後冷泉《ごれいぜい》）を産んでまもなく、まだ十九歳の若さで死亡した人物であるが、万寿二（一〇二五）年八月五日のことでその葬送の模様は『栄花物語』、『小右記』、『左経記』、『日本紀略』などにくわしい。
いまそれも参考にみてみよう。嬉子の死は両親にとってたいへんな悲しみであったらしく、陰陽師によって魂呼《たまよ》びが行なわれたという。魂呼びというのは現代の民俗の中にも伝えられており、実際に行なわれることは稀であるが、作法はいろいろと言い伝えられている。嬉子の場合はその御衣をもって住居の上東門院の東対上に陰陽師がのぼり、それを振りながら蘇生のための呪言を唱えたという。藤原実資はその日記『小右記』に、このような魂呼びを、

近代不聞事也

つまり、最近はあまり聞かないことだと記している。

そして、しばらくは遺体に対しても死亡した扱いにはせずに枕もなおさずにいたのであったが、やがて日もかわり六日になってついに几帳や屏風《びょうぶ》も逆さに立てることにしたという。六日、陰陽師の占定によって、故兼家がその二条京極の屋敷地を寺にしたという法興院《ほうこういん》が吉方ということで、遺体は乳母や母倫子らが御湯殿をつかわせたのち、御衣を着かえさせて入棺し、夕方その法興院へと車で送った。このとき母の倫子は行かなかった。母が子の葬送に行かないのは当時の習慣であった。兄弟の頼通や教通らはこの葬送のお供に立ったが、みんな葬送のための特別な藁ぐつをはいて行った

という。法興院の北僧坊へと運び込んだが、まだ生前に対するのと同じように御饌《おもの》つまり食膳などのまかないをした。

十五日にいよいよ葬送である。早朝に検非違使《けびいし》たちに命じて、葬送所に占定された巖蔭《いわかげ》までの道路の道造りや祓《はら》え清めの作業をさせた。夕方出発で、先頭には松明《たいまつ》の火がかざされ、参列者はみんな藤の衣つまり喪服を着していた。念仏の僧たちも比叡山や興福寺その他からたくさん参集した。

この葬儀はかつてないほどの盛大なものであったらしく、『栄花物語』にも、世の中を昔見たる女、翁、「まだかかる猛《まう》なる事見ず」というくらいであったと記されている。

この夜、岩蔭で火葬に付された遺骨は、次いで藤原氏累代の墓所である宇治の木幡《こはた》へと送られた。道長はその木幡までも送って行きたいと思ったが、さすがに親は子の葬送には行かないものという習慣に逆うこともできず、比叡山の院源僧都に説得されて思いとどまった。

そして、九月二十一日、七々日の法事が法成寺の阿弥陀堂で盛大に行なわれたが、その時、嬉子が生前使用していた御器を仏像につくりかえてそれを本尊として行なったという。四十九日の正日は九月二十三日で、この日も御堂で法事が行なわれた。そして、翌万寿三年八月五日には御果《おんは》て、つまり一周忌の法事が無量寿院《むりょうじゅいん》において行なわれ、この時、やはり嬉子の調度類の銀を集めて高さ三尺ばかりの多宝塔《たほうとう》が造立されたという。

この、嬉子の葬送記事から、魂呼び、北枕、逆さ屛風、葬列の松明や、人々のはく藁ぐつ、喪服姿など、今日の民俗に共通するものが多いことがよくわかる。また両親が子供の葬送には立たないということがかたく守られていたことも注目される。

では、もう一度、一条天皇の葬送記事にもどってみよう。

七月八日の出棺に際し、これに先だち素服の裁縫が行なわれているが、これは現代でもみられる白い死装束の喪服を女性たちが縫うというのと共通するものであろうか。また出棺のとき、乾の方角の築垣を壊して一条路へと出たとあるが、これは、現代の民俗の中にもみられるところの、仮門を作ってそれをくぐらせて出棺するという作法に共通するものであろう。

一方、このころの葬儀の特徴で、現代とは異なる点はどうであろうか。

まず、気づくのは、現代の葬式のように出棺の前に喪家やその庭で行なわれる僧の読経、引導渡し、参列者の焼香というような、僧を中心とする盛大な儀式があまり行なわれていないという点であろう。一条天皇の場合、出棺に先立って慶円僧正と院源僧都による呪願という儀礼が行なわれたことが記されてはいるが、それは大勢の参列者が集まっての盛大な儀式というようなものではない。嬉子の葬送記事においてもそうであるが、当時はむしろ巌蔭での茶毘を前にしての読経や念仏の方がより盛大に行なわれていたようである。

また、死亡後も茶毘に付すまではずっと死者に対して食膳が供えられているが、現代のように枕飯とか枕団子のようなものではなさそうである。そして四十九餅《しじゅうくもち》のようなものも記されていない。団子や餅の類《たぐい》はまだ用いられていなかったのであろうか。

また、一周忌を御果てといっており、現代では三十三年忌を最終年忌の弔上《とむらいあ》げとしているのに対して、死者供養の完了が早い。

一方、これは彼らが貴族だからであろうが、觸穢《しょくえ》の意識が非常に強いという点は特徴的である。政治《まつりごと》を祭事とみる祭政一致の観念のもとに、神祭りを行なうにふさわしい清浄性こそがその権威の源泉である彼ら貴族たちにとっては、常に厳重な物忌みが必要であり、あらゆる穢れが忌避されなければならなかった。したがって神聖な存在のはずの天皇でさえその死は死穢《しえ》を生じているのであり、それに立ち会った側近の者たちが觸穢か不穢《ふえ》かということに非常に神経質になっているのはいかにも貴族らしい。

また、葬送の日取りや場所などについていちいち陰陽師に占定させているのも注目される。現代でも寅《とら》の日や申《さる》の日、また友引の日を避けるなどとよくいうが、この時代にはまだそのように固定しておらず、葬式の行なわれるたびに陰陽師のはたす役割が大きかったことがわかる。そして、逆に現代の日取りや方角のことをうるさくいう俗信の起源もそうした陰陽師たちの占定の習慣からその蓄積の結果、固定化されてきたものではないかと推定される。

また、七々日の四十九日の法事に際して、生前に使用していた銀の食器類を用いて仏像を造り、安置して供養するというのも注目される。後世菩提のための造仏供養ということであるが、これらの例を金銀など金属を素材とする造仏とすれば、この方式はこの後まもなく院政期以降、さかんに見られるようになる、死者のために石を素材とする石塔の類が造立される習慣の成立にもつながるもの、とみることができよう。

いまみた一条天皇や嬉子の場合はいずれも火葬の例で、当時は火葬が一般的であったが、「例の作法にはあらで」つまり一般的な火葬とは別の方法、土葬も一方ではみられた。それは、霊屋《たまや》というものを造ってその中に納めておくという方法で、棺を完全に土中に埋納する今日《こんにち》の土葬とは少しちがったもののようである。あるいは沖縄など南島地方に今日も見られる風葬の類に近いものかもしれない。

一条天皇の皇后であった定子はこの土葬であった。長保《ちようほう》二（一〇〇〇）年十二月十

六日に二十四歳の若さで亡くなった定子について、『栄花物語』には、

とりべのの南の方に二丁ばかりさりて、霊屋といふものを造りて、築土《ついぢ》などつきて、ここにおはしまさせんとせさせ給ふ。

と記されている。

また、三条皇后で小一条院の生母である娍子《せいし》の場合も、万寿二（一〇二五）年三月二十六日に亡くなったが、遺言により土葬とされた。賀茂の雲林院の、

西院の戌亥の方に築地つきこめて、檜皮葺《ひわだぶき》の屋いとおかしげに造らせ給て、そこに斂《おさ》め奉らせ給ふべきなりけり。（中略）

さて、その屋に御しつらひをいみじくせさせ給ひて、やがて御車ながら舁《か》き据えておはしまさせ給ふ。御殿油明くかかげて、きこしめし物など参りすえたり。

とあり、明け方近くになって、いよいよ霊屋の妻戸《つまど》をうちかため閉ざしてしまう音を聞く人々の泣き声はいいようもなく悲しいものであったという。火葬とちがって土葬はたしかに、

雲霞《うんか》と見なし奉りつるは、しばしこそあれ、さすがに爽《さわや》かなるに、これは更に……。

というように、茶毘《だび》に付して雲霞となって空に立ち上るのを見るのは、当座しばらくは悲しいものの、やがてはさっぱりしてしまえるのに、土葬で霊屋を山野に放置した

ままというのは、やはり思い切り難いものと考えられていたようである。

同じ年の七月九日にこんどは小一条院女御《にょうご》の寛子《かんし》が亡くなり、一条天皇と同じく巌蔭というところで、これは火葬に付されたが、その葬送の時、先の雲林院に造られた娍子の遺体を納めている霊屋がはるかに見やられて何とも悲しさがましたという。

またその寛子の葬送記事からは、このころの葬送には一般の僧侶のほかに、「南無阿弥陀仏」の念仏を声高に唱えつづける阿弥陀聖たちの一団が加わっていたことも知られる。

このように、平安貴族の社会では、火葬が一般的となっており、それ以外にも本人や家族の希望により、霊屋などと呼ばれる新造の小さな檜皮葺の建物に納めておくという方法がとられていた。

火葬の場合には、平安京北方の大文字山の東麓の巌蔭というところや、東山の鳥辺野など、平安京の境域外の山間部に点々と設けられていた葬送地のいずれかで火葬に付したのち、それぞれ一族の墓地、たとえば藤原氏であれば、木幡の墓地へと遺骨は埋められた。墓参はほとんど行なわれなかったが、藤原道長による木幡の浄妙寺の建立などのように特別な場合には行なわれるようになりつつあった。

一方、土葬で霊屋の中に遺体を納めておく場合、そのまま放置されて自然の腐朽にまかせられたものなのか、あるいは一定期間を経て二次的な拾骨や埋骨が行なわれたものなのか、必ずしも明らかでない。下って鎌倉時代の成立とされる「餓鬼草紙」などの絵巻物の類をみると、墓地に死体が散乱している光景がしばしばえがかれているところから、そのまま放置され墓参などもまったくしないのが庶民の場合には一般的な方式であったかとも推定される。

ただ、なかには特殊な例もあった。先に一条天皇の喪送のところでさかんに引用した藤原行成の『権記』にみられる改葬の記事を紹介しておこう。

行成の母は、去る正暦《しょうりゃく》六（九九五）年正月二十九日に亡くなったが、その父つまり行成の外祖父源保光《やすみつ》が火葬はだめだといって、松前寺の西に玉殿を造ってその中へ母の遺体を安置した。そして、その同じ年の五月八日、こんどはその保光自身が流行病で亡くなったが、遺言により、同じく北山の松前寺の近くへ安置した。そして、その後そのままにしてあり、改葬をしていないのだが、どうであろうか、ということで、行成が陰陽師の大炊頭賀茂光栄にたずねたところ、それは行なった方がよいという。そこで寛弘八（一〇一一）年七月十一日、つまり、ちょうど行成がこの上なく慕っていた一条天皇の葬送荼毘の行なわれた七月八日の直後のことであるが、この日に改葬することとした。松前寺の墓所に行き、外祖父と母の棺に対して火をともして祈るなどして、翌十二日早朝、松脂や油などをもっていって遺骨を焼いて灰塵《かいじん》となし、小桶に入れて賀茂川まで行き、その流水の中に投げ込んで水中へと送ったという。

三章　中世の葬儀

1　「吉事次第」・「吉事略儀」にみる中世の葬送儀礼

『群書類従《ぐんしょるいじゅう》』に収められているもので、中世の葬儀の次第について記した書物に「吉事次第」というのがある。また、その類書に「吉事略儀」というのもある。この二冊の書物を通して、中世の葬儀のしきたりについてみてみることにしよう。

まず、これらの書物の成立年代であるが、「吉事次第」の奥書には、

仁和寺宮守覚法親王　被仰談入道兵部卿基親卿被仕葬儀之内　御自筆本書写之畢

とあり、これをそのまま読むと、後白河法皇の皇子仁和《にんな》寺宮守覚法親王《じのみやしゅかくほうしんのう》（一一五〇～一二〇二）が語ったところを平基親《たいらのもとちか》（生年不明～一二〇六出家）が聞き書きしてまとめたものということになる。とすると西暦一二〇〇年ころの成立ということになるが、はたしてどうであろうか。宮内庁書陵部・内閣文庫（二〇〇一年以降、所蔵資料

は国立公文書館に保存）・大東急記念文庫などの写本の書誌学的研究を試みてみないことには、その成立年代についてはまだ不安が残っている状態である。

一方、「吉事略儀」の方には、奥書もなく、作者、成立年ともに不詳である。ただ、その記事内容は「吉事次第」の記事とほとんど同じで、それをカバーしながら、それよりもやや詳細なものとなっている。そして、たとえば入棺の前の念誦にあたる者の記事の部分で、「吉事次第」では、

モトメシツカフ僧ナドモサブラヒテ、真言等ヲシツベシ

と記しているのに対し、「吉事略儀」では、

堪念誦迄習禅僧等番伺候近辺

と記し、とくに禅僧らがこれにあたるとしているなどの点からして、室町時代はじめころの成立の可能性が大であると考えられる。両書の成立年代については、このようにまだ疑問点も多い状態ではあるが、いずれにしても中世の葬送儀礼について記している史料と考えられるので、参考にしてよいと思われる。

まず、「吉事次第」の記事を見てみよう。

○御座をなおすこと

死亡するとまず、死者を寝かせなおして北枕にする。このとき筵《むしろ》に寝かせてあれば、少し筵をあげて下の畳を抜き取る。畳に寝かせてあれば、刀で畳の筵の端を切り放つ。
・屏風《びょうぶ》や几帳《きちょう》を立てめぐらす。
ただ、もし障子の中に死者が寝かせてあるなら屏風などは立てない。
・火をともす。
死者の枕元に灯台を立てて火をともす。夜中に亡くなった場合はそのときの灯火を用い、昼間に亡くなった場合はあらためて火を打ってともす。この火は所作の夜まで消さないでおかなければならない。
・香をたく。
死者の近くに火舎《かしゃ》をおいて香をたく。これも所作の夜まで消さないでおく。
・夏は酢を用いる。
夏の間は良質の酢を鉢に入れて死者の鼻の近くにおく。

死者のそばに付き添っている人たちはみんな立てめぐらした屏風の外に居る。近侍の僧侶なども同様で、真言などを唱える。
○入棺のこと
棺は人によって寸法はかわるが、先例も多く一応、長さ六尺三寸、広さ一尺八寸、

法然の弟子良観房の臨終の場面。西向き北枕になり、合掌して念仏を唱えている。西の空には阿弥陀の来迎の様子がイメージして描かれている。縁側には、頭に三角形の白布をつけ白衣を着た下級僧侶らしき者もいる。彼はおそらく棺をかつぐ役であろう。(『法然上人絵伝』)

高さ一尺六寸を規準とする。足がついており唐櫃《からびつ》のようなかたちをしている。絹の帯をつけてある。

四人のさぶらいが、棺を持って来る。二人のさぶらいが布脂燭《ぬのしそく》あるいは松明《たいまつ》をもって棺の前に立つ。この火は枕元の火とは別の火を用いる。

もし季節が夏で二、三日も経っていれば、香二合、土器の粉三合をさぶらい五人が持って、それにしたがう。

入棺の役の人は六人もしくは八人で、縁の上から棺をうけとり、死者のかたわらにおく。入棺の役の人は紙ひねりで腋帯《わきおび》をする。

夏の間は棺に香と土器を入れるが、

夏以外はしない。

入棺の役の人六人で死体を棺に納める。敷いてある筵ごと一緒にいれる。筵のはしは切ったり折りたたんでいれる。

・枕を納める。

死者とともに筵の上にあった枕を棺に納める。それ以外、とくに別には用意しない。

・引覆《ひきおおい》を覆《おお》う。

御衣はそのままで、その上から引覆を覆う。夏は御衣を抜き取ることもある。

・土砂加持《どしゃかじ》の土砂を入れる。

引覆の上から、頭、胸、足の三ヶ所に土砂を散らす。

・棺に蓋をする。

蓋をして布の綱でしばる。

・棺のおおいを覆う。

・そのあと棺は死者がもと寝ていたところにやはり北枕にしてすえる。

・湯殿や手水《ちょうず》をつかうことはしない。

○葬送のこと

・早朝に山作所《やまつくりしょ》を作りはじめる。

・葬送当日、素服《そふく》の裁縫をする。
・夜の刻限にみんなその素服を着る。縁の上で吉方にむかって着る。男は庭で着る。
・御仏供養。
きまった時間に僧がやってきてこれを行なう。
・御車を寄せる。
御車寄せに屛風を立てる。前後に白い木をわたして簾《みす》をかける。
・棺を御車に入れる。
役の人六人で舁《か》き出してのせる。頭をとびの尾の方にし足を轅《ながえ》の方にする。つまり、頭をうしろにする。棺の布の綱の末を前と後ろにのばしてはしを左右の方立《ほうだて》に結びつけておく。これはひと結びにする。
・御牛《おんうし》をかく。
僧が死者の枕元の火を脂燭《しそく》につけて松明に移しつける。さぶらい一人が松明をもって移しとる。このとき決して火を消すようなことがあってはならない。消えてしまってもう一度つけるなどというのはたいへん忌まれることである。
・出棺。
棺をのせた御車が出ると、残った人は竹の箒《ほうき》で御寝所などをはく。その塵や箒は河に流す。川がなければ山野などに捨てる。その後、枕元につけてあった火を消す。
・御車が貴所《きしょ》つまり葬所《そうしょ》に到着して牛をはずす。
・導師と咒願《じゅがん》の僧が御車の前にならんでそれぞれの作法を行なう。
・棺を貴所つまり葬所の小屋に移す。
・火葬する。
・御骨を拾う。
・御骨を茶碗の瓶子《へいし》に入れて、土砂を加え、蓋を上から覆《おお》い、白い皮の袋に入れる。
・死者にふさわしい親しい人が御骨を首にかけて、三昧堂に納める。
・人々は帰る。
・例時をはじめて行なう。

以上が葬儀の次第についての記事である。なお、葬儀にあたって次のような点はぜひ守らなければならない事柄としてあげている。

・鬼門を通らぬこと。

艮《うしとら》のすみを鬼門といって、御座をなおす時も、入棺の時も人はこの方角に立ったり通ったりしてはいけない。

親鸞聖人絵伝。高田派専修寺蔵、下巻第6段、永仁3（1295）年成立。

親鸞聖人絵伝。本善寺蔵、第4幅部分、1514年成立。

・枕元の火を消さぬこと。
鉢に火をおこしておいて、万一消えたらその火でともすようにする。別の火を用いてはいけない。
・火舎《かしゃ》の火を消さぬこと。
火舎の香をたく火も御所作のときまで消さない。
・出棺のとき、枕元の火を脂燭《しそく》につけてついで松明《たいまつ》に移すとき、決して火を消さぬこと。
松明をもつ人もよく注意し、脂燭も太くやわらかくひねって作っておき、とにかくよく注意して火を消さぬようにする。
・棺の綱をふたがえりに結ばぬこと。
棺をからげるにも、棺の綱を御車の方立《ほうだて》に結びつけるにも、ただひとむすびにする。
・引《ひき》かえは用いぬこと。
葬送が遠いところへであっても、一頭の牛にひかせて、他の牛と引かえはしない。葬儀では何事も再びということはしないものである。

以上が「吉事次第」に記されているところである。

墓地へむかう行列。先頭には松明がたかれている。棺をかつぐ役の人物は頭に三角布をつけている。下級の僧が鉦をならしながら供に立っている。墓地では十分に埋葬されていなかったのか、死体を犬や鳥が食べている。(『北野天神縁起絵巻』)

これに対し、「吉事略儀」の方の記事は、前述の「吉事次第」の記事とほとんど同じで、それをカバーしながらより詳細なものとなっている。

儀礼内容からみる限り、それほど大差ないが、いくつか注意される特有な点をあげると、「吉事略儀」では次のようになっている。

・棺に入れた死者を覆う引覆《ひきおおい》というのは、野草衣《のそうい》ともいって曼《まん》荼《だ》羅を描いたものである。

・納棺に際して副葬品をいくつか記している。

たとえば、御護《おまもり》、ただし火葬

の場合で秘蔵の御本尊が入っているような場合には、それはとり除いて残しておくのがしきたりである。また、阿末加津《あまがつ》つまり天児《あまがつ》、人形《ひとがた》のことであるが、これは入れないものだといっている。

・納棺完了ののち、「吉事次第」では、湯殿や手水のことなどはないとしているが、「吉事略儀」では、御浴殿、手水、御膳などのことは先例があるといい、ただこれを省略するといっている。

・貴所つまり葬所には荒垣、鳥居、小屋が作られる。その小屋の中で火葬が行なわれる。

・棺を運ぶ役の人は藁沓《わらぐつ》をはく。

・火葬のとき、近親者や僧たちは真言を誦す。火は湯で消し、水で灰を流す。

・拾骨《しゅうこつ》は各自が箸で行なう。まず首骨《くびのほね》から箸ではさんで次々と他の人へ箸渡しをする。

・もし火葬した葬所に御塔もしくは御堂を建てるとすれば、少し御骨を残しておく。そうでなければ御骨はすべて拾う。

・御骨は由緒ある僧綱《そうごう》もしくは凡僧《ぼんそう》が首にかけて運ぶ。

・御堂の仏壇の下に穴を掘ってその中に納骨する。上を石で覆い、石灰でぬり固めておく。

・仏事は吉日をえらんで行なう。
・納骨まで終って、人々は草で人形をつくり手祓いをして帰宅する。
・貴所つまり葬所の荒垣や鳥居をかたづけて近辺の寺に分かつ。火葬のあとを土で覆《おお》い、墓を築き、石率都婆《いしそとうば》をたてて釘貫《くぎぬき》を立てめぐらせ、松を植え四面に溝を掘る。

以上である。

ここで少し注意される点をあげてみよう。

まず、「吉事次第」と「吉事略儀」とを比べてみると、「吉事略儀」の方が記事内容の上で詳しいということは先に述べたとおりである。その他に注意されるのは「吉事略儀」ではたとえば、入棺の際、死者にかける引覆いの布を野草衣といって曼荼羅を描いた衣服だといっているのは、このころに死者への特別な死装束が作られはじめたことを意味するのであろうか。現代では死者を巡礼姿にするなど特別な衣装を着けるという事例が多いが、それが仏教的な色彩を濃くしてくるのはこのころからのことであろうか。

また、拾骨に際して箸渡しをするということが詳しく記されているが、それは今日でも行なわれている作法である。また帰宅時のはらえきよめの方法として今日では塩をふったり、臼に腰かけたりするが、ここでは藁の人形で祓うとしているのもおもしろい。人形に穢れをつけて祓うという方法は、現在では水無月の祓えや厄年の人の祓への際に行なわれている作法である。

次に、これら二冊の書物に記す葬送の方法と現代の葬式の作法とを比べてみて注意されるのは、たとえば、枕元の火を絶対に消してはいけない、といっている点や、出棺の直後に竹の箒で部屋を掃き出すといっている点などである。これらはまったく現代と同じである。中世と現代とでは政治権力のあり方も経済のしくみも人々の社会生活も大きく異なっているにもかかわらず、たがいに共通した作法が行なわれている。時代は変わっても儀礼というのは変わりにくいものなのであろうか。

しかし、いくつかの相違点も注意される。たとえば、入棺に立ち会う人々の服装であるが、「吉事次第」や「吉事略儀」では紙ひねりの帯をするといっているが、現代の民俗では一般の人々は藁の帯である。棺は布でまくというが現代では釘をうつ。また、素服を縫うといっているが、これは、平安時代の一条天皇の葬送記事においてもみられたものである。しかし、現代では死者の着物だけは縫うが、家族の喪服はいちいち縫うことはしない。これらは、わずかではあるが、やはり時代による変化であろうか。

それにしても、現代の葬式の作法と共通するものが、この時代になるとかなり多くなってきていることがわかる。

ただ、何としても不可解なのは、現代の葬式で重要な位置を占めている死者の枕飯や枕団子、また四十九日の忌明けの四十九餅《しじゅうくもち》の儀礼など、米や飯、酒や膳など、食物についての記事がまったくみられないということである。平安時代の記録には食膳に関わる記事が少しはみられるのに、不思議である。あたりまえのこととしてとくには記していないのか、それともこの当時はそれらの儀礼が存在しなかったのか、疑問として残るところである。

2　足利義晴の死と葬送

次に、具体的な中世の葬送の事例についてみてみよう。

天文《てんぶん》十九（一五五〇）年五月四日、近江国穴太《あなほ》で死亡した第十二代将軍足利義晴《あしかがよしはる》の葬儀に関する史料が、やはり『群書類従』におさめられている。「万松院殿穴太記《ばんしょういんどのあなほき》」というのがそれである。これも作者、成立年とも不詳であるが、奥書には次のようにある。

右此一冊披見之次、命或人令書写畢。抑此記誰人所作哉、不知其実。時俗推可察之者也
天文第十九暦初冬下旬　左僕射記之

これからすると、天文十九年十月下旬に左僕射《さぼくや》つまり左大臣が書写したものであるが、すでにその当時、この書の筆者は不明であったという。なお、当時の左大臣は二《に》条晴良《じょうはるよし》（一五二六〜一五七九）である。したがって、この書の成立はこの書写以前であることは確実で、作者も記事内容から実際に葬儀に参列した人物であると考えてまちがいなかろう。

以下、この記事を読んでみよう。

三好長慶《みよしながよし》に追われて近江国穴太にあった足利義晴は、すでに正月ころから病状が悪化しており、医療や祈禱《きとう》もさかんに行なわれたが、そのかいもなく五月四日の辰の刻、午前八時ころついに亡くなった。四十歳であった。いよいよ危篤となった前夜には帝釈寺の心海という老僧を召して一念廻向《えこう》の心を勧めるなどの臨終の作法が行なわれた。義晴もよくそれをこころえて念仏を唱えた。生前から義晴自身、辰の日の辰の刻に亡くなるだろうということをいっており、実際にそのようになったというのも不思議な

ことと思われた。

七日、寅の刻、午前四時ころに遺体を穴太の新坊から京の東山慈照寺《じしょうじ》へと移した。遺体は桶に入れ輿《こし》にのせて、相国寺の力者に舁かせ、先には僧衆や奉公衆、同朋衆なども少々ついた。その後、蔭涼軒《おんりょうけん》へと移した。輿を「石山の間」に西向きにすえて、香爐《こうろ》をもうけて御供の人々は焼香して退出した。

この日の未刻、午後二時ころに等持《とうじ》院《いん》の僧たちがやってきて御沐浴のことが行なわれた。等持院、蔭涼軒の僧衆が髪を剃った。うしろの壁には夢窓国師《むそうこくし》の御影をかけて、出家の作法である受戒のことを行なった。墨染の衣に袈裟や帽子などつけた故義晴のありさまは悲しくて目もあてられないくらいで、みんな涙にむせんだ。その後、遺体をうちにこめて、金屏風一双を表を外にして立てた。高机に打敷《うちしき》を敷いてまん中に位牌をおいた。位《い》牌《はい》は紙で包んであり、そこには、

新捐館万松院殿贈一品左相府曄山照公大居士昭儀

と書かれていた。

絹一幅を位牌の丈にして上にきせてあった。左右の腋《わき》には四六二十四《しろくにじゅうし》の供御のローソク五挺《ちょう》が立っている。雪柳四本を花瓶に立て右においてある。卓台の上には茶湯を左右に供え、香爐、香合を中にすえてある。

この日より二十一日まで不断の陀羅尼の供養が行なわれた。籠僧《こもりそう》は十人である。北山の鹿苑寺《ろくおんじ》の僧衆も恒例なので四、五人参加した。なお、位牌所のことが未定なので、御中陰のことをどこですればよいか、とにかく先例もあるので、今日から二十六日まで相国寺の鹿苑院で行なうこととした。また官位のことも話題にのぼり、結局従一位左大臣の官位が贈られることとなって、平少納言が宣命をもって鹿苑院へやってきた。

この日、穴太の御所には所々から香奠《こうでん》がよせられた。細川晴元《ほそかわはるもと》は肩衣に小袴《こばかま》姿で百貫文を持参した。佐々木義賢《ささきよしかた》は烏帽子《えぼし》の上下姿で三百貫文、細川元常《もとつね》、晴賢《はるかた》、佐々木徳綱《のりつな》はそれぞれ十貫文を持参した。大館晴元《おおだてはるもと》は悲歎《ひたん》の余り髪を切り遁世《とんせい》し、墨染の袖に涙をしぼりつつ、慈照寺までのお供をし、そのまま比叡山黒谷にこもって法名常《じょう》俊《しゅん》といった。宰相中将殿はこの日から素服を着した。

九日、辰の刻、午前八時ころ御台の方は御ぐしをおろして慶寿院《けいじゅいん》という名になった。戒師は鹿苑院の妙安《みょうあん》和尚であった。御台も涙にむせんで、

こころのみ思い乱れて黒髪の落つる涙もむすほふれつつ

と詠んだ。その他乳母《めのと》であった女性たちも頭をおろした。

十九日、鹿苑院で諸五山の僧衆による諷経《ふぎん》があった。ただし天龍寺だけは二十日にあった。

二十一日、松田盛秀《まつだもりひで》が奉行となって諸郷諸村の人足を催して、東山の麓、慈照寺の中に葬場の普請《ふしん》をした。代々の将軍の葬礼は北山の等持院で行なったが、今は乱世なのでこの東山の城山の麓で葬礼をすることとした。

寅の刻、午前四時に龕《がん》を「唐人の間」に置いて、「嵯峨の間」で仏事があった。喪主は等持院の住持《じゅうじ》であるべきところが、現在は適当な人がいないので相国寺の法霖長老を請じた。

鎮龕《ちんがん》、鎮龕念誦《ねんじゅ》、掛真《けいしん》、起龕《きがん》、起龕念誦などの役にあたる僧がそれぞれ決められ、仏事が修せられた。仏事が終わって、上野信孝《のぶたか》、貞孝《さだたか》両人が素服を着して玉の輿を舁き出した。

大屋は西の門に向けて建てられており、方七間四面《しちけんしめん》の建物である。左まえに菱垣のように板がうちつけてある。四方に額がつけてあり、東は発心門、南は修行門、西は菩提門、北は涅槃《ねはん》門と書いてある。大屋のまん中に火屋がある。火屋は四角で方一間半、高さ二間で破風型《はふがた》の屋根がついている。

大工のことは少しばかり相論があって、結局、鹿苑院と慈照寺の大工の両方を召し合わせて作らせることとなった。玉の輿は鹿苑院で大工、塗師《ぬし》、唐紙師らが集まって作り、二十一日早朝に慈照寺に渡した。

行列の通る道は「嵯峨の間」の西の方へ、南殿の花壇の通りにある壁を二間ばかり切りあけて、西の築地《ついじ》のきわまで砂をまいてきれいにしておいた。

火屋の荒垣《あらがき》には白い絹の布をはってある。この布などはあとで念誦の人たちや聖たちが分けて取ることになっている。錦の天蓋や幡《ばん》、龕下《がんか》の水引などは寺に留めておくのがふつうである。

葬礼の奉行は松田頼隆《よりたか》、門役は松田盛秀《もりひで》である。まず、馬をひかせるのだが、この日は伊勢《いせ》貞清《ていせい》が素服を着して馬により添って火屋のまわりを三度まわった。こののちこの馬を秉炬《へいこ》の人が受けとるのが例である。この日は妙安和尚の中間にわたし、彼が乗馬して退出した。

次に、炬松《たいまつ》は力者がもち、鉢は行者が打ち、次に赤地の金襴《きんらん》の幡《はた》四本を四人が持ち、鈸《ばち》は出世の人がつくべきものであるが、適当な者がいないので平僧四人がこれをつとめた。鼓《つつみ》も長老がいないので西堂の四人がこれを打った。燭台、香爐、花瓶、湯瓶、茶湯、掛真、雪柳四本、いずれも平僧十一人でこれらをもった。先例ではこれらはいずれも出世の人の勤仕するものであるが、このたびは人がいないので平僧がつとめた。位牌は家督がこれを持ち、諸大名がそれに供奉すべきものであるが、いまは乱世なので、猶子《ゆうし》の慈照寺院主の瑞耀尊丈《ずいようそんじょう》がもった。

ぜんの綱には諸侯の衆がとりついた。龕《がん》は力者四人が舁いた。衆僧は阿弥陀の大咒《だいじゅ》を唱えて歩んだ。

次に山頭の仏事があった。

秉炬《へいこ》は下火ともいうが、妙安和尚が、奠湯《てんとう》は東福寺の寂龍《じゃくりょう》和尚が、奠茶《てんちゃ》は嵯峨臨《りん》川寺《せんじ》孫西堂《そんせいどう》が、山頭念誦は子建西堂《しけんせいどう》が、挙経《きょぎん》は湖月《こげつ》西堂が、それぞれつとめた。いずれも火屋の内を三べんまわり、内で大悲咒《だいひじゅ》を読み、外で楞厳咒《りょうごんじゅ》を読んだ。

次に御所たちの諷経《ふぎん》、知恩院、報恩寺などの諷経があって、諸仏事が終了する。

そして、火葬となる。

この間、西の築地のきわに飛鳥井前大納言雅綱《まさつな》、日野大納言光康《みつやす》はじめ五名の者が、みな烏帽子、直垂《ひたたれ》姿にて着座していたとのことである。

同日の未刻、午後二時ころに収骨した。起骨の仏事は江心《えしん》西堂がつとめた。挙経は湖月西堂がつとめた。御骨は摂津国多田院と高野山とへ分けて納骨した。高野山へは千本の楊明坊《ようみょうぼう》が請取って籠《こ》めたとかいうことである。

五月二十六日、鹿苑院で中陰の結願があった。拈香《ねんこう》の役は仁如《にんにょ》和尚であった。巳刻、午前十時ごろ内裏より烏丸《からすま》大納言、彼は烏帽子に直垂姿であったが、それと広橋《ひろはし》中納言の両名が勅使として妙典の一部八軸を鹿苑院へ持参した。これを妙安和尚が出迎えて受け取った。また、位牌所をどこにするかということについて、雲頂院《うんちょういん》からしきりに希望されたが、雲頂院は他門であるため万松軒《ばんしょうけん》を院として位牌所とすることとなった。そしてまず祠堂銭《しどうせん》百貫文を施入《せにゅう》した。

この日の申刻夕方四時ごろに、御影を巻物にして盆に入れて万松院へ移した。そこで仏事があった。維那《ゆいな》は寅西堂《いんせいどう》がつとめた。

そして、ここかしこより集まってきていたたくさんの印写の御経は、籠り僧たちがみんな分けて取った。漸写の御経の方は車につんで賀茂川に流した。

閏《うるう》五月二十三日、この日、四十九日の仏事があり、精進あげとした。

さて、このような事例をみて、現代の葬送の作法と共通するところと相違するところとを、少し整理してみよう。

まず、足利義晴の場合、入棺に際して沐浴、剃髪などのことがあり、出家した僧の姿にしたということであるが、これは平安時代からすでにみられた作法である。そうした死装束をなすということは、現代の民俗にみられる湯灌《ゆかん》や頭髪を剃るまね、頭陀《ずだ》袋《ぶくろ》を首にかけ手甲《てっこう》、脚絆《きゃはん》をつけた巡礼姿にするということとも共通するものであろう。

また、位牌《いはい》や香奠《こうでん》の記事も注目される。位牌は平安時代の貴族の葬儀ではまだみられなかったものである。香奠は現代のようにすでにお金でおさめているのも興味深い。

御台所が出家したということであるが、これは現代も、夫に先立たれた妻は貞淑を誓う意味からも髪の一部を棺に納めるという例があり、それと何か関係がありそうである。髪が女性にとって大事なものだから入れるというだけでなく、出家の意味もあったのであろうか。

荒地の白い布は念誦の人たちや聖たちが分けて取るというのも、現代の葬式でも使用した白い布をみんなで分けて取るというのと共通している。ぜんの綱の記事が見られるが、これはまさに現代の習俗と同じである。また、仏事のなかでしばしば三回まわるという例が見られるが、これも現代の葬式で棺が出棺時に左まわりに三回まわるというのと関係ありそうである。

しかし、何よりも現代と異なっているのは、葬儀に際して馬をひくということである。現代の葬式では馬をひくというようなことはなく、む

この足利義満の画像は、葬儀に際して掛けられた御影である可能性もある。（京都　鹿苑寺蔵）

しろ、出棺の際、馬がいななくのを非常に忌み、葬式の日には馬を他の家に移しておくくらいである。

また、位牌所に決まった院に位牌と御影を納めているが、葬儀に際して御影を掛ける習慣のあったことは、足利義満の葬送記事にも明らか(1)で、現代の遺影の写真を飾ることにも通じるものとして興味深い。

四十九日をもって精進あげといっているのは、まったく今日と同じである。

このように、中世の葬儀に関する史料をみてみると、香奠やぜんの綱など、現代の民俗に共通するものがたくさん出てくる一方、馬をひくことなど現代ではみられないような習慣があったことがわかる。しかし、やはり、何より不思議なのは、枕飯や四十九餅など、食物に関する記事がみられないという点である。それら現代の葬送儀礼の中で非常に重要なものとされている習俗が、中世の当時、本当にまったくなかったのであろうか。それとも食物や食事について、これらの記事の作者がとくに記さなかったということなのであろうか。

註

（1）藤原雅縁「鹿苑院殿をいためる辞」（『群書類従』巻五一九）に、「よる〳〵は陀羅尼の番をさだめられて、僧俗あひまじはりてまいり侍し。その人かずにまいりて侍る事かば、ある夜、御影をうつしたてまつるが、ことによくかきにせたてまつりて侍る事とて、めむ〳〵申しあひ侍るに、げにもつくづくみたてまつれば、たゞ有しながらの御おも影うつしかへたるやうに見えさせ給へば、」（傍点筆者）とある。この御影が、現在鹿苑寺に伝えられている有名な足利義満の画像である可能性もある。

四章　近世の葬送習俗

1　諸国風俗問状と各地の葬送習俗

江戸時代も後半になると、地方ごとの風俗習慣のちがいに注目する人たちが出た。幕府の右筆《ゆうひつ》の一人で、博覧強記で知られた屋代弘賢《やしろひろかた》もその一人である。彼は文化十二、三（一八一五、一六）年ごろ、当時の江戸の風俗習慣を規準として全国各地のその異同についていわゆるアンケート調査を試み、地方ごとの四季の行事や冠婚葬祭の様子を項目ごとに質問している。

たとえば、まず、正月について

一、元日　門松の事

松竹を立、だいだい、ゆずり葉、裏白、海老等を付るは通例、他草他木を用る事も有之候哉、蘇民将来之札の有無、製作如何様という事をも御注し可被下候

というぐあいにである。そのなかに、葬礼に関する項目がある。（一一七～一一九）

一一七、葬礼の事

土葬、火葬其躰如何様候や、子息、親類、衣服何様に候哉、忌服中如何様に相慎候哉、穢をさけて祓なとする事も候哉

一一八、七々日の法事は通例、此外に殊なる祭供養など候哉

一一九、一周忌、三年忌、七年忌、十三年、十七年と三七を次第して、五十年に至り、五十年、百年、百五十年と五十年を隔て、遠忌をとふ事通例、此外にも候哉

というような質問のしかたである。

屋代弘賢はあわせて百三十一のこのような質問項目をあげて、次のように結んでいる。

右　諸国風俗は編集の節、御答被下候人々の御名をも書加へ申候間、御答書の末に国郡郷町、御苗字俗名実名姓戸まで委細に御記可被下候也

これに対し、すぐさま諸国諸藩の篤学者たちの答書が作製され、その報告をうけて屋代弘賢がその分析を試みたというような形跡はない。しかし、この問状に対する答書の作製が少なからず行なわれ、しかもそれらがいろいろなかたちで存在することが、柳田國男《やなぎたくにお》、中山太郎、平山敏治郎らの諸氏の努力によって明らかになってきている。(1)

そこで、それらの答書を参考にして、江戸時代後半の文化文政期の当時の日本の各地の葬送習俗のあり方についてみてみることにしよう。

なお、このアンケート調査の雰囲気を伝えるために、ここでは答書を原文のまま記し、とくに注目される部分には傍点を施してみる。

まず、近畿地方からみてみよう。和歌山と淡路島の事例である。

紀伊国和歌山

一一七、喪禮、武家はその格祿に應じ、供連等なり。武器・挾箱・棺乗物、白き麻の覆を掛る。

貴人は棺へ白ねりきぬを掛るなり。

女子の葬送には、女の供するに綿ぼうしに白無垢を着す。夏は白帷子を着しておくるなり。

右通例のところなり。棺乗物昇者へは、かんばんの上に白き麻の袖無し羽織様のものをも着せ、牽馬口の者其外中間などへ、白き麻の物を着するもあれど、是中人已下には無き事なり。

町家喪禮は、其子、孫子は白き指貫様のものをはき、白きころも様のもの着、白き角ぼうしをかづき、二ノわげの元結を切、供をしておくる。右の外忌掛りの者は淺黄無紋の上下を着、各脇ざしの柄を白き麻にて包む。紙にて幡四本、紙の天蓋或は白き無紋の提灯などを棺の上へさけ、途中より寺までおくるなり。扨寺にて兼々知音の寺々の僧、或は近き親類の旦那寺の僧など招きて諷經す。又知音の僧などは不招に来るものあり。出棺の時も其家々諸寺の僧来て読経するも、いづれにも出僧の多きをはれとす。なれとも分限によるなり。

棺を出す時、門戸の出口一っぱいに細き竹を角立て折曲。是をあて假り門といひて、此中を通す。棺を舁出す時うしろを表へむけかき出し、外とにてふり廻すなり。出し跡にて門火とて、門外にて火を焼捨るなり。是は町家に不限、武家にてもあるなり。

一一八、武家・町家ともに四十九日にあたる日、四十九のもちとてこまかなるもち四十九に、かさもちとて壹つ大きくうすくとりたるを、旦那寺の新き位牌《いはい》前へ備ふ。手前の持佛の牌前へ供ふもあるなり。

淡路国

一一七、葬禮の事

所々小異有。土葬・火葬の外異なる事なし。疫病にて死去の者は、土葬せぬ所もあり。厚き親類は、葬送の時、男は白布を着、女は白布を被き、忌中月代をせぬ事は何方も同じ。或は白衣・麻上下白装束、又無紋淺黄麻上下着る所も有。物部組には、葬送の夜、盥に水を入置ば、亡者来て足を洗ふ、翌朝其水を見れば砂有由云傳ふ。又死衣を縫に、針に糸を付提渡し、又糸の端を不結して、襟なしに縫立、左前に着せしむ。又物さしを手より手に渡し、剪刀を投渡し、或は死人を西面北枕に臥しめ、出棺の時、親族庭にて立ながら酒を飲事有。又俑桶に亡者を後向にし、埋るに北向にし、裏鍬をせず、葬送に親族佩刀の柄を紙にて巻、青竹の杖を持、藁の草履をはき、道筋にて轉ぶ事を忌む。其草履は、歸の筋道にて脱捨、又元の道へ不歸、道を替て歸り、戸口に入、足を洗に手を不用、足と足と摺洗ひ、死後願解と云て、死人の平生着する所の衣を逆にして振ふ。是一生のこの置たる諸願を、是に解く由云傳ふ。市組の内には、葬送の戻り家へ入時、戸口敷居際に盥に水を入置、内へ入時片足を漬初るに、臼の上に箕に米を入たるを一二粒後へ抛る事有。委文組の内には、三日仕上墓参の戻り、戸口敷居の上に皿にはつたいを入置、竹木の箸にて食す。是も所々に有。忌服は、服忌令に據れども、其所の氏神により、五十日・百日・十三ケ月慎方少々宛違ふ。忌明往来の節、旦那寺・山伏等頼み、祓する所も有。又沼島浦に青竹の杖突、泣婆々と云事あり。

一一八、七々日法事は通例歟

異なし。掃守組の内には、百ケ日膳上の供養と云事有。大抵は九十日目に追善す。所により七々日、笠餅と云物をし佛に供へ、其後親族集四面より引ちぎり合ひ、忌服の厚薄に随ひ食事多少あり。笠餅と云は、小餅四十八置、其上に大成餅一つ置て、都合四十九供へる也。此外異なる事なし。

一一九、一周忌三年七年十三年十七年と三七を次第して五十年に至り五十年百年と五十年を經て遠忌を問事通例此外にも候哉

大抵本文の通、所により廿五年忌・三十三年忌・或六十年忌・六十六年忌を弔、又百年忌より百五十年・二百年忌と、五十年を隔遠忌を弔ふ。百年忌に牌名に朱を入る所もあり。

これを見ると、もう現代の習俗と共通するものが非常に多いことがわかる。棺へは白布をかけ、親族は白い着物を着て参列するといっている。今では喪服といえば黒い紋付か黒い式服ということになってきているが、それは最近の変化であり、以前はずっと白い着物が一般的であった。今でも死者の着物だけは白装束であるのはその名残

りである。

また、死者の着物を縫うのに糸の端を結ばないといったり、死者を西向き北枕に寝かせるとか、出棺時に出立《でだ》ちの酒を飲むというのなど、まったく今と同じである。その他、葬列の四本幡《はた》や天蓋、それに出棺時に仮門を通すこと、門火を焚くこと、左廻りに三回かどうかはわからないがとにかく棺を廻すこと、藁草履《わらぞうり》を脱ぎ捨てること、野がえりの清めや願ほどきの作法など、まったく現代の習俗と同じである。それに、四十九《しじゅうく》餅《もち》や笠餅の伝承もひっぱりあって食べる、などというのもまったく同様である。

こうしてみると、江戸時代後半の葬送習俗というのはもうほとんど現代の習俗と変わらないということができる。

ただし、泣き女《め》のように現代ではもうかすかな伝承になってしまったような習俗も当時は確かに存在したことがわかる。また、頭髪にまげを結っていた当時としては、喪主は葬列に参加する際、元結いを切るのが通例であったことがわかる。また、喪主は忌中の間月代《さかやき》を剃らないのが通例であったこともわかる。また、脇差の柄に白紙を巻いて参列するといっているが、これは竹刀や木刀に変わりながらも現在でも行なわれている。

では次に、中国地方の事例をみてみよう。

備後国福山領

一一七、葬禮の事

土葬多く、火葬はまれに候。百姓は昔より輿を用ゐ候へ共、貧者は多く柩のみにて仕り、町人は皆駕籠を用ゐ申候。柩は指物にちゃんをぬり候もあり、或は瓶又は桶に仕候。送り候躰は、折掛燈籠・幡・天蓋・盛物・四華花桶・香・燭の器、庶人は親類朋友各これを持ち、持物なきは棺後に随ひ候。親族は薄きを前にし、厚きを後に立て、喪主は喪服、白布にて手巾の如く作り候ものを上下の上にかけ、元結をはらひ、かならす位牌を持申候。厚き親類は脇指の柄を紙にて巻申候。やや疎なるは寺へ参り、葬の来るを待候。婦人は棺の後より、あるいは帔帽子を深くかふり、白衣にて供仕候。男女ともに、死者より上に立ち候者は供仕り不申候。鞆津には、供仕候者、持物無之もみな柩の先へたち、女のみ後につき、位牌は嗣子はもたす、或は二男或は近き親類にもたせ候。いつかたも時刻は多く午後を用ゐ申候。さて死者有之候家へ、近隣は勿論、平生出入不仕候程の人々も皆集り候て、用をきかんと申候事有之。其人々をは、七日の前後に齋の料理に酒を出し候て謝し候。別て用事多く頼候をは、法事法事にも招き、或は齋米なと配りも仕候。或は人をやとひ候て、價を遣し候も御座候。棺かき・壺掘など、價の多少御座候。凡七日の中は、門をとち蔀を下し、親類も厚きは同事に仕候。七日に相當り候夜、門禮とて、親族の者とも吊（弔）來り候ものへ、門口にて禮を申捨候。思明（忌明）の後、主人又禮に廻り候。或は葬場にてあつき親類罷出、人集り候處へむかひ一禮仕候も有之。又會葬人かへり候路次へ筵をしき、其上にならひ謝するも有之候。これ等の事、在方四五里の間にても、少しつつかはり候様の事見へ申候。七日の内、夜々近鄰人あつまり、浄土なれは百萬遍をくり、真言なれは光明真言をとなへ申候。その人々へ饅頭、菓子等出し候。

一一八、一一九、七日七日の法事、年忌の事、大抵僧法にしたかひ候故、諸国同様に候らん。但し難産などにて死し候者には、過半流灌頂を仕候事に御座候。一周忌・三年忌・七年・十三年・十七年・廿五年・三十三年・五十年・百年。其餘は五十年を隔て吊（弔）ひ申候。

ここでも、喪主の服装は白色で、まげの元結いをはらうとしている。脇差の柄に紙を巻くというのも近畿地方と同様である。女性も頭には帽子をかぶり白衣で参列するとある。死者より上に立つ者は葬列の供には立たない、とあるが、これは子の葬送には親が行かないというもので、平安時代の貴族の間でもみられたしきたりである。初七日の共食を斎《とき》といっているが、これは現在でもみられるものである。また、会葬者が帰るとき、喪主夫婦その他が道に筵《むしろ》を敷いてその上に正座してお礼をいうのも、難産で死亡した女性の供養のために、流れ灌頂《かんじょう》といって道端の小川に四本の竹を立て、それに布を張って道行く人たちに水をかけてもらう風習も、つい最近まで見られたものである。

次の四国地方からの答書を読んでみよう。

阿波国

一一七、葬禮の事

忌中の張札して、三日の間表の戸をさす。土葬・火葬の事、寺土地の有無により、又其家の仕來りに任せ申なり。

葬禮の式は、箱提灯二張二人。

燈籠二つ二人、但長さ二間計の竹の上に籠頭を付る。燈籠の大さ二尺又は三尺も有、六角にして綟子にて張。

幡四本四人、但右同斷、竹の上に龍頭を付る、幡の尺（丈）ヶ五六尺。

箱提灯、香爐壹人、箱提灯、紙華壹人、箱提灯、茶湯壹人、箱提灯、蠟燭立壹人、箱提灯、菓子盛物壹人、箱提灯、迎ひ僧壹人、箱提灯

位牌持、家督相続の者是を持、但元結を切、額に寶冠を當、いろを着。

箱提灯二張二人

棺前かるめ、但位牌持の通りの仕成、後かるめ、但右同斷。

尤（花）臺四人又は八人舁、出入方の者。

但臺は一間四方にして、真中に丸く穴を明、是に瓶又は桶を入、其上へ閊《ママ》せ候ものは高さ四尺ばかりにして、三尺四方又は六方に作る。輿の形なり。白紙・銀紙にて張立、奇麗に模様を切透し、又は銀紙にて飾を付る。家根の棟には色紙又は木にて孔雀を作りかざる。四方には木にて燕を拵へ付、其外には瓔珞《ようらく》を釣、臺の四方に壹尺五寸計の鳥居を建、額に四句の文を書、其外は高欄作りにして、貳間ばかりの棒貳本付、前後鞍置に置也。

天蓋二人、但二尺四方、銀紙にてかざり、長き竹貳本に結び付左右より持、棺を覆ふ。

右役人は皆親屬の者共にて、麻上下を着る。寺には雪洞をかけならべ、野机を飾、葬来れば銅鑼・鐃鉢にて勤あり。住寺の導師すめば、供の人は皆歸り申也。

翌朝、親類は勿論、懇意成る者どもみなみな麻上下にて寺へ参り、齋に付申也。忌中の間、亭主たる者は月代を剃らず、門へ出ず、つつしみ居申候。墓参りの時は編笠を着る也。穢を祓ひ事はいたし不申候。

一一八、七々日法事の事

七日逮夜には、旦那寺を請待して、親屬懇意をまねき饗應し申也。七日々々の逮夜にも、僧をまねき申候。此外に異なる祭供養も無御座候。

一一九、一周忌、三年、七年、遠忌の事

一周忌、三年忌、七年忌、十三年、十七年、二十五年、三十三年、五十年、百年、百五十年と、五十年を隔て遠忌を弔ひ申候。此外に異なる供養は無御座候。尤百年忌よりは法事濟申ぅへ、親類抔より肴を贈り、又其夜招き魚肉にて振舞申事に候。

位牌持ちは家督相続の者で、まげの元結いを切り、額には宝冠つまり長い白木綿を巻き、いろを着す、とあるが、喪主が頭に白木綿を巻くのはいまでも広くみられるものである。「いろ」という言い方も白い喪服を表す言葉としていまも各地で広く使われている。葬式のあとの寺での飲食を斎《とき》というのも、先に備後福山領の事例でみたとおりである。

ただおもしろいのは、喪主が墓参りのとき編笠をかぶるという点である。喪主が葬送に際して笠をかぶるとか女性たちが白い被り物をするという例は多いが、墓参のときにも編笠をかぶるというのは、忌中のつつしみの深かったことを示すものであろう。

では次に、東日本の事例をみてみよう。まずは東海地方の事例である。

三河国吉田領

一一七、葬禮の事云々

土葬、火葬共に死骸を沐浴し、衣服は經かたびら、又はただ白布にて縫ひたる單《ひとへ》衣《きもの》或は其時節の服を着せて入棺すること一定ならず。上下など着するもあり。扨棺の中へ△六七寸如此白布の袋を縫て、米を入、外に白布にてはばき、手甲など又草鞋等迄入るるもあり。棺の外をば白布にて包む事多し。又は棺の上に白無垢或はさらぬ衣服をうちかくるもあり。

葬送の時は白挑灯、高張、中張等其数は家格によりて多少あり。次の紙旗、四本或は六本等。其次に家を續べき子位牌を持、士にては此位牌持は若黨などなり、商農にては必後續の子也。故にいまだ嫡子定らざる時は論など出来ること多くあり。

牌の先に香爐と牌の臺を持行事もあり。其次に棺也。天蓋とて龍頭の付たるものをさしかくるなり。

棺の後へ親類知音のものなど是大勢随ふ事なり。此會葬の人多きをよろこぶ事なり。故に知音のものは相互にて皆出る事也。

此會葬の人に挨拶は、孝子焼香終て、寺の門などへ先に出居て人々の歸る時一禮し、忌明の後に家を廻りて謝辞を述べなどするのみにて別に饗應様の事はなし。右火葬、土葬ともに同じ。此外に異なる事なし。

子息、親類等の衣服は上下の外なし。會葬の人も皆上下なり。郷村にては女はかづきを被りて従ふなり。これは郷村に限るなり。又郷村によりて忌中は寺参にも必かづきを被る所もあり。かづきはまづは白き木綿布にて製せり。忌中別事なし、ただ夜々念佛など修するのみ。穢をさけて祓などすることなし。

一一八、七々日法事

通例の外少しも異なる事なし。

一一九、一周忌三年忌云々

通例の外なし。但三七の次第の中に三十七年、四十三年、四十七年といふはなし。三十三年より五十年忌なり。

ここでは、死骸の沐浴の記事が見られる。つまり、湯灌《ゆかん》のことであろう。また、棺の中に米を入れた白布の袋を納めるというのは、今日一般的な死者の頭陀袋《ずだぶくろ》のことと思われる。死者をはばき、手甲《てっこう》などの旅装束にするというのも、現行の習俗と同じである。もうほとんど現代の民俗と同じことが、江戸時代後半の三河地方では行なわれていたことが、これらによってあらためてわかる。

次に、北陸地方の事例である。

越後国長岡領

一一七、葬禮の事

士家の禮かはれる事なし。農商の富るは却て面たたしきもあれど、土風といふばかりの事聞え侍らず。浄土真宗はみな火葬にて、土葬といふ事大かたなきまで也。衣服は白き上下を着す。くだりては白き布木綿を縫あわせて肩にかく。忌服中の慎大かた僧侶の如くするを至れりとす。喪を送りて歸り、修験者をめして祓せしめ、忌明けても祓す、浄土真宗のものはかうやうの事もせず。魚沼郡の山里にて葬送のをり、悲泣をたすくるによく聲をあげて泣ものをやとふて、泣かしむることありとぞ。喪家の貧富、泣くものの上手下手によりて、壹升泣、貳升泣といふと聞及び侍り。

一一八、七々日の法事云々

七々日の法事の外、次の月の命日をたち日とて供養し、四十九陰より百ヶ日弔ふの外なし。

一一九、一周忌 三年忌の條

三七を次第して五十年に至り、五十年を隔て遠忌を弔ふの外なし。

浄土真宗の家ではみな火葬であるとか、忌明けの祓《はら》いを修験者をたのんで行なうようなことはしないなどと記しているが、現在でも越前から越後へかけての北陸地方ではは浄土真宗の門徒が多く、「門徒もの知らず」といって古いしきたりなど、あまりこだわらないというのが世間のいいならわしとなっている。それが江戸時代から同様であったことがあらためてわかる。そんななかで、とくに葬儀で泣く者を雇うというような習俗が見られたことは注目される。先の淡路島でもみられたが、一升泣き、二升泣きという いい方がおもしろい。

次に、関東地方の事例をみてみよう。

一一七、葬送

士以上は儒法を行ふ。寝棺を製し、紅絹に其名氏君之柩と白粉にしるしたる銘旌を先立てる。提燈は高張、役格にて定数あり。其格式通の供廻龕迄白布を覆ふ。其跡に葬主其役格の供連にて、喪服は木綿鼠色、長袴迄同色。以下の人は麻上下同色なり。其後に由緒の人々行列本供にて見送る。高祿の人にても孝子の外は喪服は不着、其跡は知音懇意の人々群行す。墓地は郊外西東二ヶ所に墓所守を置、家々に場所を極て葬る。町人は居棺にて、葬主はあみかさをかむり、脇指の柄を白紙に包て帯す。其菩提寺へ葬る。農人は大に風俗異なる事、四五里にて變す。已々の畠に葬る、又山野に葬も寺地に葬るも有。太鼓をうつも又哭者をやとひて、其人の善をあけて言なから、哭して葬送するもあり。郷俗多端にて記しかたし。火葬は多一向宗也。他宗も間々あり。儒道に無之故に、士家にては不聞及。

一一八、四十九日にもちを四十九寺え贈る。(其員四十九)、主人は鹽をつけて食、人に不逢様に贈るといふ。未明に遣す事なり。

一一九、百年忌よりは、客には魚味の振舞を出す。

ここでは、喪主が編笠をかぶるとしているが、これは関東地方で今も見られる習俗である。また、先の阿波国の事例で、喪主が忌中に墓参りするに際しては編笠をかぶるものとしているのとも共通している。哭《な》く者を雇うというのも、淡路島や越後長岡領の事例と共通しているが、これは現在ではもうすたれてしまって見られない。

四十九日の餅は現在もまったく同様で、主人がこれに塩をつけて食べるいうのも、現在でも行なわれているしきたりである。

では最後に、東北地方の事例をみてみよう。

陸奥国信夫郡伊達郡

一一七、喪禮

亡者の家、門戸に翠簾を掛る。急速に近所・懇志寄り来る。親類遠方に知せ、葬式を催す。棺は四方棺。四人かた上かつぎ、屋根わらびて、上に玉か鳥を置く。若輩亡者はさもなし。四角箱に白麻・木綿やうのものをかける。こしかきは手傳人やとひ、下男にて常の衣服。供立、幡、ちょうちん、色々。其宗旨による。役付親類は麻上下・紋付衣服、他人送り羽織袴。但し亡者衣服は麻木綿・紙布さまざま。

笠・杖・脚半・たび・珠数、持道具品々死人の杖は卯の木を用ふ。菩提所住寺(持)、内の經前かみそり。是をかうずりと云。六文せんは、家により入ぬもあり。せき錢とて、四十八文寺へ送り、其外掛せんとて、家により二貫・三貫持て寺へ送るもあり。諷經僧・導師其場にて布施を渡す。但し亡者の衣服、壺に乗せて棺の前に持事皆同。位拜は相續の子持つ事皆同。引導經濟て、他人歸る。其節親類役付計下座して禮をなす。大方土葬にて、火葬は萬人に壹人、亡者の望による。當歳の若子は家の中、床の下に埋る。葬式なし。二才よりは寺に送る。懇意・近隣・町内七日の内香奠持参。大方はせず。其外香・まんぢう様々。女は別の赤飯持参。七日の内、處々より来る。大方一七日又は二七日すみて、みすをとり、弔来る家々に禮に行。是も近隣・親類・手傳に来る家にばかり也。遠方へは書状出す。

陸奥国白川領

一一七、　葬禮の事云々

家中にては江戸のふり合にかはる事無之候。しかし白昼に取置候か通例にて、敢て挑灯等も遣不申候。町方にては、葬禮の行列、棺壹、てんかひ、はた、八花、燈籠八つ但し先挑灯二つ是は箱挑灯也、假木戸位牌六位、だんご二組、霊膳、四花、線香、しきみ、葬禮に立候ものめい〳〵に持つ。尤分限に応し候。土地がらにて多分土葬に候。亡者の遺言等にて火葬にいたし候も有之。一向宗にては火葬多く有之候。在中農家にては、死者有之家へ菩提寺参り読經相済次第、其家の前より嫡子は位牌を持、近親類遠縁のものまで佛供、佛器等の品々を持、女は棺前に先立候て、縁の綱と申木綿を引はへ、是に取付行列いたし、村方は勿論近村までも打寄、老人念佛を唱、鉦、太鼓にて野辺送りいたし、旦那寺引導相済次第、墓所へ葬申候。土葬は棺共埋申候。火葬は藁、薪等にて焼、骨を拾ひ瓶に入候て埋申候。衣服は農人故木綿服にて、子息、近親は上下也。遠縁は袴羽織に葬禮の供いたし候。前に町方の葬禮の処に認落し候、町方にても葬式の節、嫡子は位牌を持、近親の続の順に霊供、佛具等を持。行列に立候は在中同様に有之候。服忌は、町在中共に、一七日相慎申候迄に御座候。是はその通服忌受候ては家業におくれ候故にも可有之哉。七日済候へは町人は店を開き商ひはじめ申候。農家にては山田畑の稼にかゝり申候。尤葬式相済候跡にて修験をたのみ、穢を祓ひ幣を切差置候を幣を門に立申候。

一一八、七々日の法事云々　一周忌、三年忌云々

藩内にては御問状の通、敢てかはりたる法事等無之。両親其外厚く供養いたし候は施餓鬼などいたし候も有之候。町方にては一七日、五七日、七々日歟の内佛事の

客を寺へ任せ、寺にて非時を振廻申候。四十九日の餅を佛前へ備、其節不幸の砌備物等に預り候方へ餅を配り候。其外は御問状通り、遠忌まで吊（弔）ひ申候。其間廿一年忌を訪ふも有之候由、在中農家にては、七々四十九日より百ヶ日迄供養いたし、夫より一周忌、三年、七年、十三年、卅三年忌までにて、其外祭供養いたし不申候。尤分限のものは世間並の通、五十年以上遠忌も吊（弔）ひ申候。

これらによっても、当時、かうずりといって死者の頭髪を剃って出家姿にするとか、棺にとりつけた縁の綱と呼ぶ木綿の布を女性たちが引いていくとか、寺での法事の食事を非時《ひじ》というとか、四十九日の餅のことなど、今日の民俗でも見られる行事がふつうに行なわれていたことがわかる。

さて、このような近世後期のアンケート調査に対する答書のいくつかを読んでみてわかることは何か。それは、この葬送儀礼のような民俗の歴史というのは、近世、近代、現代というような時代区分とは別の、もっとゆっくりとした長い時間のうねりの中で変化していくものだということである。近世後期の葬送習俗は、昭和三十年代以前まで行なわれてきていた、私たちの体験している葬送習俗とほとんど同じものなのである。

そして、同時に、現代社会における葬送習俗の急激な変化を目のあたりにするとき、現在つまり、私たちの生きているこの時代というのは、そのような民俗の激変、さらには消滅をもたらすような経済と社会の構造の大きな変革のまっただ中にあるのだということを、あらためて思い知らされるのである。

註

（1）平山敏治郎「諸国風俗問状　解題・註記」（『日本庶民生活史料集成第九巻』昭和四十四年、三一書房、に収録）

Ⅲ　他界への憧憬

一章　盆に来る霊

1　盆の行事

盂蘭盆

盆の行事の歴史は古い。『日本書紀』推古《すいこ》天皇十四（六〇六）年の記事に「この年より初めて寺ごとに四月八日、七月十五日に設斎《おがみ》す」とあるのが最初である。斉明《さいめい》天皇三（六五七）年七月十五日条には「須弥山《しゅみせん》の像を飛鳥《あすか》寺の西に作る。且《か》つ盂蘭盆会《うらぼんえ》を設《もう》く」とあり、斉明天皇五（六五九）年七月十五日条には「群臣に詔して、京内の諸寺に盂蘭盆経を勧講《と》かしめて、七世の父母を報いしむ」とある。七世紀当時の蘇我《そが》氏を中心とした仏教興隆の中で、すでに盂蘭盆経（西晋《せいしん》（二六五～三一六）の竺法護《じくほうご》訳『仏説盂蘭盆経』）が請来《しょうらい》されて講じられ、七世父母の抜苦と報恩が祈られていたことがわかる。

この盂蘭盆の語の意味については、梵語《ぼんご》のウランバナつまり倒懸《とうけん》、逆さまに吊るされる苦しみの意味だという解釈と、もう一つ、盂蘭盆は盆器、供物の容器の意味だという解釈との二つが古くから併行してあった。前者の倒懸の解釈は、唐の貞観《じょうがん》年間（六二七〜六四九）の僧玄応《げんのう》撰述の『一切経音義《いっさいきょうおんぎ》』が示したもので、中世の一条兼良《いちじょうかねら》の『公事根源《くじこんげん》』にもみえ、近代のサンスクリット語学者荻原雲来《おぎわらうんらい》（一八六九〜一九三七）が強調したこともあって、最近まで多くの辞典類で書き継がれた解釈であった。しかし、そんな受け売りの解釈に疑問を呈して、文献と民俗の資料をもとに、もう一つの解釈、つまり盆は供物を盛る器であることをあらためて指摘したのが柳田國男《やなぎたくにお》であった。たしかに『仏説盂蘭盆経』にも「百味の飲食を以《もっ》て盂蘭盆の中に安《やす》じて」などと供物の容器の意味が記されており、平安時代の有職故実書はすべてこの解釈を紹介していた。当時の辞典の『和名抄《わみょうしょう》』（九三一〜九三八成立）も「盆　之《これ》を缶保度岐と謂《い》ふ」といい、鎌倉時代の『塵袋《ちりぶくろ》』巻八（一二六四〜一二八八頃成立）も「ホトキハ盂蘭盆ノ時用ルモノナリ（中略）瓫《ほとき》ハ器物ノ一ノスガタニテ」とあり、柳田は盆の名の由来は精霊《しょうりょう》に供える器物の瓫、お盆のことであったと論じていたのである。

一方、盂蘭盆の語源を探り、サンスクリット語にはウランバナという語はまったく存在しないことを論証し、西晋の時代の中央アジアとの交流の観点からイラン系ソグド人の活動に注目して、盂蘭盆という語はイラン系言語で死者の霊魂を意味するウルヴァン urvan を原語とする、という説を提示したのが、仏教学者の岩本裕《いわもとゆたか》（一九一〇〜一九八八）であった。そして、最近の辞典類では、まだ旧来のウランバナ・倒懸の説を書いているものもあるが、新しいウルヴァン・霊魂の説を書いている例もある。したがって、柳田や岩本の提唱した新しい説、つまり盂蘭盆の語源はウルヴァン・霊魂、意味は供物の容器である瓫《ほとき》、お盆のことである、というのが有力な見解となっているといってよい。

盆供と魂祭り

盆行事の基本的な意味が、先祖や死者への飲食物などの供物であり膳物の容器であったことは平安時代の『延喜式《えんぎしき》』に記す大膳式による盆供《ぼんく》の供養料の記事によってもわかる。そこには米などの五穀をはじめとして、昆布や海藻、瓜《うり》や茄子《なす》や荷葉《かよう》（蓮の葉）などが列記されている。『蜻蛉日記《かげろうにっき》』の記事からも平安貴族の社会では、親元への盆供送りの習俗が定着していたようすがわかる。そして、盆供には先祖や死んだ両親だけでなく生きている両親への供物の意味がこめられており、鎌倉時代の藤原定家《ふじわらのていか》の日記『明月記《めいげつき》』の天福《てんぷく》元（一二三三）年七月十四日条には「二代之御瓫存例送嵯峨、（中略）俗習有父母者今日魚食云々」という記事がみえる。穀類だけでなく生きている両親には季節の魚を送ってその生命力を強化する願いがあったものと思われ、そのような親元へ五穀や酒や魚を送る記事は、室町時代から江戸時代の日記類にも頻出している。江戸時代前期の貝原益軒《かいばらえきけん》の『日本歳時記』によればそれらは、生見玉《いきみたま》などと呼ばれていたことがわかる。そして、そのような習俗は現在も、近畿地方をはじめ日本の各地の村落で伝えられており、奈良県下では健在な両親へ刺鯖《さしさば》を送る習慣がよく知られている。

つまり、盆は正月とならんで先祖の魂祭りの意味をもつ行事であったと同時に、健在な両親の場合にも、子どもたちがその魂祭りつまり年取りと生命力の強化のため年に二回の米麦や魚類の贈答の風習として伝えられてきたのである。盆の麦や素麺《そうめん》や生見玉の刺鯖に対して、正月の歳暮の米や餅やブリやサケなどの正月魚というのが対照的であり、「米麦と魚類の組合せ」が魂祭りの贈答の特徴であった。

精霊迎えと墓参り

平安時代の貴族たちの場合には、その極端なまでの触穢《しょくえ》思想により、死穢《しえ》の充満する埋葬墓地への墓参の習俗は当時はみられなかったことが『栄花物語』などの記事によって知られる。しかし、鎌倉時代末期から南北朝時代になるとしだいに墓参の習俗がみられるようになってきていた。たとえば、卜部《うらべ》兼好《かねよし》の『徒然草《つれづれぐさ》』の中の、「さるべき日ばかり詣でつつみればほどなく卒塔婆《そとば》も苔むし、（中略）思ひ出てしのぶ人あらんほどこそあらめ、そもまたほどなく失《う》せて（中略）跡とふわざも絶えぬれば」などという記事からわかる。室町時代の貴族、中原師守《なかはらのもろもり》の日記『師守記』によれば、お盆の七月十四日には中原家の墳墓への墓参が行なわれ、先祖の遺骨を納める墓石に水向けをして阿弥陀経や念仏があげられていた。夕方には邸内で盂蘭盆講が催され、翌十五日には邸内で先祖諸霊への霊供のお膳が供えられていたことがわかる。くだって、『十輪院内府記』の文明《ぶんめい》十三（一四八一）年の記事や『義演准后日記《ぎえんじゅんごうにつき》』の慶長《けいちょう》二（一五九七）年の記事などによると、座敷での盆供の調進と撤去の様子が描かれており、現代にもつながる盆の精霊棚の設置と先祖諸霊の迎えと送りの習俗が形成されてきていたことがうかがえる。

ちなみに、盆の精霊を迎える高灯籠《たかとうろう》の迎え火の記事がみえる早い例は、鎌倉時代の『明月記』の寛喜《かんぎ》二（一二三〇）年の「近年民家今夜立長竿、其鋒付灯楼物、張紙、挙燈、遠近有之、逐年其数多、似流星、人魂摘著綿」という記事で、当時それが流行《はや》ってきていたことが知られる。現在の民俗では高い灯籠は新亡の死者を迎えるための新盆に特徴的なものであるが、京都でそれが流行をみせてきていたのは鎌倉時代から南北朝時代のころのことであり、それらは、一般の死者の精霊を迎えるためのものであったことがわかる。

七月は盆の月

こうした仏教式の盂蘭盆供養とは別に、民間で行なわれてきている民俗伝承としての盆行事には興味深い伝承がたくさんみられる(1)。

現在のように新暦になってからは、七月に行なうところと月遅れで八月に行なうところとがあるが、もとは旧暦七月十五日の満月の夜を中心とした前後一連の行事であった。

一般には、十三日の夕方に迎え火を焚くなどして先祖の霊を迎え、十五日または十六日に送るものとされているが、それに対して七月一日をもって盆の始まる日と伝える伝承も多い。

七月一日を釜蓋朔日《かまぶたついたち》または地獄の口あけなどといって、この日、地獄の釜の蓋があいて亡者たちが出て来るといい、千葉県市原郡や長野県南安曇郡《みなみあずみ》などではこの日、地に耳をつけると、地獄の蓋があいて精霊《しょうりょう》の叫ぶ声が聞こえるとか、地獄の石の戸の音が聞こえるなどといっている。

また、このころ飛びはじめる赤とんぼの一種を盆トンボ、精霊バブなどと呼び、これに先祖が乗って来るので捕ったり追い払ったりしてはいけないといっている地方は、岡山、九州南部、南島の喜界島などと広い。

また、盆道作りといって、この日、墓地から家まで道の草を刈るという例が東海地方などにはある。

なかでもこの日の行事できわだっているのは高灯籠で、六月晦日《みそか》の夜、あるいは七月一日に庭先に高い柱をたて、これに灯籠をつけて火をともし、精霊を迎えるための標識とする。こうした例は東日本一帯から近畿、四国地方にかけて特に顕著である。これは新仏《しんぼとけ》のある家、あるいはそれから三年以内の家の場合によく見かけられ、柱の先に緑の杉葉をつけて十文字に交叉させた形に作っているものが多い。

こうした例からみると、盆の行事というのは七月一日からもう始まっていると考えてよいであろう。

そして、これに続いてたいせつな行事の行なわれるのが七月七日である。七月七日といえば七夕の日で、大陸伝来の牽牛《けんぎゅう》、織女《しょくじょ》の伝説が印象的で、最近では七夕と盆とはあまり関係がないように思われがちであるが、実はこの日を七日盆あるいは盆始めなどといって、墓掃除や道草刈りをしたり、仏具を洗う例が各地に見られる。

また、高灯籠をたてるのもこの日からであるという地方も多く、タナバタウマ、ムカエウマなどといって麦わらや野菜などで馬を作り、門口や庭先に吊しておく例も東北、関東、北陸などに多い。

しかし、この七夕の日の伝承で特に注目されるのは水に関するものである。この日は必ず雨が降るものだというのはほぼ全国的で、子供たちがこの日七度食べ七度水浴びするとか、牛馬を水浴びさせるとか、また女性が髪を洗うなどという例もほぼ全国各地にみられる。これらはいずれも十五日の先祖の魂祭に先だって行なわれる、禊《みそぎ》の儀礼としての意味をもつものと考えられている。

そして、十一日か十二日には盆花といって山から先祖に供える草花をとってくる。地方によって花の種類はそれぞれであるが、ききょう、おみなえし、みぞはぎなどが代表的なものである。

精霊迎え

いよいよ、十三日の夕方になると精霊迎えの迎え火が焚かれる。その焚く場所は地域によって実に様々で、山の頂上や川辺、あるいは海辺で焚くという興味深い例が各地で点々ときかれる一方、やはり墓地や辻で焚くという例が多い。

先祖の霊魂はいったいどこからやって来ると考えられてきたのであろうか。山のかなたの虚空からか、あるいは海のかなたの水平線のむこうからなのか。

先祖を迎える家々の門口や庭先でもやはり、それぞれ夕闇の中に迎え火が焚かれる。

写真B　ザシキ（座敷）に設えられた盆棚。棚の下の方には餓鬼仏のための特別な膳もみられる。（東京都東久留米市小山）

千葉県君津郡では焚きながら、

おんぢい　おんばあ　これをあかりに

お茶飲みにおいでなしてくだされ

と先祖の霊に呼びかけるといい、秋田の城下では、

おんぢいな　おんばあな　馬こに乗って

べここに乗って　明るいに来たうらえ　来たうらえ

と唱えたという記録がある。

盆棚

こうしてはるばると子や孫たちの家を訪れた先祖の霊魂は、盆棚あるいは精霊《しょうりょう》棚と呼ばれる特設の棚に祭られ、十四、十五日と種々の饗応《きょうおう》をうける。

盆棚には位牌《いはい》が並べられ、灯明《とうみょう》、食膳などがあげられるが、特に盆のアラレなどといって、なすを賽《さい》の目に細かく切ってこれに洗米を混ぜたものを里芋の葉に載せて供えるという例が、なぜか全国的に見られる。このアラレという供物の性格とその意味についてはまだよくわかっていないのであるが、そこに盆の魂祭りの習俗の重要な一部分が秘められていることは確かであろう。

また、このとき家々を訪れると考えられたのは親密な先祖の霊魂ばかりではなかった。餓鬼仏、無縁仏などと呼ばれる誰も祭る者のいない寂しい悲しい霊魂が現世に帰って来ると考えられた日でもあった。人々はそれに対しても配慮を忘れず、先祖の霊の安息所である盆棚、精霊棚のほかに棚の下などに、特にそれらのための別の供物をあげる例が多い。

また同じ先祖の霊であっても、特に死後間もない不安定な新仏に対しては、いろいろと特にていねいな儀礼が催されるのも全国的である。

精霊送り

こうして子や孫たちの歓待をうけた先祖たちは再び彼らの世界へ帰っていく。現在では十五日の夕方から夜半にかけて、または十六日の朝という例が多いが、このとき山の上または川辺、海辺などで焚く送り火の行事には、京都の五山の送り火、長崎の

若者たちに曳かれ海上に送り出される精霊船。（神奈川県横須賀市三戸）

精霊流しなど、各地の夏の風物詩として親しまれているものも多い。

そしてまた、なすやきゅうりで馬を作り、それに先祖が乗って帰るのだといっている地域や、精霊船などと呼ぶ船を作って川や海に流して送る地域は広く、こうした先祖の霊魂を送る方法、またその帰っていく方向についても、迎え火の場合と同様にさまざまな形が見られる。

盆の魂祭り

民間の盆行事というのは実にさまざまな儀礼が重層しており、単に仏教的な盂蘭盆供養の法会が民間に流布したものとする説明だけでは解決のつかない問題がたくさんある。

盆踊りにしても、全国各地で実にさま

ざまなものが伝えられており、そのもともとの意味についての検証も興味深い問題である。亡者踊りというようないい方があるところからすると、それはもともと新しい死者の荒魂《あらみたま》の憑霊《ひょうれい》の踊りであったかもしれない。折口信夫《おりくちしのぶ》は、先祖の霊魂の来訪に便乗してやってくる邪霊や悪霊のたぐいを送り去るための踊りが盆踊りのもとの意味であったとのべている。

また、両親の健在な吉事《きちじ》盆《ぼん》の場合、盆サバなどといってとくに魚を食べるイキミタマという習俗、また子供たちが河原にかまどを作って煮炊きして遊ぶ盆竈《ぼんがま》の行事など、いろいろな奥深い問題をはらむ儀礼が盆の行事には集中している。

そして、そこには、盆の行事が、もともと先祖の霊魂を迎えて共食し交じわるという意味をもつと同時に、一方では、この季節、とくにその年にとれた麦や野菜など新しい収穫物を供えて食べては、生きている側の人間の新しい生命力を再生・強化する人々の魂祭りとしての意味もあったのではないか。そのように推定できる伝承も少なくない。

2　新仏の祭り

三種類の霊

盆の行事の構成は思いのほか複雑で、問題点も多岐にわたるが、ここではとくに、盆にまつられる霊魂とは何か、という点にしぼって考えてみよう。

盆の行事を、仏教式の盂蘭盆会が民間に流布したものではなく、もともと民間に伝えられていた先祖祭があり、それが仏教の教説と習合したものであると説いたのは柳田國男である。(2)

そして柳田は、盆にまつられる精霊《しょうりょう》に、やや種類の異なった三種類のものがあるということを指摘した。三種類の霊とは、家の先祖の霊、一年から三年以内に死んだばかりの新仏の霊、それに誰もまつり手のない無縁仏や餓鬼の霊、である。

たしかに、一年以内の新しい死者の初盆では、ふつうの盆とちがってことにていねいにするとか、灯籠や盆棚などの設備の上でも特別なきまりがあるという例が多い。また、ふだんのお盆でも、先祖の位牌をならべた座敷の盆棚の下にそっと里芋の葉を敷いて供物をのせ、麻幹《おがら》の箸をそえておくなどして、これは無縁さんや餓鬼さんのためだといっている例は多い。

そして、もっとはっきりした事例では、先祖の霊をまつるのは家の中の座敷などに設けた棚で、新仏や無縁の霊は屋外の庭先などに特別に設けた棚でというような、まつる場所を区別しているような例も多い(3)。

これについての柳田以来の解釈としては、次のようなものである。家の先祖は年忌の供養や盆のまつりをうけて安定化した霊である、それに対し、まだ死んでまもない新仏の霊はアラミタマであり、不安定な状態にある、無縁仏や餓鬼仏の霊というのは誰もまつり手のないいつまでも不安定な霊である。したがってこれらは、まつる場所を屋内と屋外にするとか、棚の設《しつら》えをとくに新仏や無縁仏の場合には今年竹をつかい青葉で囲むなど特別にして両者を区別するのだ。ただし、新仏の霊は盆や年忌の供養やまつりを受けるうちに、しだいに清まっていき、やがて先祖の仲間へと加わっていく、と(4)。

そこには、新仏は荒忌みの不安定な霊であり、それが家族のまつりや供養を受けることにより、清まって先祖の霊へと昇化していくのだとする考え方があった。そして、誰もまつり手のない死者はいつまでも浄化されることのない無縁仏として迷いつづけるものと考えられたのである。

盆棚のいろいろ

しかし、その後、あらためて各地の事例を整理しなおしてみると、盆棚の形状やその設置される場所の上での差異が、必ずしも先祖、新仏、無縁仏という三者のまつり方を分ける上での差異ではないということが明らかになってきた。

つまり、安定化したはずの先祖のための盆棚も、必ずしも屋内とは限らず、屋外に設けられる例が少なくないということがわかってきたのである。

この点にいちはやく気づいたのは、喜多村理子氏である。(5) 喜多村氏によれば、新仏や無縁仏に固有の装置と考えられてきた、盆棚を檜《ひのき》や杉などの葉で囲うかたちも、また、屋外の柱や板にとりつけただけのかんたんな棚でまつるかたちも、いずれも先祖をまつる場合にもしばしばみられるものであり、盆棚の形状やその設置される場所によって、まつられる精霊の差異を区別することはできないというのである。

たとえば、盆棚の形状からいっても、新仏と先祖の棚とが同じように杉の葉でかこうかたちの事例が少なくない。

事例　静岡県田方郡土肥町小下田菅沼(6)

月遅れの盆で、八月七日に新仏のある家では、主な親戚が集まって縁側にトウロウサンと呼ぶ棚をつくる。トウロウサンというのは、竹を四本立てて棚をつくり、その棚の四方に低い杉葉の垣根をめぐらせたものである。これは死亡して三年以内の新仏のためにつくる。そして畑でとれたものやまんじゅう、米粉の団子などを供

写真C−1　菅沼のトウロウサン。（喜多村理子氏撮影）

える。

一方、十三日には女竹の新竹を床の間の両側に二本立てて、葉の部分を折り曲げて門のようにつくり、それにとうもろこしなどの供物を吊す。床の間にはトバで編んだござを敷いて女竹と杉葉の垣根をつけ、位牌を安置する。これをショウロウサンと呼ぶ。ショウロウサンは先祖のための棚である。

また、屋外に設けられる棚でも、新仏や無縁仏に限らず、先祖をまつるという事例が、少なくない。

事例　徳島県那賀郡相生町築ノ上[7]

一　八月十三日の昼ごろまでに、オモテノクチと呼ぶ座敷の前方の軒下に、ホトケサンノオタナをつくる。ホトケサンノオタナというのは、四本柱を立て、背丈ほどの高さのところに二尺四方ほどの棚をとりつけたものである。そこに里芋の葉を四枚くらい敷いて、その上に仏壇から出してきた位牌をすべてならべる。棚には団子、果物、ご飯とおかず、野菜、菓子、線香立てなどを供え、花立てには樒《しきび》や水萩《みずはぎ》をさす。また、茶碗に水を注ぎ賽《さい》の目に切った茄子を入れたものに三、四本の水萩を束ねてつくったホウキが付けてあり、拝むときには、このホウキを水に浸してパッパッと位牌にふりかけてから拝む。

盆の間の供物はオタナの上に供えっ放しにしたり、いったん台所に保管したりするが、十四日の夕方に位牌を仏壇に戻してオタナをかたづけると、それらはみんな川へ流す。

お茶は盆の期間中に二十一回あげるが、下げるたびに無縁さんがいるからといって門口に放りすてる。

これに対し、新仏のある家でも同様で、新しい位牌も古い位牌といっしょにオタナの上でまつる。ただ、新仏の家では十四日に川に行き、竹で二つの棚をこしらえてその下で火をたいて念仏を唱える。一つは本尊、もう一つは新仏の棚で、棚の下には百八個の石をならべる。

写真A 常設の仏壇の前に青竹を立てて棚をつくり、ござを敷いてその上に供え物をする。（静岡県小笠郡大須賀町河原町）

この地域では十三日夕方から十四日夕方までを仏様の盆、十五日は神様の盆、十六日は人間の盆といって、十四日にホトケさんを送ると、十五日には赤飯とお神酒《みき》を神棚に供え、十六日には盆踊りや花火をして楽しむ。

つまり、柳田の段階では、盆棚の形状や設置場所の相違は、そのまつられる霊の種類の相違として考えられていたのであるが、その後の調査によって、必ずしもそうとはいえないということになってきたのである。

そして、同じ先祖をまつるのにも

A　屋内の仏壇に新しいござを敷くなどしてまつる。[8]　——写真A

B　屋内の座敷などに盆棚をつくり、そこに仏壇から位牌を出してまつる。[9]　——写真B（295頁）

写真C-2　新仏の盆棚。（大阪府南河内郡千早赤阪村）（喜多村理子氏撮影）

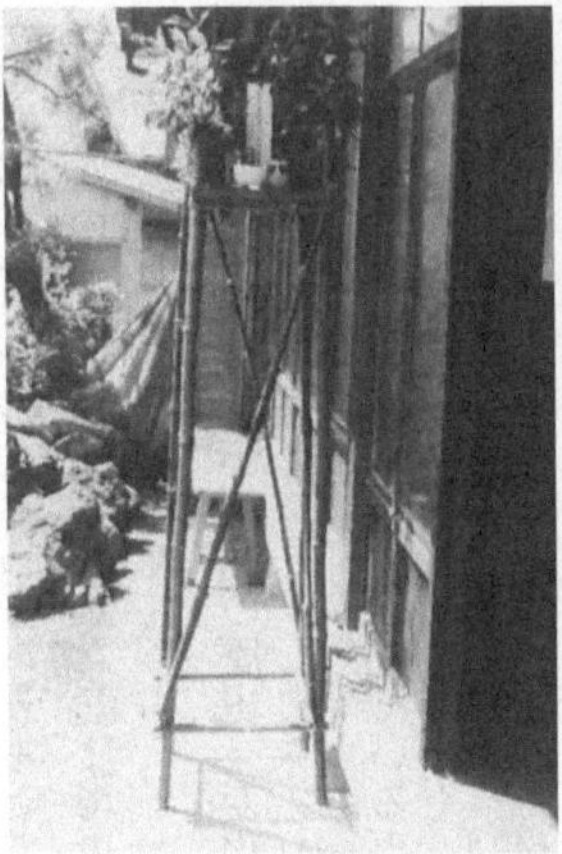

写真D　吉田の新仏の盆棚。コシカケ。（喜多村理子氏撮影）

C　屋内と屋外の境目ともいうべき縁側に盆棚をつくってまつる。[10]――写真C-1（302頁）、C-2

D　屋外の軒先に盆棚をつくってまつる。[11]――写真D

E　屋外の庭先に盆棚をつくってまつる。[12]――写真E（307頁）

という変化形の存在が確認され、これらは常設の魂棚ともいえる仏壇が今日のように家の中に設けられるようになる以前の、盆棚の移動のあとを示しているのではないかと考えられるようになった。[13]

もともと、庭先や軒下に盆棚をつくって先祖をまつっていたのが、やがて仏壇ができ、位牌がつくられるようになって、先祖の霊は屋内でまつられるようになったのではないか。AからEまでの五つの変化形の存在は、そのままE・D・C——→B・A
という祭壇設置場所の移動の歴史、変化の過程を示しているのではないかと考えられるようになったのである。そして、このように、先祖の祭壇が屋外から屋内へと移動したことを実際に今も言い伝えている事例も少なくないのである。

たとえば、三重県の名張地方でも、むかしは盆棚は屋外につくったが、のちに屋内に移り、今は仏壇でまつっているという[14]。愛知県東加茂郡旭町でも、今は屋内が多いが、戸外につくる家もあるという[15]。岡山県苫田郡加茂町でも縁側の柱に棚をつくってその前方に土盛りをしていたが、しだいに縁側に机を出してまつるようになり、さらに床の間へと移ったという[16]。

そしてまた、屋内に移したといってもまだ屋外の棚も残しているような事例もある。たとえば、岡山県勝山町では、先祖は仏壇でまつるが、庭にも棚がつくられ、仏はここで一休みしてから家に入るといい伝えられている[17]。高知県香美郡土佐山田村楠田でも、仏壇と縁側の盆棚のほかに庭先に竹と檜の葉でつくった水棚をまつっている[18]。

これらはまだ屋外の棚も先祖の休み場所といい伝えている事例である。

写真E　新盆の家では水棚をつくる。トーマ組（近隣組）の者が8月13日につくってくれる。14日仏壇の新位牌を屋外の水棚に移し、供え物などして読経供養が行われる。下の写真は水棚のできあがり。（高知県土佐市甲原）

盆にくる霊

さて、こうして、仏壇の設置や位牌の出現によって、先祖の祭りの場所が庭先から仏壇へと移動していき、それまでの古い形態である屋外の棚が新仏や無縁仏をまつるものと考えられるようになったとするならば、仏壇以前、つまり、庭先の棚で盆に訪れ来る霊をまつっていた段階では、はたして先祖、新仏、無縁仏の三種類の霊というはっきりとした区別が存在したのであろうか。その点が疑問となってくる。

同じ場所で同じ形状の棚に、つまり戸外の庭先に今年竹や杉の葉などでこしらえた棚に霊をまつっていた段階で、そのまつられる霊に区別があったのであろうか。まつる方式が同じである以上、まつる対象をことさら三種類に分けていたとは考えがたい。やはり屋外の棚でまつっていた段階ではまだ三種類の霊の区別はみられなかったのではなかろうか。

では、その三種類の霊に分化して行く以前の、盆にまつられる霊とはどのようなものであったか。

また、どのような経過を経て三種類の霊へと分かれていったのだろうか。

そこで、ふたたび喜多村理子氏が調査した、表8に見るような兵庫但馬地方の沿岸部の諸事例がたいへん参考になる。(19)

表8　但馬地方沿岸部の屋外の棚

地名	棚の呼称	場所	形態	祭る対象	供物	棚経	宗派
柴山	オショライサン	庭	杭に板や箱を取り付ける	先祖・無縁	供え放し・下げる	棚	禅宗
沖浦	オショライサン	軒下	〃	先祖・無縁	供え放し・お茶湯のみ	棚	真言宗・浄土宗
香住	オショライン	軒下・庭	〃	先祖	供え放し・下げる	棚	真言宗・浄土宗
大谷	オサライサン	庭	〃	先祖	供え放し	仏壇	真言宗
鎧	サラエダナ	軒下	〃	先祖	供え放し	仏壇	禅宗
余部	サラエダナ・サイリダナ	庭	〃	先祖・無縁	供え放し	棚	禅宗・真言宗
久谷	サラエダナ	庭	〃	先祖・無縁	供え放し	棚と仏壇	禅宗
赤崎	サラエダナ	庭	〃	先祖・無縁	供え放し	仏壇	禅宗
三尾	サラエダナ	庭	〃	先祖	供え放し	仏壇	禅宗
釜屋	サラエダナ・サラダナ	軒下	〃	先祖・無縁	供え放し	棚	禅宗
居組	サラエダナ	軒下	軒下に板を取り付ける	無縁	供え放し・下げる	棚	禅宗

喜多村理子「盆に迎える霊についての再検討」『日本民俗学』一五七・一五八より

これらは、いずれも先祖をまつるための棚と意識されており、一部に先祖と無縁仏との混同がみられる。この点に注目した喜多村氏はさらに詳しい調査を試み、とくに余部の浜地区で興味深い伝承を確認している。

それは、もともと無縁仏とか餓鬼仏についてはほとんど聞いたこともなく、何も知らずに、ただ盆棚は先祖をまつるものとだけ考えていたこの地域の人々に、仏壇が先祖でその戸外の棚は無縁仏をまつるものだとさかんに説いたのは、他ならぬ壇家寺の住職であったという事実である。[20]

喜多村氏ものべているように、盆にまつる対象としての無縁仏の定着の背景すべてを、こうした壇家寺の住職の解説によるものとはもちろんいいきれないであろう。しかし、このような事例が存在することもたしかである。そして、仏壇の設置によって、盆に来る霊のうち、まず家の先祖が分離して屋内でまつられるようになったために、それに対応するかたちで無縁仏の存在がクローズアップされてきたとすれば、それは、あまり古い時代のことではなかったろうと思われる。なぜなら仏壇の設置や位牌の普及自体が一般的には江戸時代の中期以降のことだからである。

では、三種類の霊が未分化の段階での盆にまつられる霊とはどのようなものであったか、という問題であるが、まず、指摘できるのは次のような点である。

・先祖のまつり方と新仏や無縁仏のまつり方とを比較してみると、前者と比べて後者の方が、棚の形状にしてもその設置場所にしてもより古い形態をのこしている。

・一般に盆棚への供え物は下げて食べることはせずに、供え物はつぎ足していって、最後に送りの段階で茣蓙《ござ》などに包んでみんな川に流すのであるが、このような、盆棚への供物は食べない、という禁忌をいまもとくに強く伝えているのは、無縁仏や餓鬼仏に供えたものである。つまり、無縁仏や餓鬼仏のまつり方の中により古い方式が残っていることになる。

先祖のまつり方よりも新仏や無縁仏のまつり方により古い形態が残っているのであるとするならば、観念の上でも、先祖より新仏や無縁仏をまつるとする方がより古いものといえるのではないか。そして、無縁仏や餓鬼仏が仏教的な脚色のもとに普及してきたものとするならば、新仏こそ、盆の行事においてまつられるべき中心的な対象ではなかったか。

やはり喜多村理子氏が調査した次のような事例などは、ふつうの家と新仏の家との差があまりなく、新仏をまつる事例であると同時に、盆の行事の古いかたちを今に伝えているものではなかろうか。

事例　高知県安芸郡北川町和田(21)

アラビの家、つまり三年以内の新仏のある家では、八月十三日に軒下に板で棚を吊り、棚の四方に竹の葉の部分をくくりつける。棚には芭蕉の葉を敷いてその上に新仏の位牌を安置し、花立てに樒《しきび》をさし、菓子や果物などを供えて、鉦《かね》や線香立てなどもおく。

アラビの家もその他の家も、十三日の夕方までに、仏壇に菓子や果物などを供え、川原か涌き水の出るところへ行って石を立て、その前に竹の花立てをさし樒をあげておく。

日がくれると松明《たいまつ》を門口に立てる。松明は松とまきの木を短かく切って束ねたものだが、門口に立てるのはこれを長い今年竹の先にかけて火をともしたもので、これを高ボテと呼ぶ。便所でも松明をたき、アラビの家では軒先に吊るした棚の下でも松明をたく。

つづいて家々では、松明、洗米《せんまい》、線香をもって川原に立てた石のところへ行き、松明を一把もやして線香を立て、洗米を供えておがむ。

このように松明を門口や棚の下や川原で燃やすことを、センゾンサントボシといい、とくに川原で火をたくことを、センゾンサンを供養するという。

和田のアラビの家の盆棚。（喜多村理子氏撮影）

十四日の朝、アラビの家では、近くの奈半利川の川原におりて、近所や親戚の者に手伝ってもらって、ハマ作りをする。ハマとは川石を敷きならべてその上に適当な大きさの石を立て、四方に竹を立てて葉の部分を曲げて結びあったもので、石の前には竹の花立てを一対さしておく。

昼前になると、ムラの人々がアラビの家を訪れ、軒下の棚の前に素麵や砂糖を供えておがみ、それからハマ参りと称して川原へ行く。米、ごはん、樒《しきみ》、団子を百八個、松と槙《まき》の木を束ねた松明を百八把、梶の葉を百八枚もって行き、米やごはん、団子百八個を供える。集まったムラの人たちはひしゃくで川

和田のアラビの家のハマ。（喜多村理子氏撮影）

の水をくんで石と樒にかける。そのあとで、松明に火をつけて、梶《かじ》の葉を燃やし、その火で米、ごはん、団子などの供え物をすべて焼く。

このハマ参りをすませると、ムラの人たちはアラビの家へ行き、お昼の食事をごちそうになる。

十六日、長いものをあげないと、センゾンサンが荷物をくれないといって、素麺と団子を供える。夕方早めに、門口、便所で、アラビの家の場合はその他に軒下の棚のところと川原で、松明を焚いてセンゾンサンを送る。

アラビの棚はこわして、竹の部分は川に流し、板は焼いてしまう。

棚を流す十六日に、子供が川に泳ぎに行くと、お地蔵様に嗅ぎつかれて病がつくといい、この日は川に行くことを禁じた。

つまり、戸外の庭や広場、川原などに作られた盆棚で、死んで三年以内くらいの新しい死者の霊を中心に、それにつらなる記憶の中にある父母や祖父母たち、また、それこそまつり手のない無縁仏、それらが渾然《こんぜん》と混じりあったものとしての死者の霊たちをまつる、というのが古いかたちであったのではなかろうか。そして、その中心はあくまでも死んでまだ記憶に新しい新仏たちの霊であったのではなかろうか。

註

（1）以下の概説の根拠となる出典は、柳田國男編『歳時習俗語彙』（昭和十四年、民間伝承の会）、民俗学研究所編『綜合日本民俗語彙』（昭和三十年、平凡社）、『旅と伝説』七の七（盆行事特集　昭和九年）、文化庁編『日本民俗地図』Ⅰ（昭和四十四年）、などである。

（2）柳田國男『先祖の話』（『定本柳田國男集』第十巻）

（3）伊藤唯真「盆棚と無縁棚」（『年中行事　講座日本の民俗6』昭和五十三年、有精堂）

（4）註（3）のほか、『日本民俗事典』の祖霊の説明など、一般に民俗学の概説ではこのようなニュアンスで説明されている。

（5）小松理子「新仏の祭り方」（『民俗と歴史』三号　昭和五十一年）にすでにその指摘があり、喜多村理子「盆に迎える霊についての再検討」（『日本民俗学』一五七・一五八号　昭和六十年）で明確にしている。高谷重夫「餓鬼の棚」（『日本民俗学』一五七・一五八号　昭和六十年）も同じ趣旨の論文として提出されている。

なお、すでに早く、鈴木満男「盆に来る霊」（『マレビトの構造』昭和四十九年、三一書房）が、台湾の漢族の中元節の分析を通して、東アジアの盆行事は元来この季節にやってくるひもじい霊の大群に対して、これをもてなし喰い飽かせる儀礼であったとのべている。

（6）小松理子「新仏の祭り方」前掲

（7）喜多村理子「盆に迎える霊についての再検討」前掲

（8）一般的にみられるかたちで、とくにその代表的な事例をあげるまでもないと思われるくらいである。

（9）註（8）に同じ

（10）これは喜多村氏が追跡して集めてみた事例である。

（11）註（10）に同じ

（12）註（10）に同じ

(13) 註（5）に同じ
(14) 高谷重夫「餓鬼の棚」前掲、『名張の民俗』名張民俗研究会
(15) 加藤三郎「愛知県の歳時習俗」(『南中部の歳時習俗』明玄書房)、『矢作ダム水没地域民俗資料調査報告』第二集　昭和四十二年
(16) 高谷重夫「餓鬼の棚」前掲、『岡山県史』民俗2　昭和五十八年
(17) 註（16）に同じ
(18) 高谷重夫「餓鬼の棚」前掲、文化庁編『日本民俗地図』I　昭和四十四年
(19) 註（7）に同じ
(20) 註（7）に同じ
(21) 註（7）に同じ

二章　人を神に祀る風習

1　三つの疑問

毎年、正月になると、各地の神社はきれいな晴着で着飾った初詣での客でにぎわう。東京の明治神宮も大勢の参拝客でいっぱいになる。テレビ中継車も出て、芸能人による催し物なども行なわれ、その模様が全国に放送される。

わたしたち日本人には、何の不思議もない、いつもの正月風景であるが、これが、外国人の目には何とも奇妙にうつるらしい。

知り合いのフランス人がいうには、人間が神様になるということが、どうにも不思議なことらしい。立派な信仰者がその死後、聖パウロとか聖ヨハネ、また聖ベルナデッタなどのように敬われることはあるが、それは神様としてではない。

また、遺体が京都の桃山御陵《ももやまごりょう》に葬られており、そこには立派な墓がつくられているのに、それとはまったく別の東京に明治神宮が祀られているというのも不思議なことらしい。

たしかに、そういわれてみれば、何とか説明しなければなるまい。

これまでの民俗学の成果によれば、おそらく次のように説明するであろう。

日本では、古くから人を神に祀る風習があるのだ、と。たとえば、平安時代に怨霊思想の高揚がみられたころ、怨みをふくんで非業の死をとげた人は、その死後いろいろと祟《たた》りをなすと考えられた。そこで、その霊を鎮めるために、御霊会《ごりょうえ》と呼ばれる儀式を行なった。そうして御霊会が行なわれた人物のなかには、祀りあげられて神として信仰された例もある。最もよく知られているのは、藤原氏のために都に追われ、九州の大宰府で失意のなかになくなった菅原道真《すがわらのみちざね》が、のちに京都の北野天満宮に天神さまとして祀られた例である、と。

また、天下統一から幕府創設へという過程で大きな権力をにぎった豊臣秀吉が豊国《とよくに》大明神《だいみょうじん》へ、徳川家康が東照大権現《とうしょうだいごんげん》へと祀られた例などをあげることもできよう。

一方、京都の桃山御陵に葬られた遺体とは別に、東京の明治神宮に祀られていることについても、日本人は古来、霊魂と肉体とは別々のものと考えており、死後、遺体から霊魂は離れて行き、霊魂だけを祀る例もしばしばみられる。たとえば、両墓制と呼ばれる墓制が今も各地に見られるが、それは死体を埋葬した「埋め墓《ばか》」とは別に、霊魂の祀りのために石塔だけを建てた「詣《まい》り墓《ばか》」を設ける墓制である、(1)と。

しかし、このような説明だけでは十分ではあるまい。

たとえば、日本人は霊魂と肉体とは別と考えていて、遺体とは別に霊魂だけをまつるのだといっても、遺体や遺骨を重視する例も少なくない。見知らぬ異国の地で死んでいった戦争の犠牲者の場合など、親兄弟はじめ身よりの人たちはやはりその遺体や遺骨を放置してはおけない。東南アジアや南洋諸島への遺骨収集団の派遣のニュースが戦後長い間マスコミをにぎわしたものである。最近でも、まだシベリアへの抑留者の遺体回収をめぐる記事が新聞紙上に散見されるぐらいである。

霊魂と肉体とが別々であると考えているのならば、いちいちそんな遠い異国の地にまで出向き、遺体や遺骨を持ちかえろうなどと考える必要はないのではないか。

日本人はいったい遺体や遺骨にこだわるのかこだわらないのか、この点について確かめておかねばなるまい。これが第一の疑問である。

次に、菅原道真や徳川家康など、人が神に祀られることがあるといっても、非業の死をとげた人や権力をにぎった人がみんな神に祀られているわけではない。

神に祀られる条件とは何か。どのような条件のもとで人は神に祀られるのか、この点についても明らかにしておかねばなるまい。これが第二の疑問である。

また、そうして人が神に祀られる、つまり神が創られるということであるが、神が創られるということにはいったいどんな意味があるのか。神が創られるとき、そこにはどんな現象がおこっているのだろうか。その点についても追跡しておかねばなるまい。これが第三の疑問である。

2　遺体・遺骨へのこだわり

まず第一の、いったい日本人は遺体や遺骨へこだわるのかどうなのか、という問題について考えてみよう。

一般的な、葬送、供養の展開例は、図3にみるとおりである。

死後、二、三日間の死体安置の期間を経て埋葬もしくは火葬が行なわれる。しかし、その後も埋葬の場合には墓地への毎日の墓参りが、また火葬の場合には家の祭壇へと遺骨が安置され、朝夕のお参りが継続される。この間、遺体処理と霊魂処理の二つの作業が併行し、事例ごとに複雑な展開をみせるが、四十九日の忌明《いみあ》けをもって一区切りとなる。以後、年忌や命日ごとの供養や盆の墓参りなどが継続されて、やがて三十

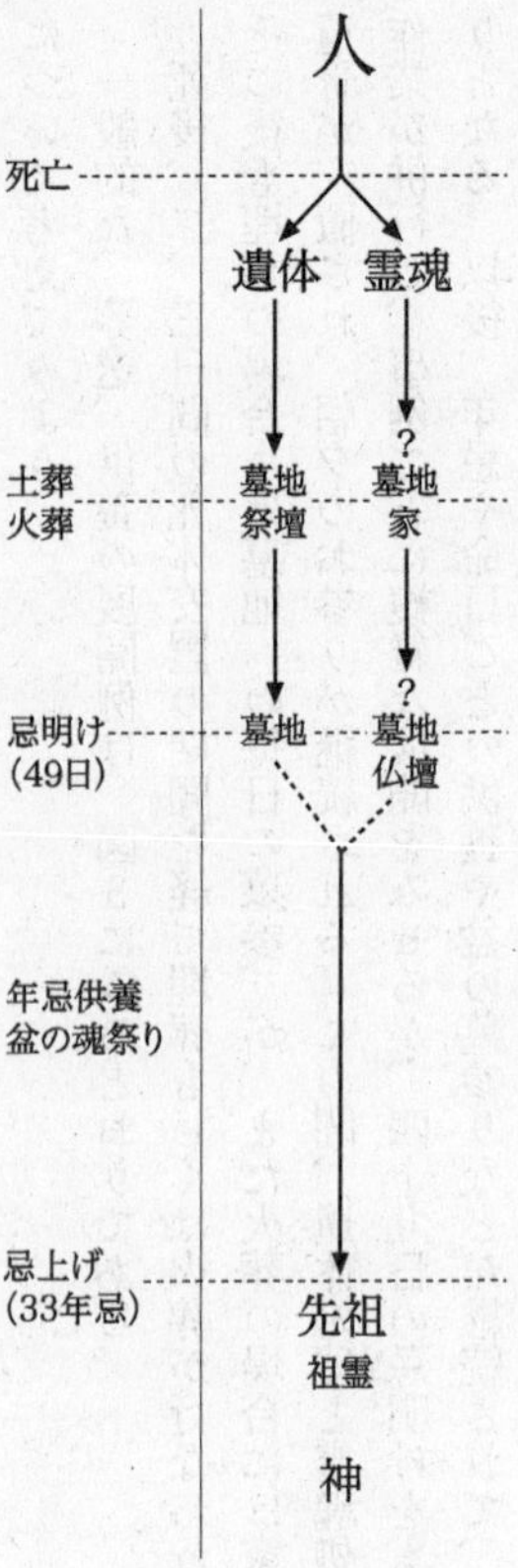

図3　一般的な葬送・供養の展開

三年忌の最終年忌をもって弔上げ《とむらいあ》とし、死者は先祖の一群に入っていく。そして神となるという伝承も多く聞かれる。[2]

しかし、事故死や殺人などの異常死の場合はどうだろうか。昭和六十年八月の日航機墜落事故や、六十三年七月の海上自衛隊の潜水艦なだしおと釣船第一富士丸の衝突事故の際、犠牲者の遺体の回収へと全力が注がれたのは記憶に新しいところであろう。

また、平成元年の連続幼女殺害事件では、バラバラ殺人ということで、犠牲者の両親が葬儀をあげようにもなかなかあげられなかった。その悲しい葬儀のテレビ取材の場面で、足がまだ発見されていない少女の父親が、愛娘は足がないと天国に行っても歩けない、といって涙にくれていたシーンはとても印象深かった。

つまり、異国の地での戦死者の場合も、これらの事故死、殺人と同様に異常な死に方であり、その遺体や遺骨が必要とされるのは、葬儀を行なうためだということがわかる。右の図3にもみるように、葬送儀礼は、遺体処理と霊魂処理の両方が不可欠なのであり、目に見えぬ観念上の霊魂はともかく、具体的な遺体の物理的な処理ができないような葬儀など存在し得ないのである。

では、葬送儀礼が完了した後の遺体や遺骨に対する考え方はどうであろうか。ここにいくつかの極端な民俗事例をあげてみよう。

事例　鳥取県東伯郡羽合町上浅津・下浅津の無墓制(3)

上浅津と下浅津両地区のあわせて三百余戸はいずれも浄土真宗香宝寺の檀家で、両地区とも真宗信仰の強いところであるが、この地区の家は最近まで墓を持っていなかった。太平洋戦争時に戦死者の遺骨を安置する場所がなく、寺が預かったのが始まりで、その後、寺に遺骨を預ける人が多くなり、現在は寺内に納骨堂をつくりそれに納めているが、従来は死者が出ると東郷湖の岸辺に作られたヒヤ（焼き場）

で火葬に付し、骨はほんの一部を本山の西本願寺大谷本廟へ納骨するためにとっておくだけで、他は全部、湖中へ投棄していた、という。ただ、最近は湖中投棄に周辺の家から反対の声があり、町営火葬場で火葬することになったこともあり、湖中投棄はやめ、寺の納骨堂に納めるようになってきている。したがって、各家々には最近まで詣り墓もなければ埋め墓もなく、盆や彼岸に墓へ参るという風習はまったくなかった。

これは、遺体、遺骨への執着がきわめて稀薄、もしくは皆無といってもよいケースである。京都の大谷本廟《おおたにほんびょう》への納骨も、それさえすめばもう終わりで、その後の訪問も一切なければ、その後の遺骨の行方、処理などについてはまったく無関心である。これは阿弥陀仏や宗祖親鸞《しんらん》上人への結縁《けちえん》のための納骨であり、遺骨祭祀というようなものではまったくない。

ここまで徹底していなくても、火葬骨の全部をとりあげるのではなく、その一部をとりあげ、骨壺に入れて持ち帰って墓地の石塔へ納め、あと残った骨は適宜火葬場で片付けるというような例は意外と多い。すべての骨片まで拾骨して持ち帰るという例

墓地のなかを歩いていると、無雑作に放り投げられた頭蓋骨の破片が散乱しているのが見られる。(大阪府豊能郡能勢町)

の方がむしろ少ないといってよいくらいである。

一方、土葬の場合でも遺体への執着のまったくみられない、むしろ遺体を死穢《しえ》として放棄してしまうという事例が近畿地方の両墓制の事例には多い。

事例　大阪府豊能郡能勢町一帯のイケバカ[4]

この一帯では、死体を埋葬する墓地と、石塔を建てて供養する墓地とが別々になっているいわゆる両墓制の事例が多く見られる。埋葬墓地はイケバカと呼び、そこは家ごとの区画のない共同利用の墓地である。だから新しい死者の埋葬のためには順次古くなった埋葬地点は掘り返され、古い遺骨がたくさん出てくる。墓穴を掘るのは近隣の家々で順に当番をきめてこれにあたるが、人々は出てきた古い遺骨に対してはまことに冷淡で、そこらに放置するか、適当に埋めなおすか、また近くの林の中に放り投げてしまう。墓地の中を歩いていて放置された古い遺骨に足がふれるのは別に不思議ではないのである。

石塔墓地はラントウと呼んで、寺の境内にある例が多い。墓参りは埋葬後一年くらいはイケバカに参るが、それ以後はラントウの方が主となる。

つまり、遺体、遺骨への執着とか、遺骨保存、遺骨祭祀などの考え方は、これらのタイプの事例ではまったくうかがえないのである。

これに対し、一見、遺骨へのこだわりがあるように思える事例もなかにはある。

事例　八丈島末吉村のシャリトリ(5)

棺は坐棺で、墓穴に棺を入れたあと、その上に目印の小石を一つ置き、上から土をかぶせる。その上にまた地上の目印として自然石を積んだり、土石《どせき》といってこの地方に多い軟らかい粘土状の石を鍬《くわ》で四角形に削ったものを置いたりする。そして、その上にテラとかイタヤネなどと呼ぶ家型を据えておく。墓前には膳や花、線香などがあげられる。

埋葬後は、四十九日の忌明きまでむかしは毎日墓参りをした。最近では七日ごとに参るように簡略化されてきている。盆の墓参もていねいになされており、かつては墓前でさかんに飲食が行なわれていた。

埋葬後、十五年以上もたったころ、多くは十七年忌あたりであるというが、シャリトリ（舎利とり）といって、遺体を掘り起こし、先祖墓へと改葬する。盆や彼岸に行なう例もある。家族と親戚とで行なう。頭蓋骨には酒をかけたり、水をかけたりしたという人もいるが、多くの人はただ土をきれいにはらって集骨して先祖墓へ納めたという。のちには、トタン板の上に遺骨を並べて、その下から炭火で焼いてから納骨する例も多くなった。先祖墓というのは、それぞれの家の墓域の中央に設けられているやや大型の石塔墓で、その下に納骨用の大きな穴が掘られているものである。土地の人々によれば、シャリトリをするのは家ごとに墓域が限られているため、死者が次々と埋葬されていくと墓地がいっぱいになり、次の死者のための埋葬の場所がなくなってしまうので、古いものから掘り起こして先祖墓に集めるのだという。しかし、その一方では、埋葬されたままで放置されたのでは死者がかわいそうだともいい、シャリトリが終わってようやく先祖への供養、報恩をした気持ちになるともいっている。

しかし、このような事例も、よく注意してみれば、遺体の第一次処理を埋葬とすれば、第二次処理がコツアゲであり、コツアゲというのが一連の葬送儀礼の最終段階に設定されているものとみることができる。遺体の骨化を長い時間かけて待つ、いわばゆっくりとした葬送のタイプなのである。

コツアゲを行なうけれども、それは遺骨祭祀のための遺骨抽出ではないということがはっきりしているような事例もある。

事例　和歌山県西牟婁郡白浜町朝来帰のコツアゲ(6)

昭和四十年代に火葬化がすすみ、昭和四十九年に最後のコツアゲをして埋葬墓地は撤廃されたが、それ以前はずっと土葬であった。

埋葬墓地は海岸近くにあり、ハカと呼ばれ、そこことは別に臨済宗《りんざいしゅう》普門寺の境内には石塔だけ建てられている墓地があり、そこはラントウバと呼ばれだ。ハカに死体を埋葬すると、小さな石をたくさん積み上げておき、ていねいにそこに墓参りをした。そして、多くは七年目にコツアゲ（骨上げ）といって埋葬地点を掘りおこす。コツアゲをしないと埋葬墓地がいっぱいになってしまい、次の死者の埋葬のための余地がなくなってしまうのだという。コツアゲをして骨を拾い集めると、ハカの入口近くに設けられていたコツツボと呼ばれる、およそ一坪ぐらいの広さで深さが約一丈ぐらいの井戸のような穴に、それらの骨を納めた。コツツボの穴には上からふたがしてあり、さらにトタン板の屋根がかけてあった。ここに入れられてしまえばもうみんな一緒で、どれがだれの骨だかわからなくなった。そして、そのコツツボがいっぱいになるころには、村のみんなでその中の骨を全部とり出し、浜辺の波打ちぎわで焼いてしまう。焼かれた骨はみんな波にひかれて流れてしまう。墓参りはコツアゲまではハカとラントウの両方へ行き、コツアゲがすめば、ハカへは行かずラントウだけになる。コツツボは墓参りの対象ではまったくなかった。いっぱいになったコツツボの骨をとり出して浜辺で焼却するのも単純な作業として行なわれ、墓参や供養とはまったく関係のないこととされていた。

これらは、いずれも極端な事例であるが、日本人の遺骨に対する観念を考える上で参考にはなろう。

戦争犠牲者の場合や事件、事故の犠牲者の場合にも、身内の人たちがその遺体や遺骨の回収にこだわり、それを強く望むのは、葬送儀礼の完了のためであって、その後の継続的な遺骨祭祀のためではないのではなかろうか。

3　神に祀られる人

次に神に祀られる人とはどのような人か、人が神として祀られる条件とは何か、その点についてみてみよう。

柳田國男《やなぎたくにお》以来、民俗学が指摘してきたところによると、図4にみるように普通死の場合と異常死の場合との二つがある。普通の死者の場合、一連の葬送供養の儀礼を経て死者はやがて子や孫たちから「御先祖様」として祀られ、ホトケともカミとも観念される。家の繁栄や無事平穏を「御先祖様」のおかげと考えたり、不慮の事故や不運の連続を「御先祖様」を粗末にしたためだとしてその知らせとか祟《たた》りだと考えたりするのは、すでに「御先祖様」を一定の霊威をもつカミと観念している証拠でもある。

一方、異常死の場合、ふつうの葬送供養や祭りだけでは十分でなく、特別に慰霊鎮魂の儀礼が行なわれる。そして、その結果、安定した死者としてその後一般の死者の仲間入りをして供養と祭りが続けられる場合と、特別な神として祀られる場合とがある。

この特別な神として祀られる事例はたくさん知られているが、そのうちの代表的な事例として、伊予宇和島の山家《やんべ》清兵衛《せいべえ》の和霊様の事例をみてみよう。

事例　伊予宇和島の和霊神社の伝承(7)

一　伊予宇和島藩の家老山家清兵衛が祀られている神社で、漁業や農業の守り神とし

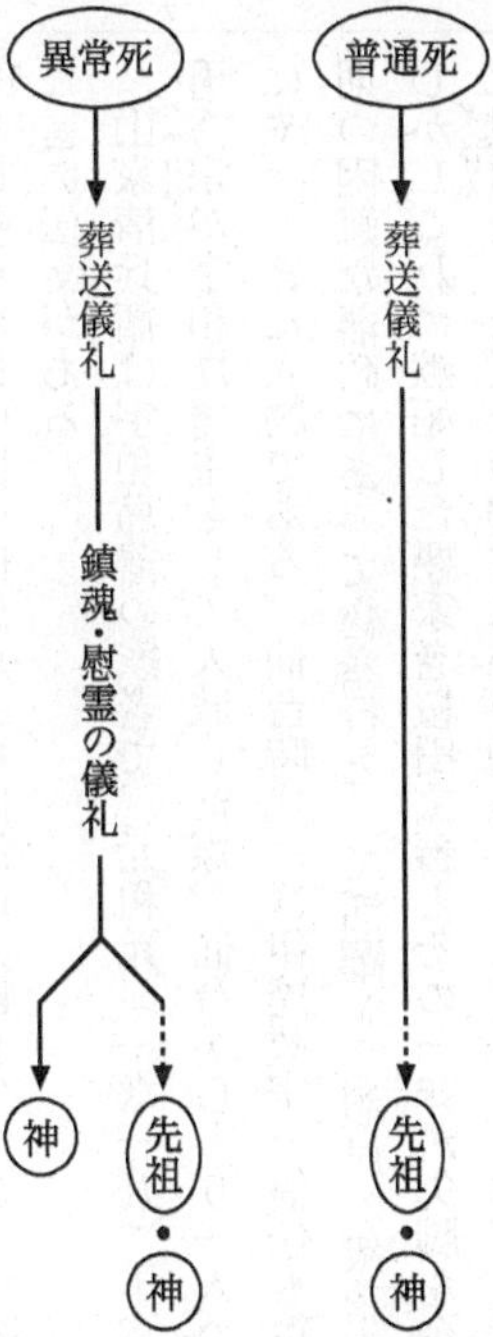

図４　死者が神に祀られる展開

てその信仰圏は四国一円から瀬戸内海地方にまでのびている。この神社に次のような言い伝えがある。

山家清兵衛は宇和島藩の家老で、元和元（一六一五）年、仙台藩主伊達《だて》政宗《まさむね》の長男秀宗《ひでむね》が宇和島藩主として入城した際、仙台からもう一人の家老桜田玄蕃《げんば》らとともにやってきた人物である。仙台時代には伊達政宗の信任も篤く、宇和島に来ても初期の困難な藩政にあって総奉行として活躍し、領民の衆望をあつめたといわれる。しかしこれに嫉妬した悪家老桜田玄蕃とその一味が失脚を企て、主君秀宗にしきりに讒言《ざんげん》をした。その讒言に心を動かされようとする秀宗に対して清兵衛は必死の諫《かん》言《げん》を行なったが、逆に不興をかってしまい、ついに閉門を仰せつけられてしまった。元和六（一六二〇）年六月二十九日深夜、雷鳴もまじる風雨の中で桜田玄蕃一味による清兵衛暗殺が決行され、寝所にふせていた清兵衛や子供らは不意をつかれてことごとく斬殺された。

かねて懇意にしていた日振島の庄屋の清家《せいけ》久左衛門《きゅうざえもん》は、暗殺計画を聞きつけて舟で知らせに向かったが、着いたのは翌朝で、すでに惨劇のあとだった。久左衛門は涙しながら遺体を長持ちに納め、ひそかに正眼院金剛山の西の谷に密葬した。

その後、桜田玄蕃一味には不慮の事故や災難があいついだ。

まず、この事件の年の年末には一味の六十四人全員が傷寒病《しょうかん》にかかり、正月の宴には誰も出席できなかった。つづいて元和八（一六二二）年五月、江戸参勤の帰路に難船し、多くの人が海に投げ出されたが、一味だった一人だけが落雷に打たれて水死した。また、六月晦日《みそか》の清兵衛三回忌法要の最中に落雷があり、みんなが逃げまどう中、一味のものたちばかりが惨死した。

人々は山家清兵衛の祟りだと噂した。

その後も災難はつづき、寛永九（一六三二）年八月六日、秀宗公の正室桂林院殿の三回忌法要の際、大暴風雨が襲い、一味の主謀者桜田玄蕃自身が梁《はり》の下敷きとなって圧死した。

秀宗はこの前後から、自分の不明を悔い、清兵衛の霊を和らげるため、児玉明神を建立した。その建立の後およそ十年を経て、承応二（一六五三）年六月二十三日、二十四日、京都から吉田家の奉幣使《ほうへいし》を迎えて神事を行ない、正式な神社として祀り、以後名前も山頼和霊神社と名のることとなった。

そして元禄十四（一七〇一）年には、神輿《みこし》三座が奉納され和霊神社の祭礼がはじまり、今日にいたっている。

このような、死者が神に祀られる諸事例に共通している点として、死後、その死者が激しい祟りをなすという点をあげることができよう。いや、より正確にいえば、死者が祟りをなすと人々に考えられるということ、事故や事件がいずれもその死者の悲憤と怨念に原因があると人々が考えたということである。

ある人物の死、それがあまりに不条理で、許しがたいもの、とてもこのままでは済まされないだろうと感じる人々がいて、そこに事件や事故がおこったとき、それらの事件や事故がすべてその死者の祟りによるものと考える人々の心理がそこにある。

つまり、ある人物の死とその後の事件や事故が因果関係でとらえられ、人々によってそれが死者の祟りだと解読されるということが、神に祀られるための第一の条件であることがわかる。

4　近代の神々

一方、そうした祟りとは関係なく、神に祀られる例もある。

近代日本の歩みの中で創り出された神々について確認してみよう。

まず、靖国神社であるが、その創設へのプロセスは、表9にみるとおりである。

表9　靖国神社造営の過程　『靖国神社誌』（明治44・11）より

文久2・11・18	「霊明社神霊録」	神道講社霊明舎（①村上都愷《くにやす》）—②美平《よしひら》—③都平《くにひら》 長門清末の藩の人国学者船越清蔵（文久2・閏8大津にて客死）→竹御所御内吉田玄蕃という人、都平に面会 神葬祭「当山へ遺物を納む」これがはじめと伝える
12・24	「如蘭日記」巻22	京都参集の正義の士（古川美濃守躬行、津和野の福羽美静ら六十一名）霊山の霊明社に相会して報国忠士の霊魂祭礼（祝詞）（大君のために活動しながら罪せられ、あるいは自殺した人たちのため、安政五年よりの犠牲者）
文久3・7		弔慰祭　津和野　多湖真強　福羽美静 祭神　三条実萬　徳川斉昭以下六十八名 京都祇園社の境内に小社を、のち福羽の私邸へ移す
慶応1・8・9		下関桜山招魂社　下関戦争の殉教者、高杉晋作が元治1（一八六四）年より発議
明治1・3		福羽美静　神祇事務局権判事就任
5・10	布告	癸丑以来の殉難者の霊を東山に祭祀（忠魂を慰められたく……） 鳥羽・伏見の戦い以来の犠牲者にも各藩主が弔意を示し祭祀

明治2・3	東京遷都により招魂社建設の議おこる
6・12	九段坂上実測（大村益次郎選定）
6・19	起工
6・29〜7・3	鎮祭の祭典　鳥羽伏見より箱館の役までの三千五百八十八柱（祝詞）（功積に対して哀れみ偲び……）花火や角力などの余興、祝砲も
明治3・1・3	例大祭（祝詞）・汝魂らの功績・天皇の御代の安泰を（国を護り朝廷を助けて）
7〜11	例大祭（祝詞）・天皇の御代の安泰を
明治12・6・4	靖国神社と改称　別格官幣社
明治13・11・6〜11・20	例大祭（祝詞）・天皇の御代の安泰を「天皇の大御代を動くことなく　さやぐことなく　いやさかに　ときわに　かきわに守り幸はえ給へと白し給ふ」
明治37・2・15	（臨時祭）宣戦奉告祭（戦勝祈願）
明治38・12・11	（臨時祭）平和克復奉告祭（奉告）

ここから指摘できるのは次のような事柄であろう。

第一に、文久二年、三年の段階では、安政の大獄以来、刑死、憤死した犠牲者の招魂慰霊のための祭りの執行と小社の設立であったということである。この段階では、非合法の地下活動である討幕運動を正当化し、その意気高揚のための祭祀であったということができる。それが、慶応元年の下関桜山招魂社の設立から、明治二年の東京九段の招魂社の設立の段階では、主として討幕戦争の犠牲者の招魂慰霊のためとなっており、生き残った者たちの犠牲者たちに対する感謝とある種のうしろめたさがうかがえる。

第二に、神社として祀られるには、それを指導し推進する国学者福羽美静のような人物の介在があるということである。

次に、戦前の日本軍隊で、戦争のたびにさかんに宣伝され国民の戦意高揚に大いに役立った、軍神のケースについてみてみよう。

軍神の第一号は、日露戦争開戦直後、旅順《りよじゆん》口閉塞作戦で戦死した広瀬《ひろせ》武夫《たけお》中佐である。

彼が軍神へと祀りあげられていったプロセスを防衛大学校の田中宏巳氏の教示(8)をもとにまとめてみると、表10のようになるが、ここで指摘できることは次のような点であろう。

表10　軍神広瀬中佐の誕生

明治37・3・27	『3／30付報告書』	午前三時三十分　旅順閉塞船隊二番船福井丸の指揮官として戦死 （朝日艦長山田彦八→司令長官東郷平八郎） 兵曹長杉野おらず三度船内をさがす。浸水はげしく端艇に乗り移り退去 「敵のために頭部をうたれ海中に墜落し救はんとしたるも及ばず戦死せられたり」
3・29	『大本営海軍幕僚公報』（大海報）12号	本船を離れ敵弾の下を退却せる際巨弾中佐の頭部を撃ち、中佐の體は一片の肉塊を船内に残して海中に墜落したるものなり。中佐は平時に於ても常に軍人の亀鑑たるのみならず、その前後に於ても万世不滅の好鑑を残せるものというべし（『小笠原長生日記』にも彼がこれを朗読したと記している）
3・30	「朝日新聞」	（軍神広瀬中佐）昨日午後零時東京着電報　永田泰次郎副官→大本営財部・森（兵学校同期）参謀へ 「旅順港閉塞の名誉ある戦死を遂げられたる広瀬中佐の平素ならびに開戦以来の行為は実に軍人の亀鑑とすべき事実

		を以て充たされ、一兵一卒に至る迄歎賞措かず、我々同窓者までも名誉この上なき儀と考ふ。或人叫んで軍神と唱ふ。これあえて過言にあらざるべきことと信ず……」 （広瀬中佐銅像）熱心同情生の投書（実は小笠原長生）
4・1	「朝日新聞」	「我が艦隊の戦友中にて広瀬中佐を軍神なりと呼びたるものある由……」
4・6	「朝日新聞」	広瀬中佐遺骸入京 「……の遺骸は敵弾のために飛散してわずかに残れる二銭銅貨大の肉片は昨日午前九時四十分新橋着の汽車にて到着したり」二頭だての馬車で麴町区の自宅へ。葬儀は十三日午後予定。母の上京をまつ
4・13	「朝日新聞」	海軍中佐従六位勲四等功三級　贈正四位 午後一時築地海軍水交社↓青山墓地　墓碑銘に「天下伝其英風称為軍神」
明治39・1		広瀬の銅像への反発。斎藤海相から財部に手をひけと、海軍の公式行事ではない ↓同期の己丑会へ、しかし何がいまさら銅像だとの意見も ↓真田鶴松・吉川孝治・森越太郎の三人へ 市内の二十数ヶ所ことわられ、結局、神田万世橋前へ

明治43・5・17		銅像除幕式　小笠原は東郷をかつぎ出す
		一方、宣伝で定着への動き。尋常小学読本へ「広瀬中佐」（小笠原長生が執筆）
		小学唱歌へも
昭和8	『有終』20の10 11月号	広瀬神社創建について――寄進額標準――　一記者
昭和9・1		広瀬神社創建趣意書
昭和10・5・25		広瀬神社創建　鎮座祭執行　大分県竹田町
		広瀬神社創建奉賛会総裁有馬良橘 明治神宮宮司 枢密院顧問官 海軍大将

第一に、軍神は戦意高揚のために創られるということである。そして、そこには小笠原長生のようないわば仕掛人のような人物がいるということである。

第二に、戦死者がすべて軍神になるわけではない。その後の戦争、たとえば日米開戦時の真珠湾攻撃の九軍神の場合でも同様であるが、開戦当初の絶妙のタイミングが重要であり、その死に方が壮絶であるという点も重要である。これは、当然、軍神の創造が国民の戦意高揚を目的としたものであるからに他ならない。

第三に、戦争が終わってしまえば、軍神への熱もさめてしまうということである。

広瀬中佐も、他の多くの戦死者と比較され、海軍の内部からその銅像建設への反発がみられたが、それも同じく軍神が戦時下における戦意高揚のためのものであることによる。

第四に、平時には沈静化していた軍神も、ふたたび戦争への危険が迫るとその熱が高まるということ。昭和十年の広瀬神社の建設などがそのよい例であるが、それも同じ理由による。

次に明治神宮についてみてみよう。

靖国神社に祀られた人たちや広瀬中佐などの軍神が、ほとんど戦死という一種の異常死であるのに対し、明治天皇の場合は普通の死である。

タイプとしては、豊臣秀吉や徳川家康のような、新しい明治国家建設の象徴としての神の創出といってよいかと思われる。

明治神宮の造営のプロセスは、表11に整理したとおりである。

そして、そこから指摘できるのは次のような点である。

第一に、明治天皇は京都へ墓地を強く希望した、つまり京都へ帰りたかったということである。それに対し、実業界や教育界から、ぜひとも先帝への追慕と顕彰のために東京の地にその霊を祀りたいとの強い要望が出た、ということである。

表11　明治神宮造営の過程　『明治神宮造営誌』（昭5・3内務省神社局）より

明治45・7・30	死去
	御陵地は東京へとの市民の要望あるも、先帝の遺志により伏見桃山へ
	英霊を奉祀せんと、実業家の有志、まず東京商業会議所に会合。政府関係者、衆議院議員、東京市・府の名誉職協議会開く
	区会も連合協議会をつくり、意見書を内相へ
大正2・1・21	帝国教育会からも請願提出
2・27	貴族院も建議
3・26	衆議院も建議　首相・内相・宮内相・元老などへ
	渋沢男爵　明治天皇神宮御造営奉賀委員長
7・30	天皇の御一年祭終了後、創建の準備へ
10・28	神社奉祀調査会閣議
12・20	神社奉祀調査会官制公布
	会長　原敬・大隈重信・大浦兼武。委員に渋沢栄一ら。三上参次・荻野由之ら
	鎮座地　富士山・御嶽山・筑波山ほかいろいろ候補地あり
大正3・1・15	調査会で（明治天皇との御縁故最も深き）東京府へ。候補地は戸山学校・白金火薬庫跡・青山練兵場跡地・南豊島御料地など
11・3	例祭日　明治天皇誕生日。勅使差遣も。神宝は　神服・神剣・神鏡

大正4・4・30	明治神宮造営局	総裁伏見宮貞愛親王
10・7	地鎮祭	
大正8・5・27	立柱祭	
7・12	上棟祭	
大正9・10・28	清祓及新殿祭	
10・29	御飾	
11・1	鎮座祭	
大正10・11・1	宝物殿完成	
12・22	すべて完了	

有史以来、奈良、京都など京畿の地を都としてきた天皇家にとって、東京はまったくの異郷の地であった。明治天皇が個人的な感情として墳墓の地を先祖代々がねむる京畿に望んだのもうなずける。

しかし、それは、東京を新しい帝都として確実に位置づけようとする人たちにしてみれば残念なことであった。

そこで、墳墓の地は京都の桃山とするにしても、みたまだけは何としても東京に祀りたいと考えたらしい。

大正二年一月二十一日付で帝国教育会から提出された「明治神宮建設に関する請願」の次のような文章は、そのような事情をよく示す（以下、旧漢字は新漢字とした）。

恭《うやうや》シク惟《おもん》ミルニ　先帝聖明ノ天資ヲ以《もっ》テ無窮ノ宝祚《ほうそ》ヲ継カセラレ　御宇《ぎょう》四十六年ノ間ニ於《おい》テ万民共ニ仰キ　万邦　具ニ瞻《み》ルノ盛徳鴻業《こうぎょう》ヲ成シ給《たま》ヘリ　是《こ》レ我カ国史ニ稀《まれ》ナルノミナラス又世界ノ歴史ニモ多ク見ル能《あた》ハサル所トス　而《しか》シテ　先帝ノ英霊ハ京都桃山ノ山陵ニ奉祀《ほうし》セラレタリト雖《いえど》モ　東京ハ先帝ノ相シテ都ヲ遷《うつ》シ給《たま》ヒシ地ニシテ　其《そ》ノ盛徳鴻業《こうぎょう》ヲ発揚シ給《たま》ヒシ処ナリ

加之《しかのみならず》　今上天皇陛下亦茲《またここ》ニ都シテ　先帝ノ遺業ヲ継カセ給《たま》フ処ナリ　是《これ》ヲ以《もっ》テ此ノ地に荘厳ナル神宮ヲ建設シテ　先帝ノ霊ヲ祀《まつ》リ　国民上下ヲシテ崇敬追慕ノ誠ヲ捧《ささ》クルヲ得シメラレンコト悃請《こんじょう》ノ至リニ堪ヘス　冀《こいねがわ》クハ閣下微衷《びちゅう》ノ在ル所ヲ諒《りょう》察《さつ》シテ願意ノ貫徹ヲ助ケ給《たま》ハンコトヲ　謹言

ところで、このような特別な人物に対する追慕や顕彰というのは、明治天皇の場合だけとは限らない。

外国の例でも、ロシア革命の指導者レーニンはモスクワのレーニン廟に、中華人民共和国の指導者毛沢東《もうたくとう》は天安門広場の毛主席紀念堂に、まつられている。

しかし、それらと明治神宮との決定的な違いは、それらはいずれも遺体が保存安置されているのに対し、明治神宮には遺体がないということである。そして、神社であるということである。

神として祀るということは、遺体崇拝や遺骨崇拝とはちがうのである。

事実、靖国神社にも遺体や遺骨はないし、軍神たちの場合にも、教科書や唱歌の中のイメージが中心で墓地に神社が建てられたわけではない。

神社として祀る場合には、遺体や遺骨はむしろない方がよいのではないか。遺体や遺骨はいつまでも死という現実がつきまとうし、生前の人間としての個性がつきまとう。

人間とは別の、神としてその霊魂だけを祀るのだから、遺体や遺骨はむしろあってはならないのである。

そして、これら靖国神社、軍神広瀬武夫、明治神宮などのケースを通してよくわかることは、神には必ず祀り手がいるということである。祀り手がいるということはつまり常に一定の利害関係のもとに生み出されるものであるということである。

この、神が一定の利害関係によって一定の人たちによって創り出されるという点は重要である。

それは、次の問題である「人が神に祀られる」ことの意味について考える上で、重要なポイントともなるからである。

その点については、またあとで確認することにして、ここでは、先に、遺骨だけがある場合を考えておこう。

靖国神社と同じく戦争の犠牲者のための装置でありながら、千鳥ヶ淵墓苑は神社ではない。なぜ一方が神社なのにもう一方は墓苑なのか。

その点について確認するために、千鳥ヶ淵墓苑の設立のプロセスをみておこう。表12がそれを整理したものである。

そこから指摘できる点はおよそ次のようなことであろう。

千鳥ヶ淵墓苑に集められた遺骨はいずれも戦没者の遺骨であるが、その姓名が不明で、遺族へ渡せないものだという点である。つまり、遺骨はあるのにその引き取り手がないのである。そこで、国家がこれを安置し祀ることとなったわけであるが、そこはあくまでも遺骨の安置場所というわけで、墓苑であって、神社にはなり得なかったのである。

いったん、これらの遺骨の安置場所の候補地のひとつとして靖国神社があがり、遺族会からも強い要望があったということは注目される。しかし、それは実現しなかった。神社の境域内に死者の遺骨を納めることも、姓名も不明な遺骨では神に祀りあげ

表12　千鳥ヶ淵墓苑設立の過程　　『千鳥ヶ淵戦没者墓苑創建三十年史』より

昭和20	戦争終結とともに復員者が多数の遺骨を持ち帰る
25・1	アメリカ軍からフィリピン戦没者の遺骨四千八百二十二柱送還
27・4	講和条約発効とともに厚生省の遺骨収集開始
	厚生省の本省と市ヶ谷庁舎に仮安置、遺骨逐増
5・1	全日本無名戦没者合葬墓建設会発足（→昭和29・8解散）
28・11	日本遺族会他各種団体から、国による「戦没者の墓」建設への意見書提出
12・11	閣議（第三次吉田内閣）で「国が『無名戦没者の墓』を建設し、国の責任でこれを維持管理する」方針が決定
31・12・14	墓苑建設場所を「千鳥ヶ淵」に決定
	日本遺族会から靖国神社（宗教法人）境内へ強い要望あり
	結局、墓苑は国の施設であり、皇居に近く、九段の靖国神社にも近く参拝に便利であるとの理由による
34・3・28	千鳥ヶ淵戦没者墓苑建設

ることも、できなかったのである。逆にいえば、神に祀りあげるには遺骨はあっては困るのであった。

5 創られる神

神には必ずその祀り手がある。そして神は一定の利害関係のもとに創り出されるものである。では、神に祀るとはどういうことなのか、神に祀られることによってどうなるというのか、その点を靖国神社の例でみてみよう。

もう一度、表9を参考にしながら確認してみる。

まず、明治元年六月二日、江戸城西丸の大広間で陣没者のための招魂祭が行なわれた時点での祭文によれば、彼らの魂の安息のためであり、慰めるためである、との趣旨をのべている。

それに対し、明治二年六月二十九日から七月三日にかけて行なわれた、九段坂上の招魂社の鎮祭式典の時点での祝詞によれば、鳥羽伏見の戦より箱館の役までの戦死者三千五百八十八柱の功績に対してこれを哀《あわ》れみ偲《しの》ぶ、とする趣旨がのべられている。またこのときは花火や角力《すもう》などの余興も行なわれ、祝砲がうたれるなどさながら戦勝祝いの式典のようであった。

しかし、その後、例大祭や臨時祭の祝詞の中では、靖国神社への祈願の内容に変化がみられるようになる。

明治三年一月三日の最初の例大祭では、汝魂《なんじがたましい》らの功績に謝する旨と同時に、国を護《まも》り朝廷をたすけて新しい天皇の御代《みよ》の安泰を願うとの趣旨がもりこまれている。

そして、例大祭の祭日も、はじめ鳥羽伏見の戦の一月五日、上野戦争の五月十五日、箱館戦争の五月十八日、会津戦争の九月二十二日と定めてあったのを、やがて会津落城の旧暦九月二十二日が新暦の十一月六日にあたることから、この秋の十一月六日とし、さらにそれと対応させて春の五月六日と年に二回と定めた。それは西南戦争も終わった明治十二年のことである。

そして年二回となった例大祭の最初にあたる、明治十三年十一月六日から二十日まで行なわれた例大祭では、はっきりとその祝詞に、

「天皇の大御代を動くことなく　さやぐことなく　いやさかに　ときわに　かきわに守り幸はえ給へと白し給ふ」

とのべられている。靖国神社は天皇の御代の安泰の祈願所として定着することとなったのである。

当初、陣中や戦場で死んだ者たちの招魂慰霊のために祀ったものなのに、いったん神とされてしまうと、何らかの霊威をもつものとして祈願の対象とされてしまうのである。

そして、それが高揚するのが、さまざまな危機に直面したときである。日露戦争はよほどの危機と感じられたらしく、開戦直後の明治三十七年二月十五日には臨時祭が行なわれ、宣戦奉告祭と名づけられて戦勝祈願が行なわれている(9)。そして、未曾有《みぞう》の危機でもあった昭和の軍国主義下での戦意高揚の際にさかんに宣伝されたのが、よく知られているように、

〝死して護国の神となれ〟

のスローガンであり、それはすでに神への祈願というのではなく、人間が人間を誘導するプロパガンダとなっているのである。

つまり、神が人々によって一定の利害関係のもとにつくり出されるものであり、しかも、死者のもつ人間性の殻を脱して神としての霊性、霊威、霊験を獲得したものと考えられているだけに、つねにそのときどきの利害関係によって意味づけが拡大され、利用されていく宿命のもとにあるのである。

その意味では、神とは危険な膨脹装置であるといってもよかろう。

6　民俗の底流

敗戦によって国家神道が解体され、靖国神社は国家とは関係のない一宗教法人として存続することとなった。そして、戦勝祈願の対象ではなくなり、天皇の御代の安泰を祈願する対象でも表向きはなくなった。国のためにたおれた人たち、国事殉難者のみたまをまつる神社に戻ったのである。そして、戦争の傷跡ののこる昭和二十二年から、毎年新暦七月十三日から十六日までの盆の期間中にたくさんの灯籠をあげて死者のみたまをまつる「みたままつり」がはじめられ、今日にいたっている。近くの千鳥ヶ淵墓苑でも翌年の竣工式をまたずに昭和三十三年七月十三日の盆から、千代田区民を中心にして千鳥ヶ淵への「灯籠流し」が行なわれている。

これらは、敗戦による権威の失墜と利害関係の一時的解消という特殊な状況のもとで、もともと死者を祀った靖国神社であるからこそ、伝統的な盆のたま祭りが行なわれるようになったのであり、その中には、迎え火や送り火など火を媒介とする霊魂去来の信仰や、水辺に灯籠を流して魂の去来を想う民俗の伝統が生きているといってよかろう。

しかし、神である以上、靖国神社はつねに一定の利害関係のもとでふたたびその意味づけが拡大されていく可能性は十分にある。神が霊威をもつものと観念されている以上、それは避けられまい。

民俗の思想はつねに無意識的であり、人を神に祀りその意味づけを拡大する立場の人も、それに同調する人も、たがいにその功罪や危険性については無自覚である場合が多い。無意識的であり無自覚であるだけに無責任でもある。よしんばそれが十分に自覚されたとしても、民俗の思想と行動は集団的思惟であり行動であって、伝統的なものであるだけに、なかなかとどめようもない。無責任であることを反省しつつ、せめて自覚だけでももちたいものである。(10)

註

(1) 両墓制については、最上孝敬『詣り墓』(昭和三十一年、古今書院)、竹田聴洲『民俗佛教と祖先信仰』(昭和四十六年、東京大学出版会)、佐藤米司『葬送儀礼の民俗』(昭和四十六年、岩崎美術社)、土井卓治『石塔の民俗』(昭和四十七年、岩崎美術社)、田中久夫『祖先祭祀の研究』(昭和五十三年、弘文堂)、新谷尚紀『両墓制と

他界観』（平成三年、吉川弘文館）などがある。

（2）柳田國男『先祖の話』（『定本　柳田國男集』第十巻）、井之口章次『仏教以前』（昭和二十九年、古今書院）など参照のこと。

（3）児玉識「真宗地帯の風習」（『日本宗教の歴史と民俗』昭和五十一年、隆文館）

（4）筆者調査　昭和四十六年

（5）筆者調査　昭和六十一年

（6）筆者調査　昭和五十三年

（7）柳田國男「人を神に祀る風習」（『定本　柳田國男集』第十巻）、神津陽『兎の耳――もう一つの伊達騒動』（昭和六十二年、創風社）

（8）田中宏巳「忠君愛国的「日露戦争」の伝承と軍国主義の形成」（『国史学』一二六号）

（9）また、皇后の夢枕に坂本龍馬が立って、戦争を勝利に導くと言ったという評判も立っている。海援隊を組織して活躍し、また薩長連合を実現させた功労者坂本龍馬が国難を救う英雄とイメージされたらしい。

（10）近年では、戦没者の慰霊の実態について、民俗学の立場からの調査や研究も試みられるようになってきている。森岡清美・今井昭彦「国事殉難戦没者、とくに反政府軍戦死者の慰霊実態」(『成城文芸』第一〇二号　昭和五十七年)、今井昭彦「群馬県下における戦没者慰霊施設の展開」(『常民文化』第十号　昭和六十二年)など。

三章　儀礼と他界観

1　水の世界

人は死んだらどこへ行くのか。

誰にもそれはわからない。「魂魄《こんぱく》は生まれればあり、死すればなし」の言葉[1]どおり、死ねばそれですべて終わりで、魂などは存在せず、遺骸もまもなく土の一部となっていくだけかもしれない。

ただ、日本の民俗行事として伝えられてきているものをみてみると、たとえば盆の行事などでは、村里をのぞむ小高い山や近くを流れる川、また、海に近いところでは、浜辺へと、先祖の霊を送ったりまた迎えたりしている例が多く、死んでのちも霊魂だけはどこかにとどまって、ときどき子や孫の家を訪れるものと考えられているようである。

今日では観光行事にもなっている京都の大文字などの五山の送り火や、長崎の精霊流しなども、もともとは盆の先祖を送る行事であったことはよく知られているとおりである。

たしかに、柳田國男《やなぎたくにお》が指摘したように(2)、日本人は、死後の霊魂の行きつくところは、仏教の説く西方極楽浄土のような十万億土の幽遠《ゆうえん》の彼方ではなく、もっと身近なものと考えていたらしく、人はその死後、子や孫たちの祭りや供養をうけて先祖としてまつられ、故郷の村里をのぞむ山の高みに宿って家の繁盛を見守り、盆や正月など季節を限っては子や孫たちの家に招かれて食事をともにし交流しあう存在となる、というような伝承が顕著である。

また、その柳田とともに折口信夫《おりくちしのぶ》も説いているように(3)、一方では日本人の心の奥底には水の世界を魂のふるさととみるような感覚が伝えられており、たとえば、盆の魂送りの行事の多くが川原や海辺にむかって行なわれているだけでなく、子供の誕生をめぐっても、子授け祈願の子産《こうみ》石や子種《こだね》石などを、やはり川原や海辺から拾ってきて身につけておくというような事例が多い。

たとえば、次の高知県幡多郡大月町西泊のような事例も、墓地は集落の後背に設けながらも、死者の霊魂は三年目の盆の灯籠流しで浜辺から海上へと送られている事例である。そして、この事例では、墓地の埋葬地点の上に据えるブク石という丸い石も、子供の誕生を祝うお七夜《しちや》のお膳の上に産《うぶ》の神様へといって供える丸い小石も、その両方とも同じこの村の浜辺から拾ってきているのであり、まさにこの村の人たちにとっては人生の入口と出口との両方で、浜辺とそこの丸石とが大きな役割をになっているのである。

事例　高知県幡多郡大月町西泊の盆行事その他(4)

戸数およそ八十戸の半農半漁の村で、水田はなく麦や芋が主作物である。この村の墓地は図5にみるように集落の後背の山寄せの斜面にある。死者の祭りはおよそ次のとおりである。

死後、七日、四十九日、一周忌、三周忌には家で飾り物をする。花とかケグシといって、わら筒を中心にして杉や檜《ひのき》などの葉をまとわせ、竹のクシをさし、その先に赤や青の団子や菓子をつけたものを作る。これを左右において、その前に位牌《いはい》を据えるのであるが、おそい年忌ほどこの花のわら筒を長くする。仏供養をして、集まった人にこの花の枝をとって土産としてあげる。

なお、はじめての正月には、巳《み》の日に死人の正月といって、前年に亡くなった人の正月をする。朝、一升餅をつき、膳に庖丁《ほうちょう》と餅をのせて墓に持っていく。墓では膳の上で餅を切り、わらで焼いて食べ、残りは仏に供える。この餅は親戚の参った人たちに一きれずつ分ける。なかには十二月の巳の日にこれを行なう例もある。四《し》

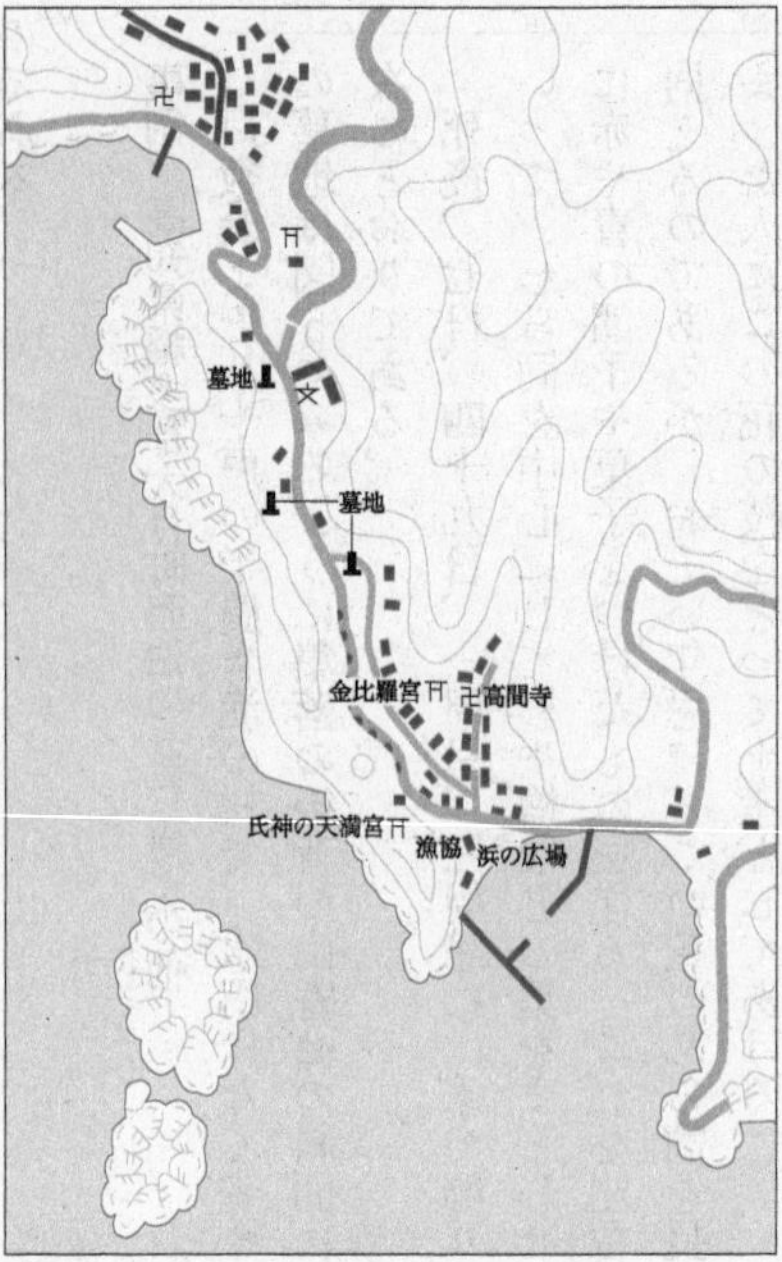

図5　高知県幡多郡大月町西泊

十九餅《じゅうくもち》にも通じる死者との食いわかれの餅である。

また、お盆は死後三年間は特別あつかいで、門火《かどび》といって家の前に高い灯籠《とうろう》を立てる。竹竿の上を十文字に交差させ、先には杉の葉をつけたもので、旧暦では七月のはじめから、現在では八月にはいると立てる。二十五日のうら盆まで毎日夕方これに火をともす。そして、三年間は家の表口のところに竹でつくった棚を立て、その上に位牌や写真をおき、明かりや供物をあげて供養をする。お盆にも年忌と同じように花とかケグシというのをつくって飾るが、やはり、わら筒の長さは一年め、二年めとだんだん長くする。お盆の十三日の晩に仏さんはやって来るといい、十六日が送りである。十四日、十五日は浜の広場で盆踊りがさかんに行なわれる。とくに初盆の家では広場に位牌を出して飾り、みんなに踊ってもらって供養をしてもらう。これを亡者踊りともいっている。十六日の夕方には仏さんを送るが、とくに死後三年目の場合には浜辺で灯籠流しをする。板で小さい船をこしらえて供物などをのせ、明かりをともして夜の海へと送り出すのである。

この浜辺はどんなケガレも流してくれるといい、「浜の波は千波うったら何でもかまわん」といっている。墓地のブク石を拾うのもこの浜辺で、子供が生まれて、ヒがあけるお七夜のシオバライ（潮祓い）の水をくむのもこの浜辺である。しかも、その名付けの祝い膳に産の神様へといってのせる小石も同じこの浜辺から拾ってきている。三年を過ぎた死者に対しては、もう特別扱いはされない。そして五十年忌を最終年忌とし、それ以後は先祖としてまつるという。

一方、死者の魂の行く方を海の彼方にではなく、集落の後背の山の方に意識しているような事例も少なくない。

たとえば、次の八丈島末吉村のような事例である。これは、とくに集落のはずれの山道にかかっている橋があり、それが供養橋と呼ばれてそこに行けば死んだ人に会えると言い伝えられている興味深い事例である。橋という、まさに「境界」的な装置が、そのままこの世とあの世との「境界」的な場として意識されているのである。

事例　東京都下　八丈島末吉村の盆行事その他(5)

末吉村は、八丈島東南部の坂上三ヵ村のうちの一つで、江戸時代には一つの藩政《はんせい》村《そん》として、また明治以降も昭和二十九年の町村合併による八丈村の成立までは一ヵ村として存続していた。合併後の現在も、鎮守の三島神社の祭礼における氏子組織をはじめ、の組織などは末吉地区としてのまとまりをもっており、公民館も現在末吉地区で一つ設けられている。

この末吉村は、洞輪沢《ぼらわざわ》、神子尾《みこのお》、道ヶ沢《みちがさわ》、尾越《おごし》、宮裏《みやり》、宮ヶ路《みやかじ》、台ヶ原《だいがはら》の七つからなっており、それぞれの集落のまとまりをコーチとか部落と呼んでいる。昭和六十一年八月現在、全体で世帯数は二百六十一となっているが、この七つの部落、コーチのうち、洞輪沢は古くからこの末吉村の漁港ではあったが、集落形成は明治になってからのことで、また、道ヶ沢は戦後の引揚者や、教員、灯台職員などによってできた新しいものである。墓地は、図6にみるようにおよそコーチごとに共同墓地が、宮裏に一ヵ所、宮ヶ路に一ヵ所、台ヶ原に一ヵ所、そして神子尾に一ヵ所と計四ヵ所ほどある。墓域は家ごとにそれぞれ区画されている。現在住んでいるコーチとは別のコーチにその家の墓地がある場合、それはもともとその家がその墓地のあるコーチの出身であるのがふつうである。なお、古くから旧家でカミとシモと称されてきた長戸路家と沖山家の場合、カミの長戸路家は宮ヶ路の墓地の一画に特別な自分の家の墓域を有し、シモの沖山家の場合、自分の家の裏手で安沢寺の横に個人墓地を持っている。

盆の行事は、旧暦七月、現在では八月で、十三日が迎えで十六日が送りである。

夕方に家族が線香や花、米などを持って墓地へ参る。仏壇には野菜や果物などさまざまな供え物をして位牌を中心にして死者をまつる。墓地と仏壇とには若い篠竹をあげる。

十六日には朝、仏壇の供え物などをおろす。とくに川などに流して送るというようなことはない。この日は地獄の釜のふたもあく日だという。なお、この盆の十六日の朝には墓参りや安沢寺、六地蔵へのお参りのほか、家々でごちそうを作って供養橋へ参る。そこでお互いにごちそうを与えあって賑やかに飲食をし、村の婦人会の女性たちの手で百万遍の数珠《じゅず》繰りが行なわれる。正月の十六日にもこの盆の十六日と同様のことが行なわれる。

この供養橋へ来ると死んだ人に会えるという。

初盆から三年間はまだ新仏だといって、とくに墓地に立派な灯籠を立て、三〜五個の提灯《ちょうちん》をあげて家族で賑やかに墓地へ参る。むかしは、このとき墓地で部落の女仲間の人たちが新仏のために数珠繰りをしてくれた。そして墓前で家族がそれぞれ賑やかに飲食したものだという。現在ではこれらは家で行なっている。

一方、家ごとの盆行事とは別に、寺供養といって、部落ごとに日を定めて安沢寺に集まり、盆の期間中、数珠繰りと飲食が行なわれる。その順番は毎年決まってい

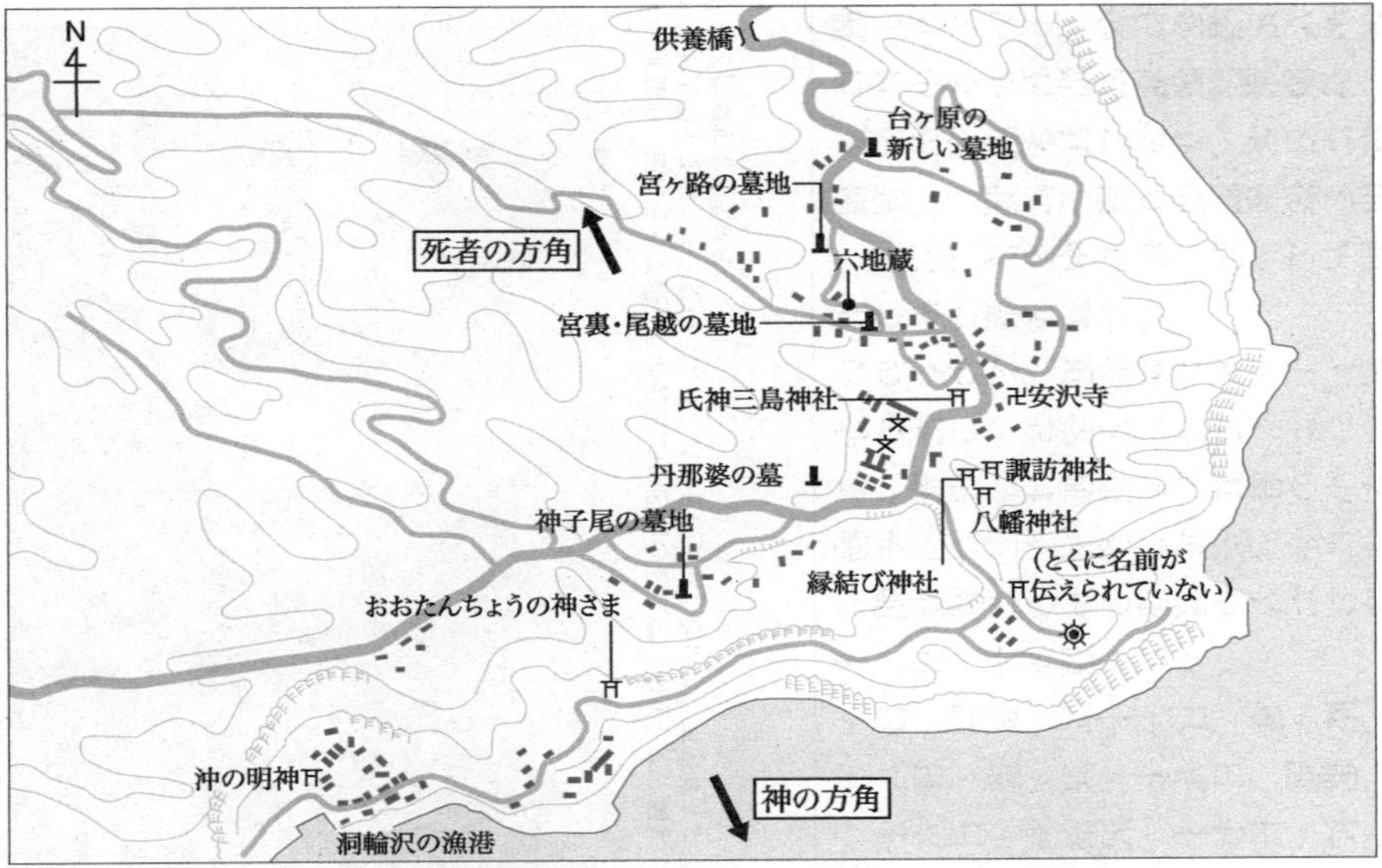
N
供養橋
台ヶ原の
新しい墓地
宮ヶ路の墓地
死者の方角
六地蔵
宮裏・尾越の墓地
氏神三島神社
卍安沢寺
丹那婆の墓
諏訪神社
八幡神社
神子尾の墓地
縁結び神社
(とくに名前が
伝えられていない)
おおたんちょうの神さま
沖の明神
神の方角
洞輪沢の漁港

図6　八丈島末吉村

供養橋。道にそって設えられた三つの四角の石に供え物をして、集まった人同士で食べ物を交換しあう。これを供養施しという。卒塔婆をあげて供養する人もある。

て次のとおりである。

十六日　洞輪沢、十七日　神子尾、十八日　道ヶ沢、十九日　尾越、二十日　宮裏、二十一日　宮ヶ路、二十二日　台ヶ原。

朝九時ごろから部落の人たちは食物や酒などを用意して安沢寺に集まる。安沢寺は無住で村共有の小さな寺である。お堂といってもよいくらいのもので、近年コンクリート製のものに改築された。

阿弥陀仏を中心に、向って左側に観音、右側に石造の地蔵坐像と地蔵立像が安置されており、さらに右端には小さな石造の地蔵浮彫像が二基置かれている。念仏を唱えながら大数珠をまわし、ひととおり終わると、少し休んでは飲食しながら談笑したり、囲碁や将棋をしたりして一日ゆっくりと遊ぶのである。

盆の二十六日はロクヤサマといって、先祖の送りが十六日に、寺供養が二十二日に、それぞれ終わっても、二十六日までは供養の灯籠をあげておく。むかしは、この日は夕方から明け方まで茣蓙《ござ》をもって出て尾越部落に集まって飲食をしながら月を拝んだものだという。

正月の十六日にも盆の十六日と同じように村はずれの供養橋へみんな餅や菓子、果物、酒などをもって集まり、橋の四隅の石に供え物をして線香をあげ、クヨウホドコシといって、集まった人々は互いに飲食物を与えあって食べる。前述のようにこの供養橋へ来れば死んだ人の姿を見ることができるといわれている。

さて、この末吉村の事例についてまとめてみると、次のような点が指摘できる。

まず第一に、墓地と供養橋との対比である。図7に示すように、葬送は死体の墓地への埋葬という形で行なわれる。そして、四十九日の忌明きまでその死体の場所への墓参が継続される。しかし、同時にこの間、死体とはまったく関係のない、安沢寺から六地蔵、そして供養橋へという一連のお参りと供養が行なわれる。それは毎年の盆

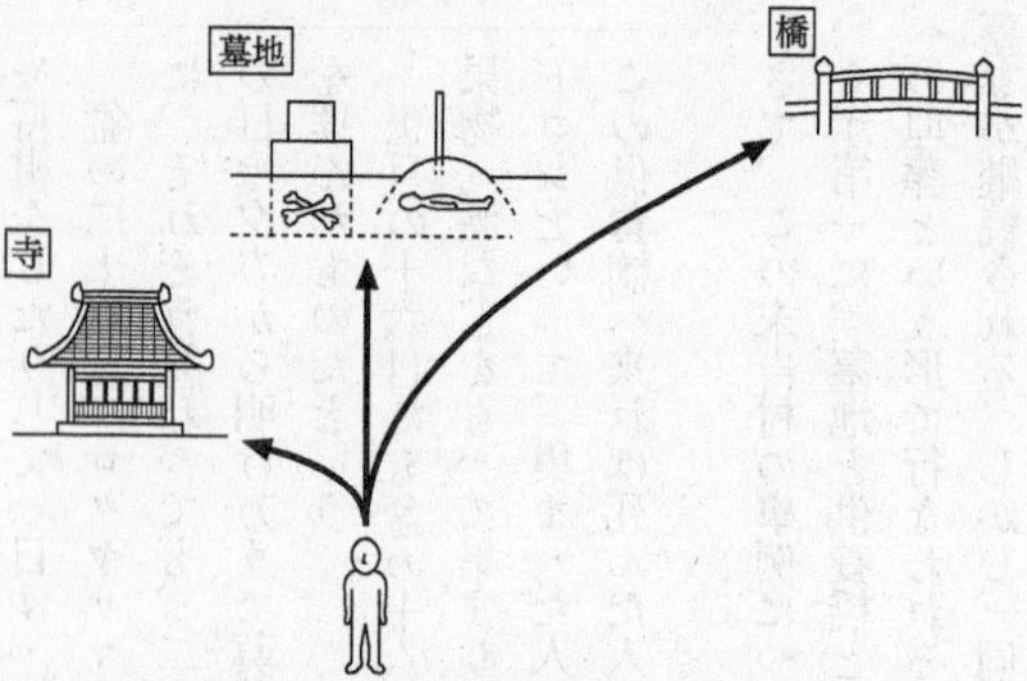

図７　死者供養の場

の供養においても同様で、むしろ正月十六日の方では墓地には参らず供養橋の方へだけ参る。この供養橋については、そこへいけば死んだ人に会えるという伝承があるが、それはそこが現世と他界の境界点として考えられているということをよく示す。つまり、死体の埋葬されている墓地とはまったく別に、人々にとって死者との交流ができる場所があるのであり、それが供養橋なのである。それは集落から遠くはずれて北の方向にある。供養橋がそのように集落の外に遠く離れてあるというのは、実際の死体を埋めた墓地が集落の内にあるのと比べてきわめて対照的である。

では、その供養橋の地点というのは、末吉村の集落のあり方の上からみると、どのような意味をもつ立地となっているのか。

そこで、この末吉村におけるその他各種の信仰的装置、つまり神社や小祠《しょうし》などの立地についてみてみる。すると、この末吉村で祀られている神々としてはおよそ次のようなものがあげられる。

1　三島神社　末吉村の氏神である。祭日は毎年十二月二十四、二十五日。大小の神《み》輿《こし》が出て大きい方は大通りをねり、小さい方は各家をまわる。部落対抗の相撲や劇、かくし芸、カラオケなどの奉納演芸会が行なわれる。

2　諏訪神社　現在ではとくに祭日なし。

3　縁結び神社　現在ではとくに祭日なし。

4　八幡神社　現在ではとくに祭日なし。

5　小さな神社　とくに名前なし。漁師がよく拝む。灯台のそばにあったが、道路工事で現在は三島神社へ移転。

6　おおたんちょうの神さま　漁師が信仰している。新造船をおろす「船おろし」のとき、この神さまの前の海で新造船は三回ほど時計まわりにまわる。また、とびうおなど各種の魚の漁はじめにはそれぞれ漁師はここに必ず参る。フナダマはすべての船につけてある。初潮をみる前の少女を一人選んでフナダマサマ（船霊様）になってもらい、その少女の髪の毛と、お金、五穀、人形、それにすごろく二個（1を上に、3を前、2を左に、5を右に、4がうしろ――「おもてみあわせ、ともしあわせ、とりかじたこたこ、おもかじぐっすり、ピンは天、地六」という言い慣わしがある）を、木製の小さなお宮の中に入れて船の機関室などにつけておく。フナダマサマに頼む少女は寅《とら》年や酉《とり》年生まれで漁つきの気前のよい人の娘や孫がよい。申《さる》年や巳《み》年生まれや、けちけちする人の娘はだめだという。とびうおなど漁をしたときには毎日三本、神様とフナダマサマの少女とへ供えた。また、正月二日の「船祝い」にはフナダマサマを呼んでごちそうをする。新造船の「船おろし」のときには、まずその船にフナダマサマをのせて水際まですすみ、そこでフナダマサマをおろして船は進水する。その後、このおおたんちょうの神さまの前で三回まわって帰り、船主や乗組員など一度みんなを海に投げ込んでさわぐ。なお、フナダマサマは月のものがはじまると他の少女にかえる。古いフナダマ（船霊）はこのおおたんちょうの神さまのところへ納める。

7　沖の明神　現在ではとくに祭日なし。

8　丹那婆の墓　丹那婆（タナバア）というのは、島民の伝説上の始祖で、むかし大津波があって、そのとき一人の妊婦がこの島に打ち寄せられた。ぐみの木にひっかかったともいう。そして男子を出産し、母子で子孫をもうけて島民たちの先祖とな

洞輪沢の漁港。上方の山腹には明神がまつられている。漁仕事へ出かけたり、帰ってきたりする人々を、見守っているような立地である。

ったという。

9　渡神社　三根との境あたりにある山で海上からよく見える。そこに渡神社というのがあり、漁師が拝む。十一月十五日が祭日。正月二日の「船祝い」にはおおたんちょうの神さまのほか、この渡神社へも船主、乗組員たちがまいる。

さて、これらの神々のとくに立地についてみてみると、氏神の三島神社をはじめ、さまざまな神社がいずれも南の海の方向へむかって立地しているという傾向性を指摘できる。そして、それはこの末吉村が古くから漁業を中心とした生活を営んできたことと関係深いものと思われる。

末吉村の生業は、かつての養蚕《ようさん》から牛の飼育やてんぐさ漁、そして最近の観賞植物の栽培へと、時代ごとにその重点が移ってきてはいるが、基本的には焼畑耕作と近海漁業を中心とするものであった。したがって、氏神の三島神社の祭礼も、正月の船祝いも、村人にとって年に一度の賑やかで盛大な遊び日であるが、それらはいずれも冬の休漁期に設定されており、漁業のリズムに合わせたものとみることができる。この末吉村の漁師の人たちはよく、漁師は沖へ行くと孤独で不安なもので、神様しか頼るものはない、などという。この末吉村の神社はそのような漁業と漁師の信仰を背景として、南の海の方向にむかって多く立地しているといってよかろう。したがって、そのたいへん危険ではあるが漁をもたらしてくれる南の海への方向というのは、この末吉村ではいわば生産、豊漁、安全などの祈願の方向、つまりいわば神々の方向とみることができよう。

一方、それに対して、逆の北の方向へ村はずれの道を登って行ったところにあるのが供養橋である。この供養橋の地点は海上から認識できるような場所ではなく、あきらかに陸上においてまったくの村はずれと意識されるような場所であり、それも山間部の狭い沢の急な渓流が山から海の方へと落ちていく地点にかけられた橋である。これはやはり偶然の立地というのではなく、南の海への方向が豊漁、安全への祈願、つまり神々の方向であるのに対応して、北の山間への方向が死と休息、つまり死者たちの住む世界へ、とみる方位観がそこにはうかがえるのである。

こうしてみると、同じ海辺に近い半農半漁の村であっても、先の高知県西泊のように、浜辺から海の彼方へと死者の霊魂を送っているような事例もあれば、この八丈島の末吉村のように、集落後背の山中の村はずれの地点に死者の世界への入口を観念しているような事例もあり、一口に日本人の他界観とはいっても、そう単純な画一的なものではないことがわかる。やはり、人々の他界観というのはそれぞれの地域社会ごとに、伝統的な生活の蓄積の中で形成されてきているものというべきであろう。とくに、この八丈島のような太平洋に浮かぶ離島で、しかも波高く黒潮の急流に洗われ続けるきびしい海の中にあっては、陸地こそ人々にとって安息の場所であったのではなかろうか。

2　都市と他界観

では次に、ひとつの典型的な町をとりあげて、そこに見られる人々の他界観とそれをめぐるいくつかの問題について考えてみよう。

歴史的にも古い町として、静岡県磐田市の見付という町をとりあげてみよう。見付《みつけ》の町は、古代以来遠州国府がおかれたところであり、鎌倉時代になってからは守護所もおかれ、戦国時代には今川氏の支配に抗して自由を守った自治の町でもあり、江戸時代には東海道五十三次の主要な宿場町として発展した、いわば古代から中世、近世、近現代へとつながる都市の歴史的な標本ともいえるような町である。

昭和六十年、この町で「一の谷墓地」と呼ばれる大規模な中世墳墓群が発見され、考古学、歴史学、民俗学などから大きな関心が寄せられた(6)。その研究成果を参考にしながら、この歴史的な町に住んできた人々の他界観についてさぐってみることにしたい。

東西軸の方向感覚

まず、図8を見てみる。

見付の町は、古く鎌倉時代から、京と鎌倉を結ぶ街道沿いの主要な宿駅として、また江戸時代には東海道五十三次の宿場町の一つとして、東西交通の要地としての機能をはたしてきた。いまでもこの町を東西に横ぎる旧東海道の道すじや、それに面して

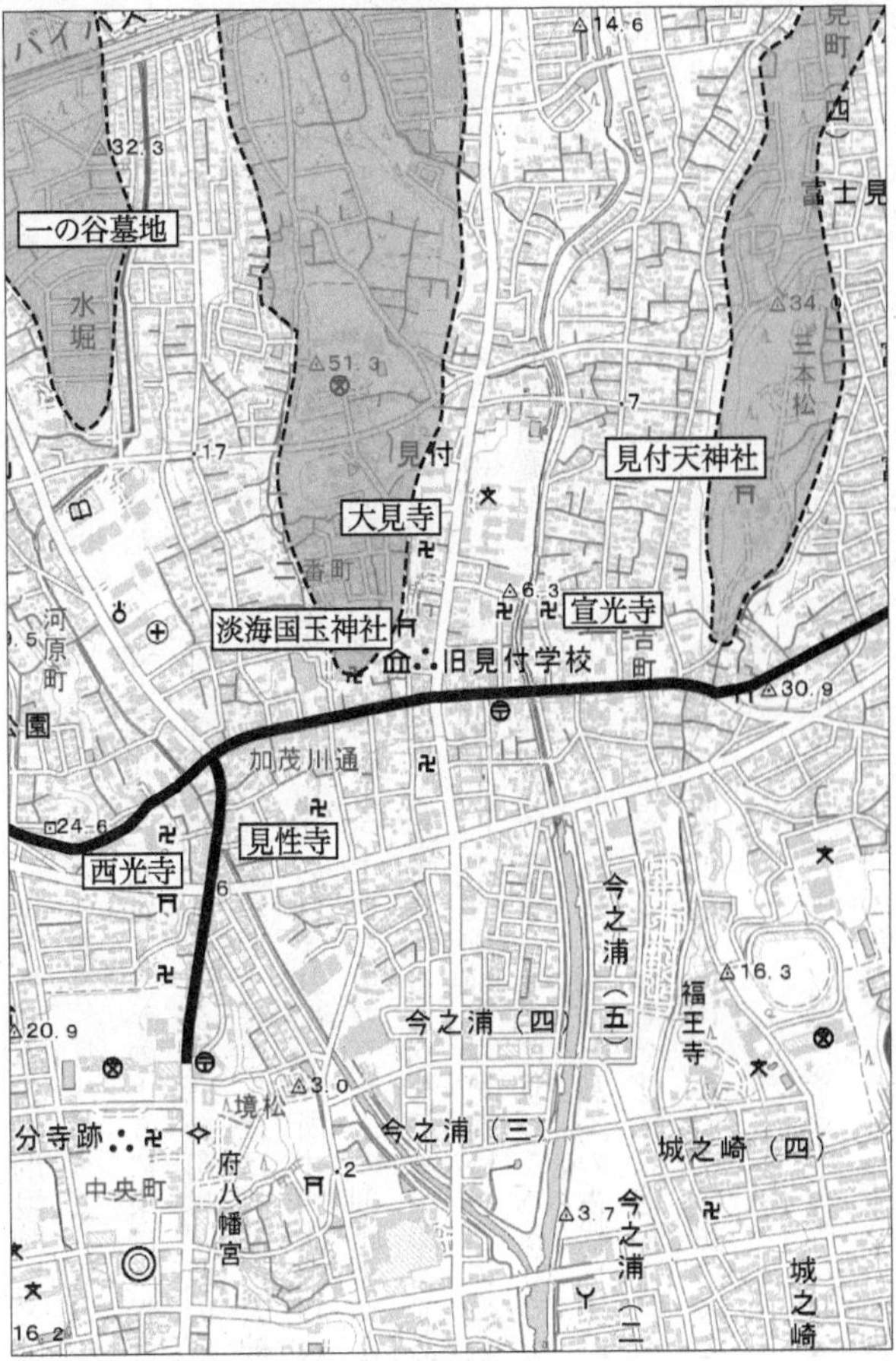

図8　静岡県磐田市（地理院地図Vectorをもとに作成）

ならぶ家並み配置や本陣跡、それに宿場のはずれの一里塚や三本松の刑場跡などは、宿場としてのこの町の歴史を今によく伝えているものである。したがって、町内の呼称でも西坂に対して東坂といったり、寺も西光寺に対応するかのように東に東光寺というのがあり、また、いわゆる貴種流離譚《きしゅりゅうりたん》の典型例でもあるが、西の町はずれの戒成《かいせい》皇子《おうじ》の伝説に対して東の町はずれの良純法親王《よしずみほっしんのう》の伝説があり、さらには、見付天神の祭礼においても、御旅所が三本松と境松という東西のはずれに一ヵ所ずつ設けられ、神輿《みこし》は街道沿いにいったん西の境松の御旅所へ行ってから東の三本松の御旅所へと引きかえしてくるというふうに、東西の方向感覚を基軸とするような伝承が顕著である。

しかし、一方、この見付の町は、北に磐田原台地の丘陵地帯を背負い、南に今之浦の低湿地帯とその先に遠州灘をのぞむという地形的環境の中に立地している町でもある。後背の台地南端が数列の侵蝕谷によって削りとられ、残った数本の舌状《ぜつじょう》丘陵が、北から南へむかってのび出しているちょうどそのふところのあたりに立地しているのが、この見付の町である。そして、現在の今ノ浦の低湿地帯は、かつて中世のころまでは海が深く入りこんで入江になっていた。

したがって、中央の丘陵先端部に淡海国玉神社を祀り、塔の壇遺跡と呼ばれる軍事・行政上の重要施設を配置したかたちの、この見付の町からみれば、東北方向に背後からのび出してきている舌状丘陵と西北方向にのび出してきている舌状丘陵との二つの丘陵先端部は、非常に印象的なものとなっている。この東北方向の丘陵先端部に祀られているのが見付天神社、つまり矢奈比賣《やなひめ》神社であり、逆に西北方向の丘陵先端部に設営されていたのが、他ならぬ一の谷墓地であったわけである。一方が神社でもう一方が墓地というこの好対照ははたして偶然であろうか。

一般に、ふだんはかくれている人々の方位観や他界観が非日常的な儀礼世界においては顕在化することがよくある[7]。

そこで、まず東北方向の丘陵先端部に祀られている見付天神社とその祭礼からみてみることにしよう。

見付天神と裸祭り

見付天神社は矢奈比賣《やなひめ》神社ともいい、その名前の方が古くからのものらしい。矢奈比賣神社の初見は、『続日本後紀《しょくにほんこうき》』承和七（八四〇）年六月二十四日条の、「奉授遠江国周智郡无位小国天神、磐田郡无位矢奈比賣天神従五位下」という記事で、この神社は『延喜式《えんぎしき》』神名帳にも載せられている古社である。また、一条天皇の正暦四（九九三）年に京都の北野天神をこの矢奈比賣神社に勧請《かんじょう》したといい伝えており、今も、祭礼の衣装などには紅梅の紋が染めぬかれている。

この北野天神の勧請の年次などについてはともかく、一の谷墓地が設営された鎌倉初期のころには、すでにこの矢奈比賣神社は現在地か、あるいは後方の元天神社《もとてんじんしゃ》の場所にか、ともかく見付の町の東北方向にのび出してきている舌状丘陵の上に祀られていたものと考えてよかろう。では、この矢奈比賣神社とはどのような神社であろうか。

この神社に古くから伝えられている裸祭りについてみてみよう。裸祭りは毎年旧暦八月十日、十一日、現在の新暦では、その旧暦の日付に換算して九月中旬の休日にあてて行なわれている見付天神の最も重要な祭礼である。(8) ここで、重要と思われる点をまとめてみると、およそ次のような展開の祭りということができよう。

①元天神社から榊《さかき》を採取してきて、ミシバオロシといって、町中消灯した中でその榊を町内十三カ所に立てる。

②一同、海岸に行き浜垢離《はまごり》をとり、みそぎをする。

③御池の祓いで神社境内も清める。

④町内の青年たちが裸に腰蓑《こしみの》姿で練りまわり、神社拝殿へと参拝する。拝殿内で激しく練り、そのさまを鬼踊りという。これは、そのむかし、この見付の町に人身御供《ひとみごくう》の

悲しいしきたりがあったことによる。毎年、年ごろの若い娘を神さまにさし出さねばならなかったのである。しかし、あるとき、旅の僧が野宿していて山の怪物たちが信濃の悉平太郎《しっぺいたろう》をおそれていることを聞きおよび、それを町の人たちに告げた。人々は信濃の光前寺に飼われていた悉平太郎という犬を借りうけてきて、その悉平太郎が山の怪物を退治してくれた。そのとき人々が喜びのあまり激しく踊ったのがこの鬼踊りだというのである。

⑤山神社《やまじんじゃ》での神事を終えて、町中消灯した暗闇の中を、神輿が矢奈比賣《やなひめ》神社から総社の淡海国玉神社へとかけ足で渡御《とぎょ》する。

⑥翌日の夕方、神輿は総社から矢奈比賣神社へと還御《かんぎょ》する。まずいったん西のはずれの境松のお旅所へ行き、ひきかえしてこんどは東のはずれの三本松のお旅所へ行き、そのあと矢奈比賣神社へ帰着する。

見付宿の儀礼世界

この祭りについては、すでにこれまでいくつかの研究があり、たとえばこの祭りの中には里芋や粟《あわ》餅によって象徴される山の畑作文化と、腰蓑によって象徴される海の漁撈《ぎょろう》文化、そして稲藁の象徴する水稲耕作文化、の三者の複合をみることができるという興味深い分析も行なわれている(9)。また、最近では、これを海と山との交歓による生命力蘇生のための祭祀儀礼であるとみる説も提出されている(10)。それは、①のミシバオロシ、で山の神霊が降りてき、②の浜垢離、で海の神霊が招かれて、この祭りの中で両者が交歓するかたちとなっていると捉えるもので、④の、青年たちの裸に腰蓑姿の鬼踊りは、海の男たちが山の生命力を獲得する狂喜乱舞であると説明している。

しかし、まだここにいくつか気になる点も残されているので、ここではそれらの点について見ておこう。

・かつて元天神社へ榊をとりに行くときには、神官・お先供《さきとも》は人目につかぬように行くものであった。そして、年寄りたちの話によれば、明治三十年ころまでは、その元天神社の祠のうしろには洞穴があり、中に怪物か棲《す》んでいるので、行くと罰があたるなどといわれていた。

・暗闇の中で行なわれるミシバタテのときも神輿渡御のときも、なぜか息がきれるほどのかけ足で疾走する。

・神輿が最後に矢奈比賣神社へと還御するとき、それまでゆっくりとふつうに移動していたのが、大鳥居をくぐったとたんに、再び「チンヤサ」「モンヤサ」の掛け声とともに激しくかけのぼり、拝殿の前では胴上げがくりかえされるなど、裸練りのときと同じように活発な動きとなる。

そして、なかでも最大の疑問点として残るのは、

・鬼踊りの由来として語られている霊犬悉平《しっぺい》太郎の怪物退治の伝説や、人身御供の話についてである。なぜ、この裸祭りには、そのような人身御供や悉平太郎の伝説が色濃くまつわりついているのであろうか[11]。

その悉平太郎の怪物退治の伝説について、「矢奈比賣神社霊犬像碑文」には、次のように記されている。

今は昔、此の見付の町は府中と称へ、毎年八月初めには、必ず何処からともなく、白羽の矢が一筋、町家の棟高く突き刺され、またこの家には屹度《きっと》年頃の娘があった。この家をば年番と申し、その所の娘をば生きながら白木の柩《ひつぎ》に入れ、八月十日の真夜中、一点の燈火もなき真の闇夜に、里人大勢これを舁《ひ》き、凄気《せいき》鬱々《うつうつ》たる山道を上り、ここに古くより祀れる天神、廟後《びょうご》におろし、韋駄天《いだてん》走りに逃げ帰れば、やがて天地鳴動して怪神現れ、柩を掻き破り、娘を眺めて嬉々の声を発《はな》ち、これを玩《もてあそ》び遂に食い殺すという、鬼気骨に迫り、夏尚寒き人身御供と申す泣き祭りが、毎年繰り返されたのである。

延慶（一三〇八〜一一）の年に一雲水《いちうんすい》がたまたまこの地に来り、この哀話《あいわ》を聞き、苦心難行の末、遂に妖怪の仕業なるを確め、且《かつ》彼等の問答中に、信濃の国の早太郎というものをば痛く恐怖して居ることをも知り、それより社主及里人を伴い、はるばる信濃に入り、あまねく早太郎を探し、これを上伊奈郡赤穂村光前寺に索《もと》めたる処、図《はか》らずも骨格逞《たくま》しき猛犬であった。ここに於て寺僧に詳細その由来を語りて、早太郎を借り受くべく懇請したるに、寺僧は済民の為ならばとて快諾せられたという。

次年の人身御供には、娘に代りて早太郎を柩に入れ、例年の如く廟後に置いて帰る。暫《しばら》くにして、山内鳴動して妖怪ども現る。眼光爛々《らんらん》炬《たいまつ》の如く、犀利《さいり》なる白牙は夜目にもしろく、研ぎ磨いた利鎌《とがま》の爪をもて、みりみりと柩を破るや、突如早太郎身を振わし、踴躍吠嗥《ゆうやくはいこう》その勢当るべからず、奮戦激闘遂にこれを嚙み殺す。明日里人往《いき》てこれを視れば、いずれも年古りたる狸の血に塗れたる巨屍《きょし》横えあり。しかしてその周囲の惨状によって、如何に闘《たたかい》の猛烈なりしかを察知することを得たり。しかし早太郎は幸に健全であった。爾来《じらい》人身御供の行事絶えたという。里人は早太郎の偉大なる功徳に酬《むく》い、その冥福を祈るが為に、大般若六百巻を書写し、これを光前寺に納む。今現存してあるのがそれである。

> 早太郎は、疾風太郎《しっぷうたろう》又は悉平太郎《しっぺいたろう》といい、一説には重傷を負ひこの地に斃《たお》れ、里人これを天神の社側に山神として祀れりともいい、また秋葉街道犬居村、あるいは阿多古村大宮附近にて死したりとも称《たた》へ、また光前寺に於《お》ける霊犬早太郎の碑は、無事帰山を物語るものといわれ、諸説紛々として明らかでない。

この悉平太郎の怪物退治に際して村人たちが喜んで踊った踊躍歓喜《ゆやくかんぎ》の踊りが、鬼踊りの起源であると伝えられているのである。

一方、「チンヤサ」「モンヤサ」の掛け声の由来については次のような二つの言い伝えが残されている。

・矢奈比賣神社の祭神である矢奈比賣が病気で死んだとき、尽忠の家来で追腹《おいばら》を切らされた者があった。彼らは天神山の東へ葬られた。（富士見町の中央から北側に入った道路脇に二本の松が植えられていて一段と小高くなった場所がそれであると伝えられている。ミシバオロシに元門に榊を二本立てるのもこれに基づくのだといわれている。）

・境松の住人で、伝説の人身御供の柩を毎年担い、矢奈比賣神社に運んだ者たちがいた。当時は昼なお暗い山道を恐怖におびえ、「チンヤサどうだえ」「モンヤサどうだえ」と呼び合いながら行ったという。

この二つのうち前者では「チンヤサ」「モンヤサ」の掛け声の由来がはっきり述べられていないが、いずれも殉死の家来もしくは人身御供の娘を矢奈比賣神社のあたりへと運んだという内容となっている。つまり、裸祭りの中での神輿のかつぎ上げが、伝説の中では人身御供の運搬へと重ね合わせて伝えられているのである。そして、先の霊犬悉平太郎の怪物退治の伝説の中で語られているのは、この矢奈比賣天神社というのはもともと町の娘を人身御供として供える場所であり、それを食う怪物の棲み家であったということである。矢奈比賣の原像こそまさに恐るべき怪物であったということになるのではないか。

そしてこのような人身御供と霊犬悉平太郎の伝説がさかんに語られるだけでなく、同時に儀礼の上でも、この裸祭りの中では、

- ミシバオロシ——→白羽の矢
- 鬼踊り——→怪物退治
- 闇夜の疾走—┬→霊犬悉平太郎の疾走
　　　　　　└→人身御供の運搬と逃走

・「チンヤサ」「モンヤサ」――→人身御供の運搬

というような連想が巧みに誘導されていることに気づく。

つまり、この見付の裸祭りの中では、恐ろしい人身御供と霊犬悉平太郎の怪物退治の伝説世界が、くりかえし再現され想起されつづけているのである。

今は祭りあげられて神として鎮座している矢奈比賣も、もとの姿は実は毎年若い娘を人身御供として生贄《いけにえ》をもとめる恐るべき山の怪物であったのであり、そこにはこの見付の町に居住した人々の、後背の山の自然界に対するおそれの観念が潜在しているものといってよかろう。祟りの激しい怨霊の逆転である北野天神の勧請が伝えられているのも、この自然界の脅威を象徴化した矢奈比賣の原像と無関係ではなさそうである。いつの時代にか北野天神をこの矢奈比賣神社へと勧請した人々の脳裏にはその矢奈比賣の原初の姿が記憶されていたのではないか。また、長い間、元天神社の後の洞穴の中には怪物が棲んでいて行くと罰があたるなどと言い伝えてきた人々の意識の奥底には、こうした矢奈比賣に対する原初的な記憶がかすかながらも伝えられていたのではなかろうか。

　では、肝心の、この裸祭りに色濃くまつわりついている人身御供と霊犬悉平太郎の物語というのは、いったい何なのであろうか。その伝説世界がよみがえるたびに想起されている、人々の遠い過去への記憶の淵には何がよどんでいるのであろうか。

　まず、この種の伝説が、この見付天神に限らず、日本の各地に伝えられているものであるということが、表13の1〜22の諸事例によって知られよう。そして、同じ「異人」であっても旅の六部《ろくぶ》や盲人などいわば社会的弱者にかわって鉄砲を持つ狩人や勇敢な侍が登場するとき、もはや犬の活躍の場はなくなり、彼らの武勇伝へと展開していることが23〜38の諸事例によって知られる。一方、犬の活躍のモチーフをこそやはり伝えたいとするタイプも39〜41などの諸事例の存在によって残っていることがわかる。

　そこで、いま1〜22のような人身御供の若い娘と犬の活躍による化物退治というタイプを基本型（図9、390頁）と仮定するならば、この種の伝説から、われわれは少なくとも次のような二つのメッセージを読みとることができるのではなかろうか。

　第一に、年老いた猿や狒々《ひひ》、古狸などは、いずれも山という自然と「野生」の世界の脅威を象徴的に表現したものではないか。そして、人身御供の娘は、その自然界への人間たちの領域侵犯に対する贖罪《しょくざい》的な贈与、供犠であり、人間と自然もしくは「文

表13 人身御供と怪物退治の伝承

	伝承地	人身御供					退治		
		だれが	選択方法	なぜ・なんのため	どこへ	いつ	人間	犬	化物の正体
1	鹿児島県薩摩郡下甑島	村の娘	順番		山の上の四つ足堂		旅人	そわん山の三太郎	盗人蜘蛛
2	熊本県玉名郡伊倉両八幡	乙女				秋祭り	六部	肥前の犬	
3	福岡県鞍手郡	庄屋の娘	屋根に羽が立ち		宮		六部	日向の日向次郎	古狸
4	高知県高知市	娘			山の宮		旅の僧	和泉のきんとも	親猿と大勢の子猿
5	長野県駒ヶ根市	美濃伏見の庄屋の娘	家に火柱たち		鎮守		六部	信濃のへいぼう太郎	狒々
6	長野県小県郡	庄屋の娘			山の小宮		座頭	筑波山麓のしっぺい太郎	狐狸狼山猫
7	石川県鹿島郡	娘	白羽の矢		山王社		父親	越後のしゅんけんという狼	猿
8	石川県鳳至郡	17歳の娘	順番	田畑を荒らす	お宮		侍	ぺっぺっぺえ	千年も生きた猿
9	新潟県長岡市	庄屋の娘	順番	人年貢	宮	祭りの夜	座頭	丹波のしっぺい太郎	
10	新潟県北魚沼郡	庄屋の娘	白羽の矢		鎮守	正月15日	浪人	すっぺこ太郎	鬼

11	福島県田村郡	娘	白羽の矢		山の神		六部	信濃の権兵衛太郎	猿
12	福島県南会津郡	15歳の娘					重太郎	日本一のこんぶの太郎	猿
13	福島県南会津郡	16歳の娘	16歳になったので		鎮守		狩人	こぶの太郎	鬼
14	福島県南会津郡	庄屋の娘			鎮守社		博打打ち	伊勢国のよだの町の天地白	年をとった狒々
15	宮城県桃生郡	若い娘	順番	大暴風田畑を荒らす	山の社	秋の実りの時	廻国の和尚	近江国の長浜の竹篦太郎	狒と猿たち
16	山形県東置賜郡	13歳の娘	白羽の矢	七人の役人の要求	その役人を家に招いて	春秋	盲人	甲斐国の三毛犬、四毛犬	劫を経た怪獣
17	山形県東置賜郡	村の娘					盲人	甲斐国のめっけんげ、すっけんげ	狸
18	山形県最上郡	15歳の娘		人身年貢	大社		旅の和尚	丹波国のすっぺえ太郎	年寄りの大猿とその家来たち
19	山形県最上郡	長者殿の一人娘	矢	人年貢	お宮	正月15日の晩	旅人	ねずみや国の藤三郎	貉
20	山形県飽海郡	娘	白羽の矢		神社		山伏	丹波国のししんたろう	狒々猿
21	青森県三戸郡	金持ちの酒屋の娘	白羽の矢		八幡様		乳母	丹波国のすっぺ太郎	古貉

22	青森県三戸郡	庄屋の娘					旅人	丹波国のすっぺ太郎	貉
23	長崎県北高来郡	庄屋の娘	順番		山の明神様		侍		老狸
24	福岡県朝倉郡	12、13歳の少女		怠ると村人を苦しめる	阿弥陀の祭壇		狩人		古狸
25	広島県比婆郡	庄屋の一人娘	順番か		氏神様		鉄砲二平		猿
26	広島県比婆郡	娘		豊作になる	お宮	秋の祭り	岩見重太郎		猿
27	岡山県岡山市	庄屋の娘			八幡様	祭り	じんげんだ様		狒々猿
28	岡山県阿哲郡	庄屋の娘			氏神様		岩見重太郎		二匹の猿
29	島根県邑智郡	長者の娘					犬をつれた山伏		猿
30	鳥取県東伯郡	18歳になる娘		供えなければ米ができない	宮		侍		古狸
31	鳥取県東伯郡	18歳になる庄屋の娘	順番か		氏神		侍		古狸
32	兵庫県氷上郡	庄屋の娘	白羽の矢				六部のような侍		狒々猿
33	兵庫県城崎郡	18歳になる娘	くじ		村の神様		六部		狒々猿

34	京都府竹野郡	娘	白羽の矢	やらなかった年に大火事あり			爺		狒々
35	山梨県西八代郡	娘	白羽の矢				剣術使い		猿
36	福島県南会津郡	娘	白羽の矢		山の鎮守		偉い人		狒々
37	山形県最上郡	娘		人年貢			旅の武士		大きな鼬（いたち）
38	青森県弘前市	娘			お宮		旅の偉い侍		猿
39	兵庫県多紀郡	処女の娘	白羽の矢			毎年11月		かわいがっていた白犬	古貉
40	山形県最上郡	金持ちの一人娘		人年貢				かわいがっていた白い大きな犬	大蛇
41	山形県酒田市	娘			神社			丹波国のめゝけ犬	貉

関敬吾『日本昔話大成7』（角川書店、一九七九年）より作成

化」と「野生」という二極対立の中で、両者の間の境界設定に際しての媒介者としての機能をはたしているものと考えられるのではないか。(12) そして、そこに介在し人間側の勝利へと導いているのが、犬である。この犬は本来、自然と「野生」の世界の存在であり、それが飼いならされて人間と「文化」の世界へと接近してきているものであって、その意味でやはり犬も両者の間の媒介者としての機能をはたしているものといえよう。つまりこの種の伝説の中で人身御供の娘と犬の活躍とが密着して語られるとき、その背後には、自然・「野生」と人間・「文化」という二極対立の世界観（図10、390頁）が存在し、娘と犬とにはその両者の境界を再確認かつ媒介するものとしての共通点があるということがわかる。(13) 矢奈比賣という女性の神には、そのような人身御供として捧げられた悲しい娘たちの集積としてのイメージがあるのではなかろうか。

第二に、人身御供の伝説には女子の成女式という通過儀礼の問題がかくされているのではないかということである。人身御供はなぜ若い娘でなければならないのか。表13のうち明記してあるのは39の事例だけであるが、ことさら明記されていなくてもそれが処女であることはいうまでもあるまい。

日本の村落社会では、未婚の若者たちの間で自由恋愛の伝統が長かったことが、瀬川清子氏や大間知篤三氏らの民俗調査によって多くの事例の紹介とともに明らかにさ

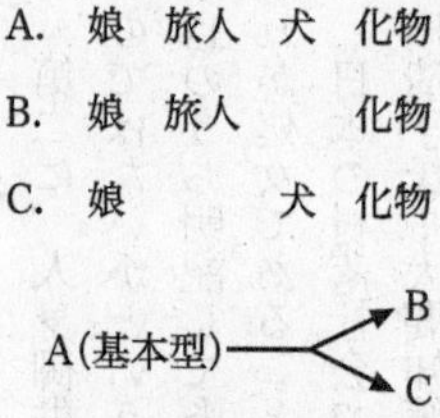

図９　人身御供譚の３類型とその相互関係

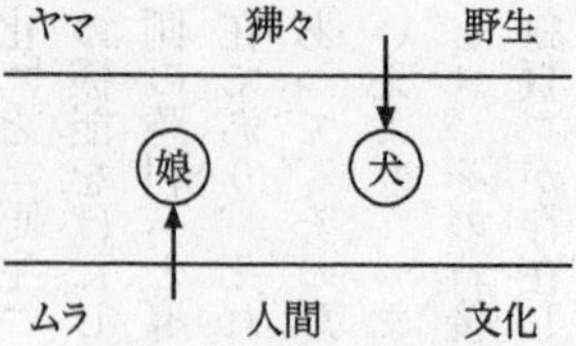

図１０「文化」と「野生」の交流

れているが、[14]そこで注目されたのは、「十三サラワリ」とか「アナバチをワル」などといって、十二、三歳になった娘が、特定の老人とか仮親もしくは結婚の際の仲人、また若者頭など、一定の男性によって、当時の言葉でいえば、「女にしてもらう」という成女式、つまり処女破棄という衝撃的な通過儀礼の存在であった。[15]昭和十年前後の民俗調査でそのような事例に数多く接した大間知篤三氏は、

「われわれの遠く古い観念のなかには、処女を破る行為を恐怖する考え方があったのだろう。それだからそうした役割は古くは神が、また神の名において特定の神人がはたす風があったものと思われるのである。

それが後には婚礼の仲人の役割とみなされた所もできてきた。このように考えると、東北地方でひろく仲人をサイノカミと呼ぶことのもとの意味もわかるような気がする。[16]」

と述べている。

この見付天神の裸祭りの場合、神輿の中にのっているのは、第一のイメージとしてはやはり矢奈比賣という神であろうが、前述のように伝説と儀礼の上では人身御供の娘であるとするイメージも伝えられており、両者が重なりあい混在しているものといってよい。では、人身御供の娘をのせているともイメージされている神輿が、深夜の暗闇の中を疾走し、遠江の国司がその国魂《くにたま》を祀る総社へと運びこまれ、そこで一夜を過ごすというこの祭祀儀礼の展開の中にはどのようなメッセージがかくされているのであろうか。

そこで注目されるのは、表13の中の16の事例である。これは『旅と伝説』という雑誌の昭和九年六月号に掲載されたものであるが、そのあらすじだけを示そう。

事例　犬の宮の伝説　山形県東置賜郡高畠町高安

和銅四年八月の末頃のできごとである。この付近の山麓に一人の盲人が一夜を過ごした。夜の侘《わ》びしさをまぎらわそうと、背負っていた三弦を手に歌を口ずさんでいた。すると、都で聞いたことのある貴人たちの能舞の音曲が聞こえてきた。不思議に思っていると、まもなく、そばに誰か人が来たような気配がした。その男は、もう一度その三弦をひくようにと頼んだ。盲人が三弦をひくとまわりに多勢の者たちが集まってきて、「甲斐の国の三毛犬《みけけん》、四毛犬《しけけん》にはこのことを知らせるな」という文句の入った歌を歌いながらみんな愉快そうに踊った。しばらくして、踊りが終わると、「今夜のことは里のものに決して話してはならぬ。話すとおまえの命はない。」といい残してみんな山の方へとひきあげていった。

次の日、盲人が里へおりていくと、人々は人身御供のことで悲しみに沈んでいた。人々の話によると、この一帯はもともと年貢の許されている土地であったが、いつのころからか七人の役人がやってきて、里の東方の五丁ばかりの御内裏岩山というところに住居をかまえ、それ以来、年貢を徴収されるようになった。そのうえにまた春と秋には、十三歳になる娘を御供物として上げなければならないのだという。ちょうど今日、その白羽の矢が庄屋の屋根につき当たったのである。

そこで、盲人は昨夜聞いたあの甲斐の国の三毛犬、四毛犬のことを思い出し、それをつれてきて里に害を与える怪物どもを退治すればよいといって、いつのまにかどこへともなく消えた。やがて、使いのものが甲斐の国から豪壮な巨大な犬をつれて帰った。いよいよ人身御供をあげる九月十三日、大内裏の役人たちが庄屋の招待によってやってきた。人々も庄屋の家に集まって盛大な酒宴が催された。役人たちが酔いしれて寝入ったころ、三毛犬、四毛犬を放すと、犬はたちまちに役人たちに襲いかかり、大乱闘となり呻《うめ》き声、唸《うな》り声で一面、血みどろの修羅の巷《ちまた》となった。みんなかたずをのみ、犬が無事退治してくれるようにと念じていたが、やがて格闘の音もぴたりと止んだ。人々が座敷に入ってみると血にまみれた怪物の死体が重なり合い、三毛犬、四毛犬も深傷をうけて息もたえだえに倒れていた。

これまで無益な人身御供をあげていた役人どもは、実は針のような毛をおうた劫を経た怪獣であった。三毛犬、四毛犬は人々の手厚い看護も空《むな》しく息絶えた。人々は大恩ある盲人と三毛犬、四毛犬とを宮の人というところに正真子《しょうまご》大権現として祀った。

これは、あくまでもイメージの上での過去の世界のできごとである。史実としての過去ではない。しかし、ここになぜ役人どもが登場しているのであろうか。昔話や祭祀儀礼の伝える過去の世界を追いながらも、この見付府中の人身御供の伝説の中には、あるいは国司による初夜権の行使というような奇怪な問題が見えかくれしてくるのではなかろうか。

いや、いまは、そのような大それた問題はともかくとして、ただ子供の段階から大人の段階へ、つまり生理的に大人の女性となり、これから妊娠、出産などといういわば「野生」の領域へと一歩足を踏み込んでいく少女たちの成女式というのは、彼女たちがまさに「文化」と「野生」の両界の中間に位置する媒介者たるにふさわしい存在となっていくことを意味するのであって、この人身御供の伝説の中には、そうした成女式の儀礼と観念とが色濃くまつわりついているということだけは、どうやらまちがいないといってよいのではなかろうか。ミシバオロシの榊が、町内十三ヶ所にさし立てられるというその十三という数字にも、成女式の十三歳という年齢を象徴するメッセージが、実はかくされていそうなのである。

一の谷の中世墳墓群

見付の町の後背にのび出してきている東西の二つの丘陵、その一方の東北方の丘陵は畏れ慎しむべき神を祀った神聖なる丘陵であった。それは見付天神から元天神へといわゆる聖なる軸線を形成しているかのようである。一方、それに対し、一の谷の墓地はちょうどそれと対応するかのように西北方の丘陵の上に設けられている。では、見付の町からみて、その西北の方角とは何か。何かの意味をもつ方角なのであろうか。

この点にまず注目されたのは石井進氏である。(17)

石井氏は、柳田國男の所説(18)を引用しながら、日本の各地に見られる西北方を祖霊の去来する神秘的な方角とみ、西北風をタマ風と呼んで死霊のおこすおそろしい風とみるような方位観が、この見付の中世には存在したのではないかというたいへん興味深い指摘を行なっておられる。

この石井氏の指摘を手がかりとして、一の谷墓地の立地の意味について考えてみよう。

まず、墓地の概要であるが、発掘調査にあたった山村宏氏によると、(19) この墓地には墳丘墓《ふんきゅう》、土壙墓《どこう》、集石墓《しゅうせき》など各種の型式の墓がみられ、また茶毘《だび》跡もみられるが、伴出する灰釉《かいゆう》陶磁碗や山茶碗、山皿などの遺物によって、その成立は十二世紀末から十三世紀前半にかけてのことであろうと推定されている。外観は132頁に掲載した写真を参照していただきたい。

墳丘墓というのは、方形の溝で囲まれ盛土をした形のもので一八〇基前後の遺構が確認されている。伴出する山茶碗や山皿の多くは十三世紀後半のものと推定されているが、この墓地内にはそれ以前からの遺構や遺物もみられ、それは平安時代末の十二世紀後半にさかのぼるとされている。

土壙墓というのは、単に長方形の穴を掘って埋葬しただけのもので、千四百基以上も発見されている。墳丘墓が土葬の場合も火葬の場合もあるのに対して、土壙墓はそのほとんどが土葬である。時代的にはこの墳丘墓と土壙墓は同じ時期で、十三世紀後半に盛行したものと考えられている。

それよりやや遅れて盛行するのが集石墓である。これは方形に小石を積み上げたもので、その内部に火葬骨が納められている例が多い。そして骨蔵器として十三世紀前半に比定される渥美産、瀬戸産の壺や十三世紀後半から十四世紀前半に比定される壺、さらには十四世紀後半から十五世紀初頭にかかる小甕《こがめ》なども発見されている。この集石墓は後半期には整然としない石積みの例も増加するが、総数千六百基以上にものぼり、中世後期におけるこの墓地の主流をなすものであったと考えられる。

そして、この墓地の終末は、十六世紀末の鋳造と考えられる永楽通宝や景徳元宝など六枚の鐚銭《びたせん》が、集石の下部に設けられた土壙の底面から発見されたことなどにより、およそ十七世紀初頭、江戸時代のはじめころのことであったろうと推定されている。

中世の墓地と寺

一の谷墓地は、鎌倉から室町、戦国へと中世の長い期間、ずっと見付の町の墓地として機能し、国衙《こくが》の在庁官人や守護所の有力武士をはじめ、一般の商人たちまであらゆる階層の人たちがこの墓地を利用していたであろうことが、先にみた各種の型式の墓の存在から推定される。

しかし、中世の終わりとともに、ちょうどそれに歩調をあわせるかのように、突如として廃絶されてしまう。そして江戸時代になると、墓地は、見付の町のなかの寺の境内へと作られるようになる。

そこには何があったのか。中世の墓地と近世の墓地との比較という点で考えられるところを整理しておこう。

まず、中世の段階で、一の谷墓地が利用されていた状態において、指摘できる点としては、第一に、すでに多くの人が指摘しているように[20]、一の谷墓地は見付の府中域の外に設けられているという点である。これは有名な仁治三（一二四二）年、豊後の守護大友氏が発した「新御成敗状」の、

一、府中墓所事

右一切不可有、若有違乱之所者、且改葬之由、被仰主、且可召其屋地矣。

という法令、つまり守護所のある豊後国府中では墓所をつくることを一切禁止する、という内容ともよく合致する。神聖であるべきまつりごとの場である国府域内に墓地をつくることを禁じる法令は当時、豊後府中に限らず、鎌倉やその他の国府にも同様に出されていたものと考えられるところから、こうした法令の示す墓地の設営を実例として示している貴重な遺跡であるとされている[21]。

第二に、そうして見付の府中から遠く離れて設けられている一の谷墓地に対し、一

方、府中域に接する場所には多くの寺が建立されているという点である。これらの寺がどのような機能をはたしていたのか。葬送墓制に対する当時の寺の関与のしかたについて注意されるところである。

表14がそれらの寺について整理してみたものであるが、寺伝その他からはなかなかはっきりしたことはわからない。ただ、次のような点は指摘できるであろう。

・開創年代はいずれも伝承にすぎず、明確な年次は不明であるが、慶岩寺、明王寺、徳翁院などが戦国末から江戸初期の新しい成立であろうと思われる以外、その他多くの寺はいずれも早ければ平安末、そうでなくともおよそ鎌倉から室町へかけて続々と成立していたものと考えられる。

・宗派の上ではとくに偏差なく、浄土宗・禅宗・法華《ほっけ》宗と各宗派の寺がある。ただ一遍上人の遊行によって転宗したと伝える時宗の寺が多いのが一つの特徴である。

・金剛寺に住した見蔵主などはすぐれた学僧、詩僧として知られており[22]、人々の葬送に深く関与するような僧侶ではなかったらしい。

・蓮光寺や宣光寺の梵鐘《ぼんしょう》は、吉政助盛、徳川家康といずれも有力な特別の檀越《だんおつ》の寄進によって鋳造されたものであるが、その背後には「一紙半銭結縁之輩」と記されているような多くの庶民の寄進もあったものと思われる[23]。

表14　見付の寺

	寺号	開創	伝承
1	時宗　蓮光寺（もと天台宗）	承安年間（一一七一～一一七五）小松内府平重盛	明治四十四年に西光寺に合併。本尊薬師如来は十二世紀末の作と伝え、現在西光寺に安置。応永十六年（一四〇九）の修理銘あり。また貞治三年（一三六四）鋳造の鐘が現在沼津市東本郷町霊山寺にあり。
2	時宗　西光寺（もと真言宗）	文永二年（一二六五）阿闍梨傾木	建治・弘安のころ、一遍上人の遊行を迎えて時宗に改宗。一遍上人筆と伝える六字名号の掛軸などあり。鎌倉時代の作という。境内には鎌倉時代の作風といわれる石造宝塔あり。元亀年間に炎上したが、慶長末年に復興整備したと伝える。日限地蔵が信仰を集めている。檀家は加茂川通、河原町、幸町に多い。
3	時宗　省光寺（もと真言宗）	弘安五年（一二八二）（第七代寂厳のとき転宗）	第七代寂厳上人のとき、一遍上人の遊行を迎えて転宗。弘安五年（一二八二）。のち中興以来第六代慈海は足利氏出身で将軍義詮の外護をうけると伝える。

4	浄土宗　大見寺	正和四年（一三一五）　誠誉演甫上人	はじめは宇沼の薬師にあり、のち現在地である見付端城の城跡の地へ移転したという。
5	臨済宗　見性寺（もと真言宗）	不詳　文渓和尚	「松堂高盛禅師語録」には文明年間見性寺の名や僧の名が散見されるという。明代のものと鑑定された繍十六羅漢図や平安期と推定される五鈷鈴などがある。檀家は河原町、富士見町、幸町、美登利町に多い。江戸時代中葉に西国三十三番に模してつくられた豊田三十三ヶ所の第一番札所。
6	臨済宗　慈恩寺	応永年間（一三九四～一四二八）　玖山和尚	応永二十六年（一四一九）銘の雲板を所蔵するが、これは上西郷の滝泉寺のもの。天文年間梅翁和尚の中興、寛永十一年（一六三四）分宗和尚の再中興。檀家は幸町に多い。遠江薬師霊場の第四十九番札所である。
7	曹洞宗　宣光寺	不詳　大淵竜道和尚	開山は普済寺十三派の一派、三州豊川妙厳寺二十五世大淵竜道和尚。鎌倉時代の作と鑑定された延命地蔵でよく知られている。六十年に一回の開帳。徳川家康の寄進した天正十五年（一五八七）銘の鐘あり。檀家は地脇町、宿町、富士

			見町、河原町に多い。
8	曹洞宗　金剛寺（もと真言宗）	文禄二年（一五九三）（盛韻存翕改宗）	文禄二年（一五九三）、袋井海蔵寺十世盛韻存翕、改宗開山。そのときの開基はのちの中泉代官大石康正。上杉謙信の菩提所越後高田の林泉寺開山宗献大光禅師曇英慧応の行状記（建長寺長老玉隠英璵著、永正元年（一五〇四））によれば防州出身の彼はこの金剛寺に十三歳まで留まったと記す。また同時代の詩僧松堂高盛の語録中には金剛寺の見蔵主の詩を称揚する語あり。役行者の石像を鎮守神としている。昭和初年まで大峰講さかん。
9	日蓮宗　玄妙寺	元中二年（一三八五）二位僧都日什	十一月十二日十三日の御命講には近郷から多くの参詣者がある。
10	浄土宗　慶岩寺	永禄五年（一五六二）能公和尚	西光寺文書によると寛政六年護世寺の古堂を金子七両で西光寺に売却。四国八十八ヶ所を模した札所が設けられている。
11	臨済宗　明王寺（もと真言宗か）	寛永二十年（一六四三）金竜和尚	本寺第三世金竜和尚の開創と伝える。河原のお不動さんとして信仰を集めている。現在見性寺住職が兼務。

12	浄土宗　徳翁院	天和元年（一六八一） 呑誉秀翁	本寺第十一世呑誉秀翁の開創と伝える。三本松の観音さんとして知られた。現在大見寺住職が兼務。
13	浄土宗　護世寺	不詳	一の谷墓地の南、現在てんぷら屋のあるあたりにあったという。

『遠江国風土記伝』（巻六　磐田郡）、『磐田市史』上・下、「一の谷中世墳墓群調査委員会資料」（その1）による

・蓮光寺や西光寺は、見付の府中域の西側に立地している時宗寺院であるが、『吾妻鏡』建久六年十二月五日条に「遠江国住人勝間田玄蕃助成長　被召上　是於当国之府光堂、及闘乱刃傷等故也云々」（傍点筆者）と、光堂と記されているように、西の空に沈んでいくまばゆい夕陽の中に阿弥陀如来の西方極楽浄土をのぞむ寺として建立されていたものと思われる。[24]

・そうしてほとんどの寺が見付の府中域の内側に立地しているなかで、護世寺だけは一の谷墓地のすぐ南の隣接地にあったといい伝えている。これはすでに指摘されているように、[25]護世寺＝後世寺、つまり奈良盆地の郷墓などでよくみられるような墓《はか》寺《でら》の類[26]ではなかったかと推定される。

そして、これらの点から、見付の府中域に建立された寺々は、中世においては、一

の谷墓地を中心とした葬送墓制や死者供養には直接的には関与せず、『西光寺文書』に、「拙寺（浄土宗慶岩寺）末無檀寺之護世寺」と記されている護世寺こそ後世寺、つまり一の谷墓地の墓寺として機能していたものと推定される。一の谷墓地に隣接して立地していたという点も、浄土宗をその宗旨とした小さな寺であったという点も、奈良盆地の郷墓とその墓寺との関係によく似たものといってよい(27)。

近世初頭の墓地と寺

江戸時代になると、一の谷墓地は廃絶され、それにかわって見付の町の中の各宗派の寺の境内に墓地が設けられるようになる。そしてそこには石造墓塔が建てられ、寺ではそれぞれ檀家の人々の過去帳を作製してその死者のための供養を行なうようになる。

たとえば、時宗の西光寺の例で見てみると、この寺で最も古いものと考えられる過去帳、ただそれには巻末に年号が記されていないのが残念であるが、そこに記入されている最初期の慶長《けいちょう》・元和《げんな》・寛永《かんえい》の人たちを整理し列記してみるとおよそ次のとおりである。

圓阿弥　慶長十九（一六一四）年正月　安右衛門

切阿弥　慶長□　□切彦右衛門
道阿弥　元和四（一六一八）年九月　西坂次兵衛
證阿弥　元和四（一六一八）年十一月　想社神主　庄九
讃阿弥　元和五（一六一九）年五月　吉右衛門
了弌房　元和庚申（一六二〇）年六月　将監老母
教阿弥　元和七（一六二一）年六月　六良左衛門
成佛房　寛永五（一六二八）年戊辰二月　神谷三郎兵衛事
臨阿　寛永十二（一六三五）年十一月　吉左衛門

また、境内墓地の石塔のうち最も初期のものについて確認してみると、次のとおりであった。

西光寺住職の最古の石塔（無縫塔浮彫型角柱塔）

> 慶長二十乙卯年（一六一五）六月十三日
> 十九世　覚阿弥陀佛
> （名号）西光寺代々
> 二十世　僧阿弥陀佛
> 寛永四丁卯年（一六二七）十一月十九日

神谷家（代々南本陣であった家）の石塔（板碑型石塔）

寛永十一歳九月十九日（一六三四）　明一房
寛永十六歳十一月五日（一六三九）　蓮阿弥陀佛
南無阿弥陀佛
寛永十一歳□月廿二日（一六三四）　光阿弥陀佛
九刕肥前国　俗名　浅山新吉

鈴木家（代々北本陣であった家）の石塔（板碑型石塔）

古い二基がすでに判読不能で、判読可能のもののうちの最古のもの。

慶安元年（一六四八）
南無阿弥陀佛
七月十日

これからみると、過去帳への記入は、慶長・元和のころから始まったものであり、それは姓名のわかるものから推定すると、神谷氏のようなのちの有力檀家の人たちであったことがわかる。[28] また、これら初期のものでは、時宗特有の阿弥号を授けられているのもわかる。[29] 当時は一部の人たちの間ではすでに生前からそれを名乗るような例もみられたようである。しかし、この阿弥号はまもなく寛文期あたりを境として使用されなくなってくる。これもやはりこの過去帳からわかる。

一方、石塔の造立は、はじめ寺の住職や宿場の本陣をつとめた神谷氏のような有力檀家から始まったものであり、寛永期以降定着してきたものであるということがわかる。

また、大見寺の例でみると、過去帳に記載されている最初期の人は、

元和元（一六一五）年九月七日　實相院心誉安徹居士　東坂町　大海屋惣右衛門

元和九（一六二三）年　運誉春宗女　角兵衛内義

などであり、境内墓地の石塔のうち刻文の判読可能な最初期のものは、

明暦四戊□年（一六五八）
帰一妙誓禅女灵位
四月廿日

（小型光背碑）

明暦三丁酉（一六五七）五月十六日
光誉　信士
秀誉　信女
元禄十二己□（一六九九）十二月十三日

（宝篋印塔）

などである。これらのうち、過去帳記載の元和九（一六二三）年、運誉春宗女の夫にあたる角兵衛という人物は、大見寺文書のうちの慶長十五（一六一〇）年二月十一日付の「見付町衆連署證文」[30]の中で、見付端城の故地を大見寺領として施入するとした町衆の連名の中にみえる角兵衛という人物と同一人物である可能性が大である。

つまり、慶長、元和のころ、寺と町衆の人たちとの間で、一方では町の人たちから寺への土地の施入とかその他の経済的援助、もう一方では寺による町の人たちへの葬祭供養儀礼の提供という、たがいの緊密な関係ができあがりつつあり、それが寺の境内への墓地の設営へと展開したものであることがわかる。

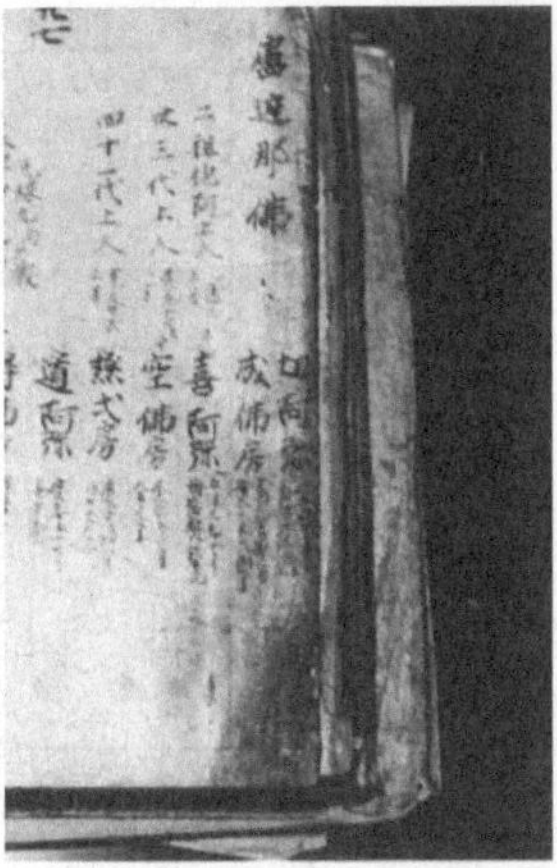
西光寺に所蔵されている最古の過去帳。

それはちょうど、石井進氏も指摘されているように[31]、高田陽介氏が平安京の事例で検証したもの[32]と共通しているのではないか。

平安京の場合、古代以来の強い觸穢《しょくえ》思想により、集団墓地は鳥辺野、船岡、化野など都市の境域外の地にしか設けられていなかったのが、足利将軍や山門などによる中世的な権門体制が崩壊するとともに、新たな経済基盤をもとめる寺院側の動きと、その寺院の境内に墓地をもとめる町衆側の要求とが、触穢思想の弛緩《しかん》の中でたがいに結びついて、近世初頭には続々と都市内部の寺院の境内に墓地が成立してきたのである。

古代以来の国府の地であり遠州の「小京都」ともいうべきこの見付の町でも、中世から近世への移行の中で、平安京と同じような寺と町衆とが結びつく動きがあったのではなかろうか。そして、江戸時代以降、一の谷の墓地の存在は忘れ去られ、ただこの一帯は「四ツ塚」と呼ばれて漠然とむかしの墓のあるところだといい伝えられてきたのである。

西北は死霊と祖霊の方角

さて、肝心のこの西北の丘陵に中世を通じて長い間墓地が営まれてきたその意味、西北という方角に何か意味があるのかという点について考えてみよう。

まず注意されるのは、やはりこの方角は、一の谷墓地が廃絶されて以後も長い間、死と葬送の方角であったということである。昭和五十年に廃止されるまで、この方角には明治生まれの古老たちの記憶の中でも、ずっと昔から見付の町の人たちの火葬場があった。慈恩寺の西側の小道から北の方向へと化粧坂を登り、一の谷墓地の丘を西に見ながらさらに北上したあたり、狐塚と呼ばれるところにその火葬場はあった。そして、化粧坂という坂道は長い間、野辺送りの行列が進んで行った葬送の道でもあったのである(33)。

また、この見付に限らず、遠州一帯では、盆の行事に俗に「遠州の大念仏」と呼ばれているものがある。それは、浜松市や浜北市それに天竜市や豊岡村などに本拠をもつおよそ七、八十組にものぼる念仏芸能集団のことで、その各組がそれぞれ遠州一帯の町々村々のその年新しく死者を出した初盆の家々に招かれては、亡き人のための供養の念仏をあげてまわるものである。この大念仏団の一行は、まだ死んで間もない新仏の供養のための芸能集団でもあるが、同時にまだあの世に落ち着かぬ亡くなったばかりの死者たちがこの世を訪れる姿のようにもイメージされているという点が特徴的である。その大念仏団のやってくる方角というのが他ならぬ一の谷墓地の方角、つまり現在の主要地方道磐田天竜線などの道であり、まさに西北方から見付に入ってくる道であった(34)。

ただし、現在、見付の町に伝えられている盆行事をみる限りでは、先祖の霊の去来についての方位観のとくに顕著な儀礼的表現はみられない。毎年八月十三日の夕方から街道に面した家々の門口でタイタキといって、松明《たいまつ》をたいて先祖の霊を迎え、十六日にはオショロオクリ（お精霊送り）といって、オショロゴザ（お精霊茣蓙）に供物の一切をくるんで町の東半分の家々は中川へ、西半分の家々は加茂川へと流して送っている。現在の盆行事の中では、とくに西北方が祖霊の去来する方角であるとみる伝承が伝えられているというわけではない㉟。

しかし、一方、この遠州一帯では、屋敷神として地ノ神さまを祀っている例が多く、その地ノ神さまは土地の神であると同時に、三十三回忌もしくは五十回忌の弔上《とむらいあ》げのすんだ先祖が地ノ神さまになるという信仰があり、その地ノ神さまが祀られるのはきまって屋敷のイヌイヅマ（乾端）つまり西北隅となっている。

以上をまとめてみると、この見付の町にとって、東北の方角は斎むべき神社が設けられ、祭礼のたびにさかんに神威が表現されている神聖なるいわば自然界の威力＝神の方角であり、一方で西北の方角は古くには一の谷墓地が、またいつのころからか火葬場が設けられ、長い間大念仏の集団が訪れ来る忌むべきいわば死者＝祖霊の方角であり、両者がみごとに対応しているといってよいのではなかろうか。これは、はたして偶然であろうか。いや、やはり、石井進氏が指摘されたように、西北方を死者や祖霊の去来する特別な方角とみる方位観が中世以来の見付の人々の意識の底には、かすかながらも伝えられてきていたのではなかろうか。今も家屋敷のイヌイヅマ（乾端）、西北隅に祖霊としての性格をもつ地ノ神を祀りつづけてきている[36]人々の方位観と、一の谷の丘陵先端に死者の眠る丘を築いていた中世の人々の方位観との間には、時代を越えた一筋の底流が見出せるのではなかろうか。

そして、それは、平安京の比叡山延暦寺や江戸の東叡山寛永寺の例をもち出すまでもなく、東北方向、つまり艮《うしとら》の方角を鬼門として警戒すべきものと喧伝《けんでん》した陰陽道《おんみょうどう》の方位観とは異なるもう一つの方位観、つまり人々の日常生活の中から生まれた西北方に対する独特の方位観でもあったのであり、それはもともと海の民の方位観でもあったのである。[37]

註

（1）山片蟠桃『夢の代』

（2）柳田國男『先祖の話』（『定本　柳田國男集』第十巻）

（3）折口信夫「石に出で入るもの」（『折口信夫全集』第十五巻）「水の女」「若水の話」「貴種誕生と産湯の信仰と」（『折口信夫全集』第二巻）、「産育習俗」「精霊と霊魂と」（『折口信夫全集』ノート編　第七巻）など。

（4）　筆者調査　昭和五十九年

（5）　筆者調査　昭和六十一年

（6）　昭和六十一年三月二十九日・三十日には、一の谷遺跡の見学会を兼ねて「中世墳墓を考えるシンポジウム」が磐田市商工会館で開かれた。そして、それをもとに、『歴史手帖』十四巻十一号に特集「中世墳墓を考えるシンポジウム—中世都市と場をめぐって」が組まれている。また、義江彰夫「国府から宿町へ—一の谷遺跡を手懸りに見る中世都市見付の構成と展開」（『歴史と文化XVI　東京大学教養学部人文科学科紀要第八十七輯』昭和六十三年三月）という論文も発表され、また、一の谷遺跡の保存を訴える、網野善彦・石井進編『中世の都市と墳墓—一の谷遺跡をめぐって』（日本エディタースクール出版部　昭和六十三年八月）という本も出版された。

多くの人の保存を望む運動にもかかわらず、平成元年一月、ブルドーザーが入って一の谷遺跡は無惨にも破壊されてしまった。

（7）『通過儀礼』の著者A・V・ヘネップ以来の民族学、民俗学、文化人類学における儀礼研究によれば、儀礼とはふだんはかくれている文化の深層や共同体のあり方を映し出す鏡であり、それによって価値観の再確認などが行なわれる、というとらえ方がなされている。たとえば、E・リーチ「時間の象徴的表象に関する二つのエッセイ」（『人類学再考』昭和四十九年、思索社）などにもそれはうかがえる。

（8）この祭礼の次第については、『磐田の民俗』（茂木栄氏の執筆部分）昭和五十九年、網野善彦・石井進編『中世の都市と墳墓―一の谷遺跡をめぐって』（前掲）の中の「見付天神裸祭り執行次第」などを参照されたい。

（9）大林太良「遠州見付天神の裸祭と早太郎伝説」（『日本の神話』国民文庫八二五　大月書店　昭和五十一年）

（10）映画『見付天神裸まつり』神社本庁調査部・国学院大学日本文化研究所（薗田稔・落合偉洲・茂木貞純・茂木栄）民俗文化財研究協議会

（11）この点について追究した論文として、大林太良「遠州見付天神の裸祭と早太郎伝説」（前掲）、吉川祐子「矢奈比賣神社の信仰と芸能」（『静岡県民俗学会誌』六号　昭和五十八年）がある。

（12）赤坂憲雄「人身御供譚への序章」（『物語・差別・天皇制』昭和六十年、五月社）もすでにレヴィ＝ストロースの『野生の思考』を引きながら、イケニエは内部と外部という二元的な対立項をつなぐ媒介者であると指摘している。

（13）犬と安産のお守りの伝承などもこのような視点から捉えられるべきものと考える。

(14) 瀬川清子『若者と娘をめぐる民俗』(未来社、昭和四十七年)、大間知篤三『大間知篤三著作集』第二巻・第三巻(未来社、昭和五十・五十一年)参照のこと。

(15) 註(14)の二人の著作の中で南は長崎県下の五島列島から、島根県、愛媛県、和歌山県、三重県、福井県、伊豆諸島、福島県、青森県と東北地方に至るまで各地の事例が報告されている。

(16) 大間知篤三『大間知篤三著作集』第二巻、前掲、三九二ページ

(17) 石井進「一の谷遺跡と中世都市」(『歴史手帖』十四巻十一号 昭和六十一年)参照。また、石井氏は同時にこの見付一帯で家ごとに祀られている地ノ神様というのがいずれも家屋敷のイヌイヅマ(乾端)つまり西北隅におかれていることにも早くから注目されている。

(18) 柳田國男『増補風位考資料』昭和十七年、明世堂書店(「風位考」『定本 柳田國男集』第二十巻)

(19) 山村宏「一の谷中世墳墓群の発掘」(『中世の都市と墳墓——一の谷遺跡をめぐって』前掲)

(20) 石井進「一の谷遺跡と中世都市」、網野善彦「中世都市と「場」の問題をめぐって」(『歴史手帖』十四巻十一号)、義江彰夫「国府から宿町へ——一の谷遺跡を手懸り

に見る中世都市見付の構成と展開」（前掲）、石井進「中世都市見付と「一の谷墓地」」（『中世の都市と墳墓――一の谷遺跡をめぐって』前掲）

(21) 註(20)に同じ

(22) 『磐田市誌』上巻三五九ページに、『宗猷大光禅師曇英慧応行状記』（『続群書類従』巻二四三）や、「松堂高盛語録」（『曹洞宗全書』語録）を引用して指摘されている。

(23) 「蓮光寺梵鐘銘」（現在、沼津市上香貫　霊山寺蔵）

敬白

奉鋳遠州府中蓮光寺鐘事

右旨趣者惣為天長地久国土安穏伽藍繁盛興隆仏法別奉始国司前伊予守源朝臣真氏至于勧進之檀越吉政助盛一紙半銭結縁之輩息災延命恒受快楽二世大願成就円満乃至法界利益無辺奉所鋳如件

貞治三年甲辰卯月八日　　大工赤佐住　道阿

同　一宮住　西源

崇一

「宣光寺梵鐘銘」

大日本国東海道遠江刕豊田郡見付府奉鋳鐘大地蔵公用本願主承天祐順盛
見付住　大工　藤原総藤吉　小工　藤原久次　鍛冶大工　久吉
代官　宗吉　泰志　家次　圓豊　道西
旹天正拾五亥年霜天廿四日
大担越源家康　敬白

（傍点筆者、いずれも『磐田市誌』より）

(24)『吾妻鏡』に記す「光堂」のことを『遠江国風土記伝』（内山真龍　寛政元年）は、「郷人曰今連光寺也」と、それが蓮光寺のことだという言い伝えを記している。「光堂」が蓮光寺であるか西光寺であるかはいずれも確証はない。ただ、この見付の町とその周辺を歩きまわってみた筆者には、いつも夕方になると、西光寺の門前からみてちょうどその寺の後方へと夕陽が沈んでいくのを目撃し、そのまぶしさが印象的であった。この点については石井進氏や考古学の水野正好氏も早くから関心を示し注目しておられた。

(25) 義江彰夫「中世都市見付の特質と一の谷遺跡」（『遠江見付の中世と一の谷墳墓群』諸学会による一の谷墳墓群の保存要望書事務局　昭和六十二年）や石井進氏、網野善彦氏、保立道久氏らの指摘。

(26) 奈良盆地の郷墓と墓寺については、野崎清孝「奈良盆地における歴史的地域に関する一問題」(『人文地理』二十五巻一号　昭和四十八年)、『近畿における中世葬送墓制の研究調査概報』(元興寺文化財研究所　昭和五十八年)、拙著『両墓制と他界観』(吉川弘文館、平成三年)などを参照されたい。

(27) 西光寺所蔵(市立郷土館にその書写原稿保存)

一札

一、拙寺末無檀寺之護世寺儀立場悪舗候而風雨別而荒障り破損修覆ホ自他力ニも相不叶無是悲拙境内江引取申候ニ付右之古堂貴寺江御譲申候処相違無御座候為御礼而金子七両被遣下只今慥ニ落手仕候所実正也右之古堂拙寺檀方中以相談御譲申候得者異論申者壱人も無之候若他方より異論ヶ間舗もの御座候ハ、拙寺引請貴寺へ少茂御世話掛申間舗候為後日一札加判如件

寛政六寅年　　　　　　　　　　　慶岩寺

六月　日　　　　　　　　　　忠兵衛

檀方　代印

伊右衛門

西光寺　御丈室　　　　　　　　　(傍点筆者)

(28) 西光寺の場合の寺檀関係の結成は、およそ寛永期ころからすすめられたと推定される。『西光寺文書』の寛永八(一六三一)年十一月廿二日付の「時衆用心之事」によると、その奥の部分に「濃州樽井金蓮寺旦那衆余宗の化儀を致候由及聞此一筆を書残す禁文也」(傍点筆者)との記事がみられ、当時、各地の時宗寺院がその檀家の確保を行なっていたことが推定される。なお、西光寺の「寺旦那総代　三郎右衛門」ほか七名などの記事がみえる最初は、貞享二年(一六八五)四月廿五日付の「目録」である。
(29) 『静岡県史料』所収の「成瀬文書」にみえる閑阿弥など。
(30) 『静岡県史料』所収(角兵衛の名は同書二二六ページにみえる)
(31) 石井進「中世都市見付と「一の谷墓地」」(前掲)
(32) 高田陽介「境内墓地の経営と触穢思想」(『日本歴史』四五六号　昭和六十一年)。
(33) 筆者調査　昭和六十三年三月
(34) 註(33)に同じ
(35) 註(33)に同じ
(36) 『磐田の民俗』前掲、地ノ神はその家の先祖を祀ったものともいい、三十三回忌もしくは五十回忌をすぎたホトケは地ノ神へ入るのだともいう。

（37）柳田國男「風位考」（『定本　柳田國男集』第二十巻）。西北風をタマカゼといって悪霊の吹かせる風としておそれたのは、主として北部日本海岸の一帯においてであり、それがやがて広まって、多摩川や丹波国の命名の由来ともなったのではないかと柳田は推定している。西北不安の「タバ思想」はもと海上の経験であったとのべている。

この見付の町も、現在でこそ海から遠く離れた立地となっているが、かつて中世のころには南の遠州灘が深く湾入して今の浦と呼ばれる大きな入海となっていた。網野善彦氏によれば中世遺跡から出土する大量の中国製陶磁器や日本各地で焼成されたさまざまな焼物の大部分は、この水上の道を通じて運び込まれたものであり、見付をはじめ中世の多くの都市は海に向って広くひらかれていたのだという。

四章　花いちもんめ

1　三枚のお札

日本人は、この世とあの世との交流をどのように考えてきたのか、さきに盆の魂祭りなどを通してみてきたわけであるが、次に昔話や子供の遊びなどを通してみてみることにしよう。

まず、ひとつの昔話に注目してみる。「三枚のお札」とか「便所神さま」などと呼ばれているたぐいの昔話である。

事例　群馬県群馬郡榛名町高浜に伝えられている昔話(1)

――むかし、むかし、あるところに、山寺があったそうです。そこには和尚さんと小僧が住んでいて、ある日、和尚さんが小僧に、「山へ、花を取りに行ってきなさい」と言いました。そこで小僧は花を取りに行きました。それで花を取ろうと思ったけれども、なかなか花が見つからない。それでだんだん、遠くの山の中へと入っていきました。奥へ行くと花がいっぱいありました。それで、小僧は夢中になってその花を取っているうちに、日が暮れてしまって、さあ帰ろうと思ったのですが、暗くて道がわからなくなってしまいました。

困った小僧は考えて、高い木にのぼって、四方を見渡してみました。そうしたら、はるか遠くのほうに、明かりがともっていました。さあそこへ行って、なにしろ聞いてみようってんで行ったわけです。すると、その家にはおばあさんがいて、お鍋かけて、火をたいていました。そこでおばあさんに、「今晩は」と言ったら、「小僧か、よく来た。早く火のそばへきなさい」と言ってくれました。小僧は喜んで火の燃えているそばへ行って、当たったそうです。

そうして、小僧はそのうちに眠くなって、居眠りをこくりこくりとしていましたが、ふと下のほうを見たら、床の下に骨がいっぱいあったんじゃと。そこでここは鬼婆《おにばば》ぁのうちかなって、気がついたわけです。小僧は、こりゃ、ここに居たんじゃ、いけない。何とかしなくてはと思って、考えていたんだって。

そうしたところが、便所へ行きたくなった。「お便所へやらしてもらいたい」と言うと、さあ、おばあさん、気づかれたと思って、「お便所へ行くんだったら、こっちへ来い」と言いました。それで行ったところが、おばあさんは小僧の腰に縄をくっつけて、「さあ、行きなさい」って言いました。そうして小僧は腰に縄をつけられて、お便所へ行きました。小僧はなんとかして逃げなければと思って、考えていたけれど、なかなかいい考えが出てこない。そのうちにおばあさんが、「小僧、もういいか」って、その縄をひっぱるわけ。そうすると、「まあだだよ」って言うんだって。そしてまたひとしきりたつと、また、おばあさんが、「小僧、もういいか」って、ひっぱるんだって。小僧は困ってしまって、「まあだだよ」って、また言うんだって。

そうして、そのうちに、本当に困っていると、お便所の神様があらわれて、「小僧や、小僧や、ここはね、鬼婆ぁの家だから、ここにいると、お前は食べられてしまうよ。はやく逃げなさい」と言いました。「それで、お札をあげるから、それで逃げなさい」って教えてくれました。小僧は、ああよかったと思ってそのお札をもらいました。

そのお札の一つは、うしろに投げると、大川になるお札。一つは火の出るお札。一つは砂山の出るお札。小僧は、三枚のお札をもらって、それで腰の縄をそおっとほどいて、お便所の箒《ほうき》にしばりつけて、便所の窓から逃げたわけ。

そうすると、鬼婆ぁは、「小僧、もういいか」と言って、今度は、うんと強く縄をひっぱったんだって。そしたら、お便所の箒が、おばあさんの顔へバーンととび付いたんだって。さあ、そうしたら、おばあさん、怒っちゃってね。小僧逃げたな、てんで、もう、尻っぱしょりして、はだしでね、小僧を追いかけたんだって。

「小僧まて、小僧まて」って言ってね。小僧を追いかけたわけ。

小僧は小さいからね。すぐ追いつかれそうになっちゃうわけですね。そうすると、そのお札をね、「大川出えろ」ってほん投げるんだって、後へ。そうするとおばあさんの前へ、大きな川ができちゃってね、渡れないような大きな川ができるわけ。

その間、小僧は、一所懸命逃げるんだって。

そうだけど、鬼婆ぁは、あっちへ行ったり、こっちへ行ったり、あっちへ行ったり、こっちへ行ったりしてね。どうかして川を渡って、小僧をとりかえさなくっちゃなんないってんでいろいろしてるわけ。そうするうちに、鬼婆ぁは、どうにかして、川を渡ってくるわけなんですよね。

そうして、小僧を追いかける。「小僧まて」って言って、追いかけてくると、また追いつかまれそうになっちゃうのよね。そうすると、今度は、「砂山出えろ」と言って、そのお札を、後ろへむいて投げるわけ。そうすると、大きな砂山ができてね。鬼婆ぁが、上がれば、ずるずるって落っこっちゃう。あがれば、ずるずると落っこってきてしまうんですね。

それでも鬼婆ぁはあきらめないで、上がったり、すべったり、上がったり、すべったりしながら、また、それを越えるんですよね。それで、その間に小僧は、一所懸命逃げるんだけど、鬼婆ぁは、早いし、小僧はまだ小さいから、追いつかまれそうになるんですよね。

そうすると、今度は最後のお札を、「火の山出えろ」ってほん投げる。そうすると、火がぽっぽこ、ぽっぽこ、ぽっぽこ燃えるんですよね。そうして今度は、火が燃えている間、今度はこれっきりお札がないんだから、どうしてもうちへ行かなくちゃならないというので、一所懸命走って、ようやく、むこうにお寺が見えるようになって、よかったぁと思って、泣きながら、飛んでいくんだって。

そして、ようやくお寺についたわけ。

そうして、ようやくの思いで、「和尚さん、和尚さん、雨戸を早くあけてください」って言うと、「ちょっと待て、いま、足袋《たび》をはいてから」って、中のお寺の和尚さんが言うわけ。「そんなこと言ってないで、早くあけてくれ」って言うと、「ああいま、下駄をはいてから」って、ゆっくりそういうふうに言って、そうして、がらがらがらって、戸を開けてくれたんだって。

それで、小僧さんが、「今、鬼婆ぁに追いかけて来られてるんだから、早くどこかへかくしてくれ」って言うと、お寺の和尚さん、たまげてね。それでね、一番、寺で誰にもわからないところがある。そこへかくしてくれたわけなんだ。

そうすると、鬼婆ぁが、どうにかこうにか渡って来て、「ここへ、たしかに、小僧が来たわけなんだから、出せ」って言ったんですよね。そしたら、和尚さんは、「そういう人はいない」って。「来ないわけはない。たしかに来たんだ」って。「そいじゃ、あがってみてくれ」って。そいで、鬼婆ぁは土足のままあがって、そうして、あっちへ行ったり、こっちへ行ったり、戸を開けたりしている間に、ニワトリが鳴いたわけなんですよね。「コケコッコ」って。

そうしたら、夜が明けてはいけないと思って、まぐまぐ、鬼婆ぁが逃げ去って、小僧は助かったと。

さて、この昔話を構成している要素を抽き出してみよう。すると、

小僧　　花摘み　　道に迷う

一軒屋　老婆　便所から逃走

ということになる。

そこで、二つの疑問が生じる。

一つは、なぜ老婆は鬼婆ァなのか、ということ、つまり、この昔話に限らず、一般になぜ日本の昔話ではお婆さんはしばしば鬼婆ァのような悪いイメージがまつわりついているのか、ということである。

もう一つは、なぜ便所から逃げるのか、ということである。便所の神さまがお札をくれて逃がしてくれるというのもおかしな話である。いったいこの昔話は何を言いたいのか。

そこで、まず、日本の昔話の世界では、女性は年をとるとなぜ鬼婆ァになるのか、年をとった男性の場合たとえば能の翁《おきな》のように神聖な存在となるというイメージが強いのに、なぜ、女性は年をとると鬼婆ァになるというようなイメージが強いのか、その点について考えてみよう。

2　女性の不思議

まず、考えられることは、老婆でなくても若い女性でも、昔話のなかではかなり不気味なイメージが強いということであろう。

野中の一軒屋に若い女が一人住んでいるという場合と、若い男というのとではかなりちがう。若い女の方がなぜか不気味である。

そこで、女性をめぐるさまざまな民俗伝承を整理してみることにする。するとたとえば、まず、女性の経済的役割、労働分担という側面からみると、炊事、洗濯、掃除などの家事労働が女性の分担となっており、囲炉裏《いろり》の火の管理や食事の際のしゃもじをもつ役などいずれも主婦の大切な仕事とされてきた。また、農作業でも田植えといえばすぐに早乙女《さおとめ》が連想されるように、田植えは女性の分担というイメージが強い。

漁村でも、女性は船には乗せない、乗せると海が荒れるという地方が多い一方で、逆に海女《あま》の磯漁など女性の活躍する場面も多い。

商業でも、中世の京都の桂女《かつらめ》や大原女《おおはらめ》などから最近までみられた能登のカヅキや石州の魚売り(2)、また朝市やデパートの売場、行商や店売りなどの場における女性の役割は非常に大きい。

したがって、それらの場で祀られる神のイメージというのも女性の神というイメージが強い。

家の神としての納戸《なんど》婆《ばば》の伝承(3)や、女から女へ伝えられるという犬神や狐憑《つ》きなどの憑物《つきもの》信仰(4)、それに五月節供の女の家の伝承(5)、また海と女性の場合でも船の守り神である船霊《ふなだま》さまの御神体に女性の髪の毛を用いる例(6)、さらには市の神として祀られる市杵《いちき》嶋姫《しまひめ》の信仰(7)などがそれである。

次に女性の社会的役割という側面からみてみると、表舞台の男性の社会的活動をしっかりと裏側から支えている女性の姿というのが浮かび上がってくる。たとえば、宮本常一氏が「母親の心(8)」や世話焼きばっぱの話(9)などで紹介しているような、決して表舞台には出ないけれども、もの静かに、しかし、しっかりと家や村の人々の生活を支えている女性の例などである。私たちの民俗調査の中でもこの宮本氏のいわれるような例にふれた体験は数多い。

また、信仰の場における女性の役割も大きい。たとえば、高野山など信仰の山が女人禁制とされていたり、大相撲の土俵の上には決して女性はのぼらせないとか、トンネル工事の現場には女性記者は取材でも入れないなどといわれながら、その一方では、各地の神社の祭礼で活躍する巫女《みこ》や、沖縄の祝女《のろ》、青森県恐山のイタコなど、神につかえる女性のイメージは根強い。

また、人の生と死の儀礼、つまり人の誕生と死亡、葬送をめぐる儀礼における女性の役割も大きい。妊娠、出産、育児の上ではもちろんだが、死と葬送の儀礼の中でも、たとえば、通夜の場合、岐阜県高山市などで伝えられていたタイビョウツウヤのように、死者の妻か娘、または姉妹など必ず女性の親族が一晩添い寝をするという風習がある。また、野辺送りの葬列の中で、白布を頭に被って棺につないだゼンノツナを引く女性たちの姿も印象的である。

泣女《なきめ》の習俗も北は秋田県から南は宮崎県まで点々と伝えられており[10]、能登半島や丹後半島の例などはよく知られている。そして、それらの中には、岡山県津山市坪井での事例のように、産婆役のヒキアゲバアサンが、同時に葬送に際しては泣女のナキバアサンの役も行なっていたというような興味深い例[11]もある。

そこで、これらの事例をまとめて女性をめぐる民俗の中に一貫する特徴として、女性の「境界」性ということを指摘する考え方がある[12]。

つまり、女性特有の妊娠出産という営みから、女性をあの世からこの世へと新しい生命をもたらす存在、あの世とこの世との間の媒介者としてとらえるものである。そのような「境界」的存在は二つの世界のいずれにも属さず、同時にどちらにも属すというあいまいさによって、あるときには一方の世界の成員権をもたない劣性的存在とみなされ、逆にまたあるときには異界へと通じる不気味な力をもつ存在と考えられるのである。

つまり、女性の属性としてのケガレと神聖さとは、いずれもその「境界」性に由来するという解釈である。

3　鬼ごっこ・花いちもんめ

さて、鬼婆ァのテーマにもどってみよう。

鬼婆ァの特徴として、野中の一軒屋にひとり住まいで、小さな男の子をとって食う、という点に注意してみたい。そして、小さな男の子をとって食うという点から鬼ごっこの遊びに注意してみる。

鬼ごっこの遊びは地方によってさまざまな型がみられるが、大きく次の三つに分けてみよう。

一つは、数人の子供の中から一人鬼が選ばれて、その鬼が他の子たちを追いかけてつかまえれば鬼が交替するというふつうのやり方である。

二つめは、別名、子を取ろ子取ろ（図11）、ともいわれるもので、大きな子を親にしてその子が先頭に立ち他の子どもたちがそのうしろから前の子の帯やベルトをそれぞれつかんで縦列につながり、選ばれた一人の鬼がいちばんうしろの子をつかまえようとして追いかけるもので、親が手を広げてこれを邪魔するのである。これは古くから行なわれたものらしく江戸時代の記録類[13]にも散見される。

三つめは、別名、向かいのおばさん（図12）、とも呼ばれるタイプである。軒の連なる町場などで道路をはさんで両方の軒下に子供たちが二手にわかれ、鬼は一人だけ道路のまん中でまつ。そこで両方の軒下から子供たちはかけあいをする。

A　向かいのおばさん、ちょっとおいで

B　鬼がこわくて行かれません

A　お駕籠《かご》にのっておいでなされ

B　それでもこわくて行かれません

A　お船に乗っておいでなされ

B　それでもこわくて行かれません

図 1.1　「子を取ろ子取ろ」の遊び（『近世風俗誌』より）

A　お釜をかぶっておいでなされ

B　それでもこわくて行かれません

A　……

B　……（くりかえし）

（鉄道や馬車や人力車などいろいろなものをいれていき、途中、鬼にすきがみえたら）

A　そんなら私がお迎えに

といってすばやくみんな軒下の陣地を出る。相手方もほとんど同時にみんな陣地を出て、おたがいの位置を交換するのだが、この時、鬼は誰か

図12 「向かいのおばさん」の鬼ごっこ

一人をつかまえるのである。つかまえられた子は次の鬼になり、つかまえられなければ、そのまま同じ鬼でくりかえすのである。

さて、ここで注意されるのは、この、向かいのおばさんのかけあいの言葉が、花いちもんめの遊びのそれと実によく似ているということである。

花いちもんめの遊びというのは、子供たちが二手にわかれて横列に両手をつないでならび、向かいあって、次のような唱え言を唱えながら二、三歩前に歩いて出て片足をあげてはまたもとの位置へもどるものである。

A　ふるさともとめて花いちもんめ
（勝ってうれしい花いちもんめ）

B　ふるさともとめて花いちもんめ
（負けてくやしい花いちもんめ）

A　となりのおばさん　ちょっときておくれ

B　鬼が怖くて（出るから）行かれません

A　おふとんかぶって　ちょっときておくれ

B　おふとんボロボロ　行かれません

A　おかまかぶって　ちょっと来ておくれ

B　おかま底ぬけ　行かれません

A　あの子が欲しい

B　あの子じゃわからん

A　この子が欲しい

B　この子じゃわからん

A　相談しましょ

B　そうしましょ

A　〇〇ちゃんがほしい　　　　B　□□ちゃんがほしい
（といってそれぞれ相手方の中の一人の子供の名前を挙げる。そして、じゃんけん、またはひっぱりっこなどで、勝った方がその子供を仲間にもらって、また最初からやる）
A　勝ってうれしい花いちもんめ　　B　負けてくやしい花いちもんめ

では、鬼ごっこと花いちもんめの遊びとはいったいどういう関係にあるのだろうか。そこで、さきの、子を取ろ子取ろ、の遊びにふたたび注目してみる。

すると、子を取ろ子取ろの遊びの中にも、一部には、花いちもんめのように、鬼が存在せずに子供たちが二手にわかれてかけあいをして、子をもらうというような事例もあるということが注意される。

たとえば、尾張地方に伝えられている事例(14)である。

（子供たちはAとBの二手にわかれる）
A　子を買う　子買う　　B　どの子がほしい

A　○○さんという子が欲しい　B　何食わしておきゃーる

A　砂糖　まんじゅう　こまんじゅう　B　それは虫の毒よ

A　○○　○○○(食べ物をいろいろあげる)　B　それは虫の毒よ

(くりかえし)

(やがて納得したら)　B　それはちと良かろ

(そして、その子を相手方に譲って、こんどはBの方からはじめる)

このような事例は尾張地方だけでなく、伊勢の「子買お」や甲斐の「子もらい」をはじめ遠江、美濃などにも同様に、一人の子を指名してさまざまな条件を述べてから子をもらうというかたちの事例が伝えられている(15)。これに対し、まだ鬼ごっこの要素を残しているような例もある。

たとえば、京都の「こうぶろ　こぶろ」という遊び(16)は、五、六人の子供のうちから一人の親を決め、その親にむかって他の子供たちは一線にならんで、

「こうぶろ　こぶろ　どの子がかわい？」
と聞くと、親は一人の子を指さして
「この子がかわい」
といってつかまえようとする。さされた子は逃げるが、つかまえられたら、その子がこんどは親になる。
このタイプの事例は、鬼ごっこの「子を取ろ子取ろ」の遊びが徐々に変形して花いちもんめへと変化していったその過渡期にあるものとはいえまいか。
つまり、これまでみてきた遊びは、
ⓐ　鬼ごっこの「子を取ろ　こぶろ　子取ろ」
ⓑ　京都の「こうぶろ　こぶろ」などのタイプ
ⓒ　尾張の「子を買う　子買う」などのタイプ
ⓓ　花いちもんめ
とならべてみると、ⓐ→ⓑ→ⓒ→ⓓという変化の過程が推定され、ⓐとⓓとは、ⓑやⓒを介在させることによって、ⓐからⓓが生まれたということを推定させる。つまり花いちもんめはもともと鬼ごっこの一種として生まれた遊びだったのである。
だから、近畿地方を中心にその周辺にみられる「簞笥《たんす》、長持ち、どの子が欲しい、あの子じゃわからん」という唱え言は、鬼婆ァのこわい子取りの伝承が失われて、めでたい結婚式の嫁とりのイメージがそれにとってかわってきて生まれた新しいかたちの花いちもんめだということができる。

では、鬼婆ァの子取りのイメージの中での、花いちもんめの「花」とは何か。

そこで、もう一度、三枚のお札の昔話に注意してみる。すると、このタイプの昔話の中に、はっきりとお盆の仏壇に供える花をとりに行って小僧は鬼婆ァの家に迷いこんだ、としている例の少なくないことが知られる。

事例　群馬県勢多郡東村の便所神様⑰

むかし、むかし、お盆季節になったんで、お寺の小僧が、お盆の花を取りに山へ登った。だんだん、だんだん、花を取っているうちに、山奥へ行っちゃったんで、道に迷っちゃって、うちへ帰って来られなくなっちゃったって。

もう日暮になっちゃったっていうので、困っちゃっているちゅうと、ぽから明かりがしているところが一軒あってね。こらあ幸い、まあ、そこへ行って、一夜の宿を借りべえつうんで、そこへのぞって見たところが、鬼のようなおばあさんがいたつうんだな。あっ、こらぁその逃げるわけにはいかねえ。そのうちに、そのおばあさんにきとがめられて、困っちゃった。逃げることもできねえ、いわば食われちゃうだんべえって。

たまたま、その花取りに行った知恵を働かせて、

「便所を貸してくれ。」

とね。

「ほいきた。じゃ、便所へ行くには、腰ひもをくっつけてやるから。」

と、腰にひもをつけてやった。

そいで、便所へ行ったら、小僧は、腰ひもをとって、こんだぁ（今度は）、便所の下に踏み板の板へしばって置いた。そうして、小僧は、そこにある便所神様の御幣をとって、ガラガラガラガラ、夢中で逃げてくるわけ。

そうすると、鬼ばばあ、

「まだか、まだか、まだか。」

って、はあ出たかちゅうわけなんね。

小僧がだんだん逃げて来ると、鬼ばばあの「まだか」の声が聞こえなくなる。思いきって鬼ばばあが、ひもをひっぱったら、便所の踏み板が、鬼ばばあの頭にぶっつかってね。鬼ばばあはおこって、はて、小僧逃げたちゅうでおっかけて来た。

そんで、小僧は、逃げながら、

「山んなあれ。」

ちゅうって、御幣を振って、こんだ、

「川んなあれ。」

っていって、御幣を振ると、川になる。また鬼ばばあが近づいてくると、こんどは、
御幣を振って、

「野原なあれ。」

っていうと、野原が出てきた。

そういうことをくりかえしながら、その御幣のおかげで、無事で、鬼に食われずに助かったという。


花とは、他ならぬ盆の死者供養のために山からとってくる盆花のことだったのである。


では、鬼婆ァとは何か。鬼ごっこの鬼とは何か。

花いちもんめの花が盆花であり、盆というのが、死者があの世からこの世へとやってくると考えられた日であるということ、そして特に盆の十六日の藪入り《やぶい》の日には地

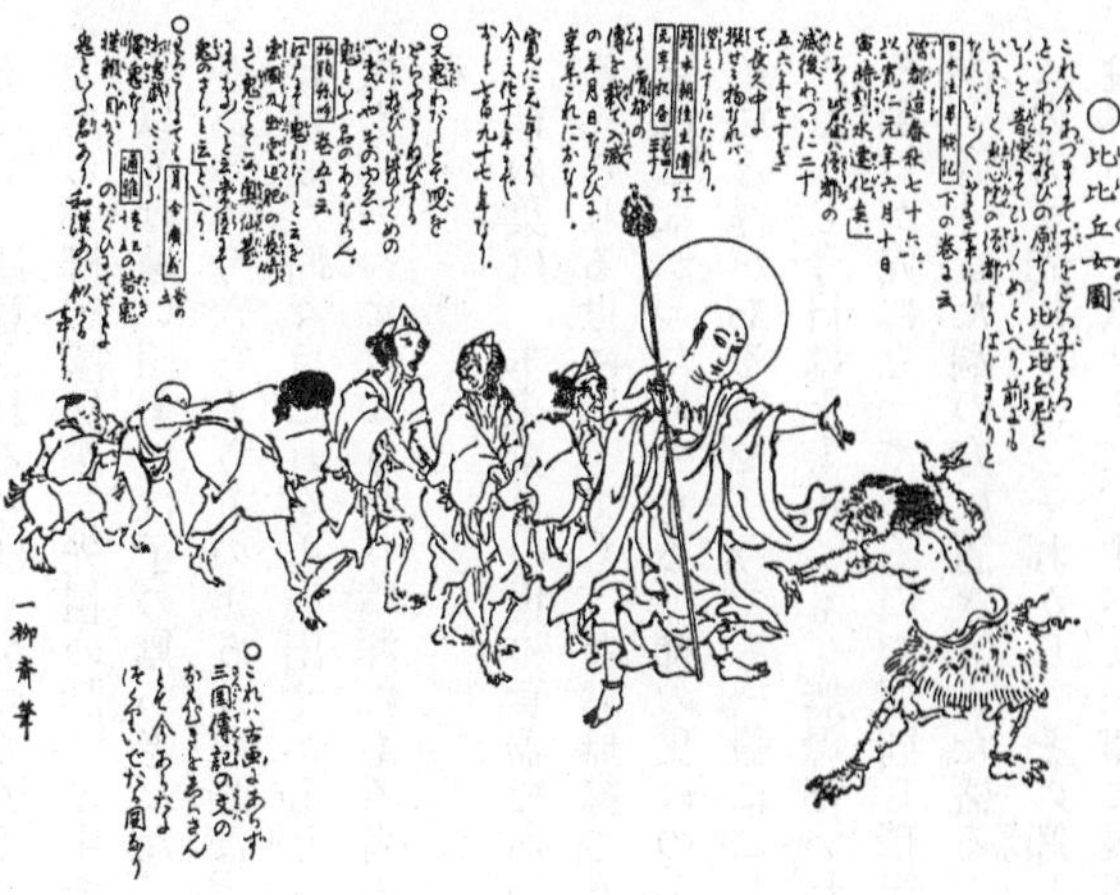

図13　比比丘女図（『骨董集』より）

獄の釜の蓋もあいて、この日に地面に耳をつけると地獄の亡者たちが叫ぶ声や、やってくる音が聞こえるといっているような例も伝えられている[18]ことからすれば、鬼婆ァや鬼ごっこの鬼とは、地獄の亡者のことであり、随筆『骨董集』に収められている、子を取ろ子取ろの比比丘女図《ひふくめのず》（図13）に描かれているような、地獄の鬼のイメージに基づくものであったといってよかろう。

ではさらに、なぜ、子を取ろ子取ろの鬼にしても三枚のお札の昔話の鬼婆ァにしても、小さな子を取ろうとするのだろうか。それが問題である。

そこで、注意されるのは、かつて広くいわれていた子のない女性へのむごい言いぐさである。柳田國男が『先祖の話』の中で、盆棚のことにふれながら、「以前は遠い田舎では子の無い老女などを罵《ののし》って、柿の葉めが、といったという話がある。今ならもうそのような残酷な言葉を口にする者もあるまいが、当の本人だけはまだ時々はこれを思い出すかもしれない。私の先祖の話をしてみたくなった動機も、一つにはこういう境涯にある者の心寂しさを、由無いことだと思うからである。

柿の葉は、本来素朴の世の食器であった。土器や木地《きじ》曲物《まげもの》類のいろいろの取りそろえられる世になっても、なお無縁さまに供する食物だけは、この昔風を改めようとはしなかったのである。柿の葉はのちにまた里芋の葉ともなり、ことに蓮の葉は仏法と縁があるので、今でも一般にこれを使おうとしている家々さえある。

しかし今日はともかくも、無縁といわゆる本仏《ほんぼとけ》との間に、何か境を設けようという趣旨が先に立っているので、同じ精霊棚の上で祀るにしても、柿の葉の供物は一段と低くまた端の方に置き、また盛ることはこれを後まわしにするが、供えるのはこの方を先にする。それから、その卸《おろ》しだけは他の食物のように、家の者がわけて食べることはせずに、すべて一器に集めておいて最終に流し棄てるなど、いずれも明らかに意識した差別待遇をしているのである」と述べ、まつり手のない霊魂は無縁仏となってしまうという人々の意識と習俗にふれながら、それが由無いことであるとも述べている。

子のない女性に対するかつての残酷な言いぐさには非常にきびしいものがあり、「嫁して三年、子なきは去れ」とか、子を産まない女は石女《いしおんな》とか鬼女《きおんな》といい、石女を嫁にもらうと家が滅びるとか、石女はこの世では楽でもあの世では地獄へ突き落とされる、などといった。(19)また、愛知県額田郡幸田村地方に伝えられた俗謡に、「わたしゃキオンナ　孝行は知らず、末は地獄へ行くであろ」というのがある。(20)つまり、鬼女は子がないためにこの世では親孝行をされることもなく、死ねば祀り手のない霊魂となってしまうというのである。

このような言いぐさは、かつての「家」重視の風潮のなかでとくに増幅したものと考えられる。「家」の相続者である跡とり息子を産み育てることが女性にもとめられた社会においては、子の産めない女性は排除される存在となってしまう。そして、人々はその排除したものへのおそれから逆に子供をとって食うという鬼婆ァのイメージをいだき、それを増幅させながら今日まで語りついできたのである。

4 異界への出入口

では次に、「三枚のお札」の昔話の中でなぜ小僧は便所から逃げるのだろうか。なぜトイレなのかを考えてみよう。

そこで、便所をめぐる民俗に注意してみる。[21]

まず、年中行事の中ではどうだろうか。実は正月や盆など、便所をめぐる伝承が少なくないのである。

たとえば、次のような事例である。便所の年取りといって奇妙な行事を伝えている例が多い。

事例 長野県下伊那郡阿南町新野の某家に伝えられる便所の年取り[22]

十二月三十一日、便所の年取りを行なう。男衆が松飾りをしたり、年神棚を作ったりする間に、女衆は年取りの御馳走を作って年取りのための準備をする。準備がすべてすむと、女衆が便所をきれいに掃除する。掃除がすむと便所の前に蓙《ござ》を敷く。主人が門松と仏様に年取りの御馳走を供えた後、年神様のお膳と主人のお膳の二つを持って便所へ行く。家族の者も皆一緒に行って蓙《ござ》の上に並んで座る。大便所の戸

便所の年取り（倉石あつ子氏提供）

を開けて、持って行ったお膳を並べて供え、主人が「お世話になりました」と挨拶する。むかしはこの時、決った唱え言があったそうで、今の御主人のお父さんはその唱え言をしていたが、五年前に急死されて以後、その唱え言は分からなくなってしまったという。挨拶が終ると、その場で御馳走を一口ずつ食べて来る。こうして便所の年取りをすませてから、年神様にお膳を供え、家族の年取りをする。同じ事を一月十四日の小正月の朝にも行なう。この朝も便所の年取りをすませてから、小正月の年取りをする。

また、盆に便所をまつるという例も多い。

便所の神様（井之口章次氏撮影）

事例　茨城県筑波山麓の村における便所をめぐる伝承(23)

便所の神様は正月と盆にまつるが、一般に盆の方が多くの家でまつる。赤浜では、正月に年神棚をつくるとき、懐紙に御飯をのせて便所にも供える家がある。盆の十六日にはお盆さまを送ってから、赤飯か小豆《あずき》飯をたいて青い柿の葉にのせ、便所へ持って行ってあげる。灯明もあげる。伝染病の予防のためであるとか、子供が便所にはまったりせぬようにという。「便所は男、かまばつは女」という。おかま様に上げる初穂は女があげるものであり、便所の神様への供物は男がするということ。

向上野でも、便所の神様には、盆の十

六日の夕飯の飯を柿の葉に盛って、便所の窓あたりにあげる。大便所は踏板のところにあげる。便所が二つあれば二つ、すべての便所にあげる。紙で人形をこしらえてはりつけることも、以前はあった。正面に一体。寺上野や中上野では、前年使った古い盆花を便所の壁にさしておき、これは自然になくなるにまかせる。目が悪くならぬためのまじないだともいう。東石田では、便所の神様はきれい好きだから、決して紙を落としてはいけない。手がないので口でくわえ出さねばならぬからである。便所をきれいにするときれいな子が生まれる。家の中にある上の便所は女が掃除し、戸外の納屋にある下の便所は男が掃除する。お七夜のとき、桑の箸で赤ん坊に便所の土をなめさせるまねをするが、この箸は長いほどよい。あとは便所の屋根にさしておく。

田井村では、六月二十六日をチョウズバギオンという。便所の祇園《ぎおん》様である。うどんを作って食う。紙で女の人形を作って便所に下げる。便所の神様は女の神様だという。人形は前の年のもそのままにしておく。上大島の片岡平三家でも、便所の神さんは赤と青の男女の紙人形を作って祀る。一般に人形を祀るのは真壁あたりの風習だといわれており、この家のお婆さんも真壁の出身である。酒寄でも、シモヤ（便所）の神は盆の十三日に、白と赤の色紙で二体の人形を作ってあげる。送り盆にはアカリ（かんたんなアンドン）をつけた。真壁町の田村では、便所に入るとき「オンシーシーマワリソワカ」と三度となえて入ると、下の病いにかからぬという。上志筑では、盆の十六日に、チョウズバにチョウチンを上げた。小屋では、暮の二十八日ごろ、ヘヤの神様と便所の神様にシメとゴヘイをあげる。

　これによると、正月にも盆にも便所をまつり、しかも地方によっては実際に便所神として紙人形が祀られていることがわかる。昔話の三枚のお札の中に登場する便所の神さまというのも、単なる空想的な昔話の中だけのものではなく、実際の生活の中に伝えられていたものなのである。また、正月と盆だけでなく六月にもチョウズバギオンなどといってその祭りがあることが知られる。

　また、この他にも、神無月に全国の神々が集まるといわれる出雲には独特な伝承がある。旧暦十月を神在月《かみありづき》といい、新暦では十一月にその神々が再び帰る日として神等《から》去《さ》出祭《でまつり》というのが行なわれる。佐太神社がある八束郡鹿島町佐陀宮内（現松江市）ではその十一月二十五日はきびしい物忌みの日で、歌舞音曲は一切だめ、男性も顔に剃《かみ》刀《そり》など当ててはいけないとされ、とくに便所に入ることが禁じられている。この日に便所に入るとカラサデ爺に下からお尻をなでられるなどといっている。(24)

一方、人の一生の儀礼においてはどうであろうか。

産育をめぐる伝承の中には、便所に関わる伝承が色濃く伝えられている。たとえば、妊婦の数多い禁忌のうちの一つに、妊婦は便所をきれいにしなくてはいけない、きれいにするときれいな子が生まれるというのがある。また、お産の神様は三人おられ、それがそろわなければ出産はできないといって、それはかまどの荒神様と便所神様と箒神様《ほうきがみ》であるという。また、雪隠参り《せっちんまい》などといって産後三日めとか七日めに、新生児を抱いて便所にまいる風習が広く伝えられている。

たとえば、次のような事例である。

事例　東京都大田区のお産に立ちあう神の伝承㉕

大田区内の産育習俗では、出産に立ちあう神についての伝承は、それほど多くないが六郷地区の高畑で、つぎのような話を聞くことができた。

お産の時には、荒神様と便所神様と箒神様の三人の神様が、立ちあって出してくれる。だから、荒神様と便所神様には、とくに女のひとは、ふだんからちゃんとしておかないと、おっかない。便所の神様は女の神で、とてもきれい好きな神様だ。手がないから、口を使って汚れた紙をどけるという。唾を吐くと罰があたる。身重のひとが便所の掃除をよくすると、きりょうのいい子ができると言うのも、お産に立ちあう便所神様が、きれい好きだから喜ばれるわけ。箒神様という神様もやはり女の神なのだという。箒で人をぶったり、またいだりすると、お産が重くなる。

事例　群馬県桐生市梅田町の便所をめぐる伝承(26)

赤ん坊の額に、紅で「犬」という字を書き、仲人が作ってくれたお祝いの着物をかけ、トリアゲバアサンが抱いて、隣三軒の便所を廻る。このとき水引で結わえたオサゴ、オカシラツキのゴマメ二匹にカヤの箸を持って行き、オサゴ、オカシラツキは便所の神様に進ぜてから、便所の便をはさんで赤ん坊にやる真似を三回する。これは犬になって廻るからであるという（藪平）。お七夜には、生児を産婆が抱いて屋敷稲荷や便所を廻る。近所の家の便所も一軒ぐらい廻り、オサゴをあげてくる（猿石）。七日目を七夜といい、隣近所三軒の便所へ赤ん坊を連れていった。この日にまた、赤ん坊の額に犬の字を墨で書いた。犬はうんこを食べても生きているという。モロコシの箸で便をたべさせるまねをした（居館）。生まれて七日目、お七夜にオヒヤマイリをする。自分の家の便所に行くもので、オサゴと親の食べていた箸を紙で包み水引をかけたものを持って、子どもの額には紅でも赤ちんでもいいから

――「犬」と書いてゆく（石鴨）。

一方、便所をきれいにするという伝承は妊婦だけではない。年をとった女性の場合も便所の掃除をするとよいというのである。そうすると寝たきりになって下の世話をかけるようなことがないというのである。

事例　埼玉県和光市下新倉の原新田のあるお年寄りの話(27)

便所をきれいにしておくとお産が軽くてすむ。だから女はいつも便所を掃除してきれいにしておかなくてはいけない。それだけでなく、年をとったとき、病気などで下の世話をかけなくてすむ。自分の姑《しゅうと》さんからそういわれたのだが、姑さんはいつも便所をきれいにするように心がけていた。姑さんは九十歳すぎて亡くなったが本当に下の世話もかけずに亡くなった。自分もそう心がけている。

こうして、便所をめぐる民俗伝承を集めてみると、正月や盆など神やホトケがこの世にやってくると考えられた日、また人の誕生や死亡などその魂がこの世にやってくるとき、そしてあの世に行くときに、祀られているのが便所であることがわかる。昔話「三枚のお札」の小僧が便所から逃げだした理由がどうやらわかってきた。
便所は、具体的にはあのような排泄の場所であるが、人々の意識の深層では、この世とあの世の出入口だったのである。(28)

註

(1)『群馬県史』資料編27(民俗3)昭和五十五年。なお、少し文章は変えてある。
(2) 瀬川清子『販女』(昭和十八年、三国書房)、同『販女』(昭和四十六年、未来社)を参照のこと。なお、石州浜田の魚売りの女性がかすりの着物に頭には白い手拭いをかぶって大きな荷物を背負って村のなじみの家をまわって魚の干物やわかめなどを売っていた姿は筆者にはまだ目にうかぶようである。家に泊まって話してくれる海の生活の様子に山里の子供たちは胸をときめかしたものである。
(3) 石塚尊俊「納戸神をめぐる問題」(『日本民俗学』二の二 昭和二十九年)
(4) 石塚尊俊『日本の憑きもの』(昭和三十四年、未来社)
(5) 柳田國男「女の家」(『家閑談』『定本柳田國男集』第十五巻)
(6) 桜田勝徳「船霊の信仰」(『船』昭和四十三年、法政大学出版局)、同『海の宗

教』（昭和四十五年、淡交社）、牧田茂「海民信仰論」（『國學院雑誌』四十六の六・七、四十七の三）、神野善治「船霊と樹霊」（『沼津市博物館紀要』十　昭和六十一年）、同「船霊再考」（『静岡県海の民俗誌』静岡県民俗芸能研究会、昭和六十三年）などを参照されたい。

（7）北見俊夫『市と行商の民俗』昭和四十五年、岩崎美術社

（8）宮本常一『家郷の訓』（『宮本常一著作集』未来社）

（9）宮本常一『忘れられた日本人』（『宮本常一著作集』未来社）

（10）『旅と伝説』六の七（誕生と葬礼号）、『日本産育習俗資料集成』昭和五十年、第一法規

（11）『日本産育習俗資料集成』（産婆の項）前掲

（12）「境界」という概念についてよく説明されたものに、綾部恒雄「リミナリティ論の豊饒性―通過儀礼研究における「境界状況」論の系譜と展開」（『通過儀礼と世界観』筑波大学歴史人類学系　昭和五十九年）があるので参照されたい。A・V・ジェネップ『通過儀礼』弘文堂、M・ダグラス『汚穢と禁忌』思潮社、E・リーチ『文化とコミュニケーション』紀伊國屋書店、V・W・ターナー『儀礼の過程』思索社、山口昌男『文化と両義性』岩波書店、などが主要な参考文献としてあげられている。

なお、民俗学の立場から女性をとりあげたものには、古くには柳田國男「妹の力」(『定本柳田國男集』第九巻)があり、最近のものでは、宮田登『女の霊力と家の神』(昭和五十八年、人文書院)、同『ヒメの民俗学』(昭和六十二年、青土社)がある。参照されたい。

(13) 喜多川守貞『近世風俗志』
(14) 大田才次郎編『日本児童遊戯集』(昭和四十三年、平凡社)
(15) 註(14)に同じ
(16) 註(14)に同じ
(17) 『群馬県史』資料編27(民俗3)前掲
(18) 柳田國男編『歳時習俗語彙』(釜蓋朔日の項)(昭和十四年)(昭和五十年復刻、国書刊行会)
(19) 『日本産育習俗資料集成』(石女と未婚女の項)前掲
(20) 註(19)に同じ
(21) 便所をめぐる民俗の研究はすでに多い。大藤時彦「厠神考」(『國學院雑誌』四十七の十)、川端豊彦「厠神とタカガミと」(『民間伝承』十六の十)、倉石あつ子「便所神と家の神」(『信濃』三一の一 昭和五十四年)、井之口章次「産神そして厠神」

（『日本民俗学』一三〇　昭和五十五年）、飯島吉晴『竈神と厠神』（昭和六十一年、人文書院）などである。このうち便所を他界への出入口とみる考え方は飯島氏に近い。

(22) 倉石あつ子「便所神と家の神」前掲。なお、同論文には、便所にまつわるたくさんの興味深い事例が紹介されている。

(23) 井之口章次『筑波山麓の村』昭和六十年、名著出版

(24) 『綜合日本民俗語彙』（カラサデジンジの項）（1〜3巻　昭和三十年　4〜5巻昭和三十一年、平凡社）、『年中行事辞典』（からさで祭りの項）（昭和三十三年、東京堂出版）

(25) 中島恵子「お産に立ちあう神」（『西郊民俗』百号　昭和五十七年）

(26) 倉石あつ子「便所神と家の神」前掲

(27) 筆者が『和光市史』編さん協力のため昭和五十五年度に民俗調査を行なった際に聞き書きしたノートによる。話してくれたお婆さんが数年後、九十歳近い高齢で亡くなったが、家の人によると下の世話もかけず安らかな眠りだったそうである。

(28) 糞尿の排泄場所である汚ない便所に、なぜ神や妖怪がイメージされているのか、その民俗心意については、これと関連する論文として、拙著『ケガレからカミへ』（昭和六十二年、木耳社）がある。一八八ページの図など参照されたい。

あとがき

数年前、日本の葬式についてまとめてみるようにとのお話をいただいた。ありがたいことではあったが、そんな大きなテーマでは私には無理だと思った。また、生来の怠け者で、ついつい忙しさにまぎれて、今日まできてしまった。

その間に、不思議なことに、身近な人たちが次々と死んでいった。社会的なつきあいの深かった人たちもあったが、身内でも、姉の夫がまだ若くして平成元年四月に、父親が平成二年六月に亡くなった。そして、私自身も平成三年五月下旬に死を身近に感じるようなことがあった。奇妙な感じがした。

しかし、考えてみれば、人間はみんないつかは死ぬのだから、そんなに因縁めいて考える必要はないと思う。ただ、生きている今日の一日一日を大切にすることだと思う。死を考えると、こわいけれども、それしかないだろう。

そこで、今の自分にできる範囲で、しごとをしておこうと思った。

できれば、すべて書きおろしの原稿を提出すべきだったのだが、どうにも力不足で、これまで他で発表したものをも一部再収録せざるを得なかった。

Ⅰ　三章　火とケガレ（『ケガレからカミへ』木耳社）
　四章　生と死と水辺の石（『生と死の民俗史』木耳社、および拙稿「遠州見付宿の葬墓制と他界観」〔『中世の都市と墳墓』日本エディタースクール出版部、所収〕）

Ⅱ　一章　古代天皇の葬送と殯宮　二章　平安貴族の葬送儀礼（『生と死の民俗史』木耳社）

Ⅲ　三章　儀礼と他界観（拙稿「遠州見付宿の葬墓制と他界観」〔前掲〕、および『両墓制と他界観』吉川弘文館）

の各章にそれが含まれている。それぞれ、加筆訂正を行なって一部を再収録した。お許しいただきたい。

百聞は一見にしかず、で、この本にはなるべく多くの写真を入れるようにしたいと思ったが、自分の写真だけでは足りず、多くの方々から貴重な写真を提供していただいた。それぞれの写真説明のところにお名前をあげさせていただいたが、こころよくお貸し下さり、本当にありがたかった。とくに記して感謝の意を表わしておきたい。

本書は、埼玉県の比企丘陵の山なみをのぞみながら書きはじめ、千葉県の歴博の机の上で佐倉城址公園の緑をながめながら書きおえた。恵まれたしごと場に感謝したい。また、その間、辛抱強く待ち、何とか出版にまでこぎつけてもらえたのは、紀伊國屋書店出版部の初山浥子氏のおかげである。厚くお礼を申し上げたい。

一九九二年六月

新谷尚紀

文庫版あとがき

人はこの世に生まれ、やがて去っていく。この世にいる時間は、定年年齢の六十歳までおよそ二一九一五日、その後八十歳までの長寿に恵まれたとしてもおよそ二九二二〇日である。百歳という稀《まれ》にみる長寿の人でもおよそ三六五二五日、毎日千円ずつ貯金して積み立てても八十歳では三千万円にも満たないくらいのこの世での時間である。その間に子どもから大人へ、そして老人へという人生の段階があり、ほのかな思い出の幼少期、甘酸っぱくも苦い日々の青年期、エコノミクス（生計）とポリティクス（世渡り）の中で働きずくめの壮年期、喪失と寂漠《せきばく》の中で妄執《もうしゅう》よりも諦観《ていかん》をといわれる老年期、それぞれの段階で喜怒哀楽の大波小波がある。それにしても人間というのはどこからきてどこへ行くのであろうか。誰にもそれはわからない。しかし、私たちホモサピエンスという種それ自体が実は無限の存在ではないのである。地球も同じである。およそ四十六億年前ともいわれる地球の誕生から、やがては死を迎える存在である。時間が膨大なだけであり、ただ私たちの生きている時間の短さからは、知りたくもなく考えたくもない事実である。しかし、宇宙物理学や地球物理学の研究者は、誕生と死滅は宇宙とそのあらゆる存在にとって宿命であることをよく知っている。

死の発見

およそ二十万年前にアフリカで誕生して、ユーラシア大陸へそしてアメリカ大陸へとその生活圏を拡大していったホモサピエンスにとって、もっとも意味のある歴史とは何であったのか。それは「死の発見」であった。霊長類学者の水原洋城《みずはらひろき》氏によれば、ニホンザルの生態研究から「死は事実ではなく概念である」という。ニホンザルは死を理解し概念化することができていないから、死という認識を言語化して概念として他の個体と共有することができない、だから死体を葬ることはしない。霊長類の中でもホモサピエンスだけはその進化の過程で死を発見した種であった。人類進化の研究者海部陽介《かいふようすけ》氏によれば、今から約三万七〇〇〇年前以降のクロマニョン人の墓では、死者はアクセサリーを身につけ、赤色顔料がまかれていたり火を焚《た》かれた例も知られているという。

死への恐怖は、脳内ホルモンの分泌をうながし精神世界のビッグバンをもたらしたことであろう。さっきまで生きていた人はどこへ行ったのか、死後のことを考えることにより、霊魂観念と他界観念が生まれた、つまり、宗教の誕生であった。一方、子どもから大人へそして老人へ死へという現実の観察から、予定と計画という考えが生まれた。つまり、科学の誕生であった。そして同時に、生命の誕生を観察することで、性を発見した。つまり性《セックス》と禁忌《タブー》の発生であった。

三十年前（一九九二年）といま（二〇二一年）

本書の旧版の刊行は一九九二年のことであった。いまからおよそ三十年も前のことである。ちょうど二十世紀末の大きな時代変化の高波の中であった。それは、医療技術の発達と普及の中で起こってきていた社会現象、①自然死と尊厳死という問題、②臓器移植と脳死判定をめぐる問題、そして、高度経済成長期（一九五五〜七三）を経る中で起こってきていた産業化と都市化という大きな社会生活の変化の中での、③地域社会の相互扶助の関係での葬儀から葬儀社の利用による葬儀へという変化、④大量の都市圏への移住者にとって自分の葬儀や墓をどうするかという問題、これら①②③④の問題が喫緊《きつきん》の課題となっていたころであった。その当時、執筆依頼を受けた私はちょうど四十三歳ころ、現実に家族や親族の死と葬儀に立ち会う世代であり、あらためて自分の人生と死ということを考え始めていたときであった。だから、民俗伝承の中の死と葬送と墓というテーマについて、その時点で粗削りながら整理してみたのであった。民俗学の立場からやはり柳田國男《やなぎたくにお》や折口信夫《おりくちしのぶ》が提唱していたように、現在を読み解くにも歴史の沿革をたずねて明らかにできる部分はそれを追跡してみることがたいせつであると考えて、歴史的な文献史料についても調べてみることにしたのであった。

あれから約三十年、私には貴重な出会いがあった。「誰もが人生の最終章をあたたかい空間で」という考えのもとに、富山県礪波市の病院で活動を続けておられた佐藤伸彦医師との出会いである。三十年前の本書では「現代人と死　序にかえて」という小文をしたためたのだったが、そのとき死をめぐる医療現場での多くの関係者の方々の苦労を知り、深く心を痛めていた。その後、民俗学の研究の中で出会った佐藤伸彦医師は、二〇〇九年に医療法人社団ナラティブホームを立ち上げ、翌二〇一〇年に「ものがたり診療所」を開設して仲間の医師や看護師さんや介護士さんたちとともに、「終末期医療をささえる地域包括ケアのしかけ」を組み立てようという活動を続けている、超多忙な医療現場の中の医師である。看取った患者さんの葬式に参加して遺族からとても感謝されたというスタッフの方の話を聞いたときなど、こんな医療もあるんだと感動したのであった。このような終末期の患者さんに向き合いながら人間としての尊厳をたいせつにしようとして活動している医療現場のみなさんがいるんだということを知ったのは、民俗学を専門とする身としてもたいへんありがたいことであった。関心のある読者には、佐藤伸彦『家庭のような病院を』（文藝春秋、二〇〇八年）、同『ナラティブホームの物語』（医学書院、二〇一五年）をおすすめしておきたい。

一方、葬儀をめぐる民俗学や歴史学の研究も大きく前進した。歴史学の潮流が旧来の実証主義アカデミズムとマルクシズム歴史学の二つを中心としていたものから、フランスのアナール学派の影響を遅ればせながら受けて社会史の流行へという変化があり、葬儀や墓の歴史への関心が高まった。社会学の分野でも家族や親族や村落の研究を主流としていた一方で、産業化と都市化という大きな社会変動の中で、葬儀や墓への関心とその研究が流行していった。宗教学も、もともとキリスト教神学や仏教諸宗派の経典や教義の研究また新宗教の教義や信仰についての研究を主とする学問であるが、眼前の産業化と都市化という大きな社会変化に対する研究関心から宗教社会学を名乗りながら、死や葬儀や墓の研究へとシフトしていった。

そうした中で、民俗学も民俗伝承つまり生活文化の伝承 traditions と変遷 transitions の動態を研究する学問であるというその独創性を示しながら、死をめぐる民俗や葬儀と墓の変遷とその動態についての研究を蓄積してきている。

葬儀の担い手の変化　土葬から火葬へ

近年、葬儀と墓をめぐる民俗伝承の大きな変化として注目されているのが、葬儀の担い手の変化、土葬から火葬へ、という変化である。民俗学の視点としては、東西南北に広い日本各地の地域社会の変化の動態に注目しながら、旧来の相互扶助による葬儀が継続されている地域がある一方で、葬祭業者の利用へ、土葬から火葬への変化にともなう公営火葬場の利用へ、自宅葬からホール葬へ、という変化が全国的に波状的に起こってきているという現状を観察し調査し、相互に比較することによって、葬儀の変遷と伝承の動態を構造的に読み解こうとしているのが現状である。葬儀社サイドからの観察レポートだけでなく、現実の地域社会の実態についての伝承と変遷の動態を基礎情報として分析するのが、民俗学の独自性である。その民俗学の比較的早い時期での取り組みの一つが、国立歴史民俗博物館が試みた一九六〇年代の葬儀と一九九〇年代の葬儀とその間の変遷を追跡した『死・葬送・墓制資料集成』(国立歴史民俗博物館、一九九八・一九九九年)の編集刊行であった。そうした民俗学の方向性は現在でも基本的に維持継承されており、そのような今後の研究の進展が期待されている。

死という絶対を前にして

葬儀や墓が大きな変化の中にあって、それまで民俗伝承の中に伝えられていた、誰でも安心できる共通の葬儀マニュアルが失われていき、一人一人が選択を求められてきているのが現在の都市化の中の生活者にとっての現実である。そこで、静かな家族葬というかたちを選ぶ人もふえてきている。そうした中でも、因果応報《いんがおうほう》、輪廻転生《りんねてんしょう》を説く仏教の読経《どきょう》と念仏による極楽往生を願う人はまだ多い。カトリックの洗礼を受けた小説家の遠藤周作《えんどうしゅうさく》はかつて立花隆《たちばなたかし》との対談の中で、死後の可能性は結局のところ三つしかないといっている（立花隆『生、死、神秘体験』書籍情報社／講談社文庫）。(1)無、(2)死後の世界、(3)生まれ変わり、である。(1)は仏教でいえば禅《ぜん》定《じょう》の境地、(2)(3)は仏教でいえば六道輪廻《ろくどうりんね》の考え方である。民俗の伝統の中では、「みんな順番だ、お迎えが来たら行かねばならない」、「もう何も思い残すことはない」というのが、日本の各地で老境にある人たちが残していた言葉であった。

明治から昭和へという近代日本の大きな社会変化の中に生きた柳田國男は、『先祖の話』の中で、どんなに激動の時代にあっても、歴史の中に伝えられてきた年久しい慣習を無視したのでは、これから後の世のことを考えようとしても、それは何とも心もとないのであるという意味のことをのべている。

葬儀や墓の習俗が大きな変化の中にあっても、人の死という絶対は動かない。だから、信仰や悟りの境地にある人はそれでよいとしても、私たちのように死を前にして迷いの中で不安で怖いと思っている人たちも、民俗の伝統に学ぶことによって、死という現実を迎え入れる心構えを準備しておくこともよいのではないだろうか。そこで、むかしの人たちが残している死を前にした覚悟の中での、辞世の歌のいくつかを紹介しておくことにしよう。煩悩《ぼんのう》からの解脱《げだつ》を説くのが仏教であるが、ここに紹介しておく遊行《ゆぎょう》の聖一遍《ひじりいっぺん》の法語の中の「かなしけれ」の一言はなかなか印象深い。そして、もう一つ、酒好みの大伴旅人の歌も、どこか私たちの気持ちを楽にしてくれる。

つひに行く道とはかねて聞きしかど　きのふけふとは思はざりしを
在原業平《ありわらのなりひら》（八二五～八八〇）五十六歳

願はくは花の下にて春死なむ　そのきさらぎの望月のころ
西行《さいぎょう》（一一一八～一一九〇）七十三歳

露と落ち露と消えにしわが身かな　なにはのことも夢のまた夢
豊臣秀吉《とよとみひでよし》（一五三七～一五九八）六十二歳

風さそふ花よりもなほわれはまた　春のなごりをいかにとやせん
浅野内匠頭長矩《あさのたくみのかみながのり》（一六六七〜一七〇一）三十五歳

あら楽し思ひは晴るる身は捨つる　浮世の月にかかる雲なし
大石内蔵助良雄《おおいしくらのすけよしお》（一六五九〜一七〇三）四十五歳

今よりははかなき世とは嘆かじよ　千代の棲家《すみか》を求めえつれば
本居宣長《もとおりのりなが》（一七三〇〜一八〇一）

生きることにきちょうめんであった宣長は死に向けてもきちょうめんであった（死の一年前に山室山《やまむろやま》に墓を定めて）。

なれも我も長寝《ゐ》しにけりさめにけり　我もまたねんなれも又ねよ
宣長　臨終に際して　七十二歳

六道輪廻《ろくどうりんね》の間には　ともなふ人もなかりけり　独り生まれて独り死す　生死《しょうじ》の道こそかなしけれ
一遍（一二三九〜一二八九）五十一歳

生まるれば　ついにも死ぬるものにあれば　この世なる間は楽しくあらな
大伴旅人（六六五〜七三一）六十六歳

それにしても、一九九二年に佐倉の国立歴史民俗博物館に着任した年に刊行していただいた本書を、國學院大學の大学院での教育現場から七十三歳の区切りの年をもっていったん終わりとするこの秋に、偶然にもあらためて文庫本にして修正編集して刊行いただけるというのは、実にありがたいことでした。本書の内容が、柳田國男や折口信夫を継承し発展させる意味から、民俗学、民俗伝承学の小さな成果として、少しでも社会の中でお役に立てるような価値があれば、と願っているところです。

本書の刊行は角川ソフィア文庫編集長伊集院元郁氏のご配慮によるもので、実にありがたいことでした。実務でお世話になった安田沙絵氏とともに、お二方には深甚の謝意を表したいと思います。ほんとうにありがとうございました。

二〇二一年七月　東京郊外　多摩の寓居にて

新谷尚紀

本書は、紀伊國屋書店より一九九二年七月に刊行された
単行本を加筆・修正し文庫化したものです。

日《に》本《ほん》人《じん》の葬《そう》儀《ぎ》

新《しん》谷《たに》尚《たか》紀《のり》

令和3年 8月25日　初版発行
令和6年 12月5日　5版発行

発行者●山下直久

発行●株式会社KADOKAWA
〒102-8177　東京都千代田区富士見2-13-3
電話　0570-002-301(ナビダイヤル)

角川文庫 22802

印刷所●株式会社KADOKAWA
製本所●株式会社KADOKAWA

表紙画●和田三造

●お問い合わせ
https://www.kadokawa.co.jp/（「お問い合わせ」へお進みください）
※内容によっては、お答えできない場合があります。
※サポートは日本国内のみとさせていただきます。
※Japanese text only

ISBN 978-4-04-400661-7　C0139

角川文庫発刊に際して

角川源義

第二次世界大戦の敗北は、軍事力の敗北であった以上に、私たちの若い文化力の敗退であった。私たちの文化が戦争に対して如何に無力であり、単なるあだ花に過ぎなかったかを、私たちは身を以て体験し痛感した。西洋近代文化の摂取にとって、明治以後八十年の歳月は決して短かすぎたとは言えない。にもかかわらず、近代文化の伝統を確立し、自由な批判と柔軟な良識に富む文化層として自らを形成することに私たちは失敗して来た。そしてこれは、各層への文化の普及滲透を任務とする出版人の責任でもあった。

一九四五年以来、私たちは再び振出しに戻り、第一歩から踏み出すことを余儀なくされた。これは大きな不幸ではあるが、反面、これまでの混沌・未熟・歪曲の中にあった我が国の文化に秩序と確たる基礎を齎らすためには絶好の機会でもある。角川書店は、このような祖国の文化的危機にあたり、微力をも顧みず再建の礎石たるべき抱負と決意とをもって出発したが、ここに創立以来の念願を果すべく角川文庫を発刊する。これまで刊行されたあらゆる全集叢書文庫類の長所と短所とを検討し、古今東西の不朽の典籍を、良心的編集のもとに、廉価に、そして書架にふさわしい美本として、多くのひとびとに提供しようとする。しかし私たちは徒らに百科全書的な知識のジレッタントを作ることを目的とせず、あくまで祖国の文化に秩序と再建への道を示し、この文庫を角川書店の栄ある事業として、今後永久に継続発展せしめ、学芸と教養との殿堂として大成せんことを期したい。多くの読書子の愛情ある忠言と支持とによって、この希望と抱負とを完遂せしめられんことを願う。

一九四九年五月三日

角川ソフィア文庫ベストセラー

新版 遠野物語
付・遠野物語拾遺
柳田国男

雪女や河童の話、正月行事や狼たちの生態――。遠野郷（岩手県）には、怪異や伝説、古くからの習俗が、なぜかたくさん眠っていた。日本の原風景を描く日本民俗学の金字塔。年譜・索引・地図付き。

雪国の春
柳田国男が歩いた東北
柳田国男

名作『遠野物語』を刊行した一〇年後、柳田は二ヶ月をかけて東北を訪ね歩いた。その旅行記「豆手帖から」をはじめ、「雪国の春」「東北文学の研究」など、日本民俗学の視点から東北を深く考察した文化論。

新訂 妖怪談義
柳田国男
校注／小松和彦

柳田国男が、日本の各地を渡り歩き見聞した怪異伝承を集め、編纂した妖怪入門書。現代の妖怪研究の第一人者が最新の研究成果を活かし、引用文の原典に当たり、詳細な注と解説を入れた決定版。

一目小僧その他
柳田国男

日本全国に広く伝承されている「一目小僧」「橋姫」「物言う魚」「ダイダラ坊」などの伝説を蒐集・整理し、丹念に分析。それぞれの由来と歴史、人々の信仰を辿り、日本人の精神構造を読み解く論考集。

山の人生
柳田国男

山で暮らす人々に起こった悲劇や不条理、山の神の嫁入りや神隠しなどの怪奇談、「天狗」や「山男」にまつわる人々の宗教生活などを、実地をもって精細に例証し、透徹した視点で綴る柳田民俗学の代表作。

角川ソフィア文庫ベストセラー

先祖の話　柳田国男

人は死ねば子孫の供養や祀りをうけて祖霊へと昇華し、山々から家の繁栄を見守り、盆や正月にのみ交流する——膨大な民俗伝承の研究をもとに、古くから日本人に通底している霊魂観や死生観を見いだす。

海南小記　柳田国男

大正9年、柳田は九州から沖縄諸島を巡り歩く。日本民俗学における沖縄の重要性、日本文化論における南島研究の意義をはじめて明らかにし、最晩年の名著『海上の道』へと続く思索の端緒となった紀行文。

火の昔　柳田国男

かつて人々は火をどのように使い暮らしてきたのか。火にまつわる道具や風習を集め、日本人の生活史をたどる。暮らしから明かりが消えていく戦時下、火の文化の背景にある先人の苦心と知恵を見直した意欲作。

妹の力　柳田国男

かつて女性は神秘の力を持つとされ、祭祀を取り仕切っていた。預言者となった妻、鬼になった妹——女性たちに託されていたものとは何か。全国の民間伝承や神話を検証し、その役割と日本人固有の心理を探る。

桃太郎の誕生　柳田国男

「おじいさんは山へ木をきりに、おばあさんは川に洗濯へ——」。誰もが一度は聞いた桃太郎の話。そこには神話時代の謎が秘められていた。昔話の構造や分布などを科学的に分析し、日本民族固有の信仰を見出す。

角川ソフィア文庫ベストセラー

古代研究Ⅱ 民俗学篇2
折口信夫

折口民俗学を代表する「信太妻の話」「翁の発生」など11篇を収録。折口が何より重視したフィールドワークの成果、そして国文学と芸能研究融合の萌芽が随所に息づく。新かなで読みやすいシリーズ第二弾。

古代研究Ⅲ 民俗学篇3
折口信夫

「鬼の話」「はちまきの話」「ごろつきの話」という折口学のアウトラインを概観できる三篇から始まる第三巻。柳田民俗学と一線を画す論も興味深い。天皇の即位儀礼に関する画期的論考「大嘗祭の本義」所収。

古代研究Ⅳ 民俗学篇4
折口信夫

霊魂、そして神について考察した「霊魂の話」や「河童の話」、折口古代学の核心に迫る「古代人の思考の基礎」など十三篇を収録。「折口学」の論理的根拠と手法について自ら分析・批判した追い書きも掲載。

古代研究Ⅴ 国文学篇1
折口信夫

決まった時期に来臨するまれびと（神）の言葉、「呪言」に国文学の発生をみた折口は、「民俗学的国文学研究」として国文学研究史上に新たな道を切り開いた。その核とも言える論文「国文学の発生」四篇を収録。

古代研究Ⅵ 国文学篇2
折口信夫

〈発生とその展開〉に関する、和歌史を主題とした具体論。「女房文学から隠者文学へ」「万葉びとの生活」など13篇を収録。貴重な全巻総索引付き最終巻。解説・折口信夫研究／長谷川政春、新版解説／安藤礼二

角川ソフィア文庫ベストセラー

日本文学の発生 序説　折口信夫

古代人が諺や枕詞、呪詞に顕した神意と神への信頼を折口は「生命の指標（らいふ・いんできす）」と名づけ、詩歌や物語の変遷を辿りながら、古来脈打つ日本文学の精神を追究する。生涯書き改め続けた貴重な論考。

死者の書　折口信夫

「した　した　した」水の音と共に闇の中で目覚めた死者・大津皇子と、藤原南家豊成の娘・郎女の神秘的な交感を描く折口の代表的小説。詳細かつ徹底的な注釈と、『山越阿弥陀図』をカラー口絵で収録する決定版！

悲劇文学の発生・まぼろしの豪族和邇氏　角川源義

処女作「悲劇文学の発生」をはじめ、語りと伝承者、悲劇文学の流通を論じる4篇を収録。伝承を語り伝え運搬する者の謎にせまる、国文学者・角川源義の原点をさぐる珠玉の論考集。解説・三浦佑之

日本の民俗　祭りと芸能　芳賀日出男

写真家として、日本のみならず世界の祭りや民俗芸能の取材を続ける第一人者、芳賀日出男。昭和から平成へと変貌する日本の姿を民俗学的視点で捉えた、貴重な写真と伝承の数々。記念碑的大作を初文庫化！

日本の民俗　暮らしと生業　芳賀日出男

日本という国と文化をかたち作ってきた、様々な生業と暮らしの人生儀礼。折口信夫に学び、宮本常一と旅した眼と耳で、全国を巡り失われゆく伝統を捉えた、民俗写真家・芳賀日出男のフィールドワークの結晶。